企业管理案例与实务

主 编 耿 越 王 琪 贾晨露
副主编 霍春光 吕亮升

北京理工大学出版社
BEIJING INSTITUTE OF TECHNOLOGY PRESS

内 容 简 介

本书是校企合作共建教材，按照"工学结合"人才培养模式，结合企业对于人才的需求状况，以单元和专题为载体进行工作过程系统化内容设计；以企业运营流程和企业管理实务开展为主线，按照工作过程系统化的思路，以企业管理实务开展为载体进行内容组织和训练，使学生能够全面了解现代企业管理的工作内容。

本书共有八个单元：初识企业管理、企业战略管理、制定企业经营决策、人力资源管理、市场营销管理、生产运作管理、生产质量管理、组织内外部沟通。本书的内容涵盖企业管理工作的主要内容。通过学习，学生不仅能够掌握企业管理的相关知识、掌握企业管理的方法，还可以了解企业中的工作流程，提前认知职业角色和工作内容，为就业和可持续发展奠定基础。

本书适合作为应用型本科院校经济管理类和非经济管理类各专业学生教材，也可供企业人员参考、学习、培训使用。

图书在版编目（ＣＩＰ）数据

企业管理案例与实务 / 耿越，王琪，贾晨露主编
. --北京：北京理工大学出版社，2024.4
　ISBN 978-7-5763-3767-9

Ⅰ.①企…　Ⅱ.①耿…②王…③贾…　Ⅲ.①企业管
理-案例　Ⅳ.①F272

中国国家版本馆 CIP 数据核字（2024）第 069344 号

责任编辑：封　雪　　文案编辑：毛慧佳
责任校对：刘亚男　　责任印制：李志强

出版发行 / 北京理工大学出版社有限责任公司
社　　址 / 北京市丰台区四合庄路 6 号
邮　　编 / 100070
电　　话 / （010）68914026（教材售后服务热线）
　　　　　　　（010）68944437（课件资源服务热线）
网　　址 / http://www.bitpress.com.cn

版 印 次 / 2024 年 4 月第 1 版第 1 次印刷
印　　刷 / 三河市天利华印刷装订有限公司
开　　本 / 787 mm×1092 mm　1/16
印　　张 / 15
字　　数 / 346 千字
定　　价 / 86.00 元

前言

为贯彻落实党的二十大精神，更好地培养造就大批爱党报国、敬业奉献、德才兼备的高素质高技能人才、大国工匠，本书按照"工学结合"人才培养模式，结合企业对于人才的需求状况，以项目和工作任务为载体，进行工作过程系统化课程设计。以企业运营流程和企业管理实务开展为主线，按照工作过程系统化的思路，以企业管理实务开展为载体进行内容组织和训练，使学生能够全面了解现代企业管理的工作内容。此外，本书还积极探索大学生课程思政教育教学体系，以中华民族伟大复兴为己任，积极践行社会主义核心价值观，增设知识链接模块，让学生不忘初心、牢记使命，刻苦钻研技术，成为不可或缺的管理人才。

本书中各单元均由知识引例、案例解析、知识梳理、案例评析与实战训练等模块组成，各模块之间形成递进关系，让学生明确单元学习任务、学习重点、难点及能力培养要素。其中，知识梳理提示了企业管理研究内容、理论知识学习要点与应关注的问题，对单元专题所要关注的知识点进行了提炼与总结，可以帮助学生构建知识框架，了解现代企业管理的前沿问题，掌握现代企业管理的方法和技巧。本书以企业管理"经典案例"为选材准则讲解了案例、分析考核要点及解题方法，旨在帮助学生加深理论知识点的理解和应用。为了满足学生对企业管理知识进一步探求的需求，案例评析与实战训练模块通过呈现经典案例的形式对理论知识的掌握情况进行检验，运用情境模拟、角色扮演等方法在实践中应用理论知识。

本书主要具有以下特色：

1. 体例创新

本书通过知识梳理、知识引例与解析，让学生明确知识学习的重点、难点及能力培养目标，编写时选取了知识的实践要素，以培养学生的应用与实践能力为标准。

2. 思政育人

本书围绕中国特色社会主义和中国梦教育，培养学生养成爱岗敬业、诚实守信、奉献社会、忠于职守、乐于奉献、依法行事、服务社会的优秀品质。

3. 资源丰富

本书提供了丰富的学习资源，读者可以通过扫描二维码的方式获取，这样就可以在轻松、自由的氛围中学习知识。

4. 学练结合

本书提供的"实战训练"和"拓展阅读"模块补充了与书中内容相关的经验、技巧与提示，可以帮助读者更好地理解和总结所学知识。

编者在本书的编写过程中参考了企业管理相关书籍和资料，在此向这些资料的作者致以诚挚的谢意。

本书共设置八个章节内容，第一章、第六章、第七章由辽宁职业学院霍春光编写，第二章、第三章由沈阳科技学院耿越编写，第四章、第五章和第八章由广西金融职业技术学院王琪编写，拓展阅读栏目由沈阳科技学院耿越、贾晨露、吕亮升编写。在本书的编写过程中，编者参考了大量的国内外文献和研究成果，在此向这些作者表示诚挚的感谢！由于编者能力水平有限，书中难免存在不妥之处，敬请广大读者批评指正。

编　者

目 录

第一单元 初识企业管理

学习目标

★知识目标
◇掌握企业的概念与作用、公司与企业的区别及联系。
◇掌握管理的概念与作用、管理的内涵及现代企业管理思想。
◇掌握现代管理理论的主要方法及其原理。

★技能目标
◇能结合自身实际需求选择申办合适的创业企业类型。
◇能对企业管理内涵作用有准确的认知；能说出经营与管理的异同。
◇能熟练运用现代管理理论对企业管理状况进行分析。

★素质目标
◇感受企业的创新发展与进步，增强民族自豪感。
◇感悟管理魅力、坚守管理道德、坚定文化自信。
◇提高分析能力、思维能力及团结协作能力。

专题一 认识企业

知识引例

立讯精密跻身《财富》世界500强

2023年8月2日，2023年《财富》世界500强排行榜正式揭晓，立讯精密工业股份有限公司（以下简称"立讯精密"）位列榜单第479位。此次荣登《财富》世界500强榜单，代表着公司的价值创造与发展韧性获得国际权威机构的认可。此前，立讯精密还连续七年入选《财富》中国500强榜单。今年是立讯精密首次登上《财富》世界500强榜单，这是公司高质量发展道路上的一个里程碑，对于提升公司品牌价值和影响力，以及提升中国科技制造行业影响力，都具有重要意义。

立讯精密 2022 年财报显示，该企业实现全年营业收入 2 140.28 亿元。"与凤凰同飞，必是俊鸟"，王来春很喜欢这句话，简单而言，就是与优秀的客户一起成长，立讯精密的成长离不开与客户的紧密合作和互相成就。王来春在几个关键节点的决策推动了立讯精密高速发展。在中国加入世贸组织的第四年，尽管从当时的代工业务中获益颇丰，但王来春意识到"只做代工并非长久之计，独立开拓自己的客户并研发自己的产品才是企业长久发展的正确方向"，于是果断切入苹果核心产业链，从各类零组件和模组，再到多品类的系统组装，立讯精密搭上苹果迈入增长快车道，并实施多元化发展战略，涵盖消费电子、汽车、通信、工业、医疗等业务。

王来春表示："立讯精密之所以这么多年一直是核心客户全球品类最全的供应商，不仅是因为全面的布局和高标准，也离不开始终坚持从客户的角度思考的方式和企业文化。客户想到的，我们能做到；客户没想到的，我们也能帮他想到。在未来 20 年内，立讯精密要着力推动 30% 的细分产品进入行业领域的'无人区'。"王来春人生绝大部分时间与中国制造业发展相交叠，也是中国制造业打破"低端"困局并向高端智能领域转型升级的时代缩影。立讯精密让人期待之处在于其智能化生产和数字化管理下的产品与客户的多元化发展，而这也将是中国制造系统路径持续成长的有力证明。

（资料来源：https：//new. qq. com/rain/a/20230202A0795Y00）

【案例解析】

企业通过各种生产经营活动创造物质财富并提供满足社会公众物质和文化生活需要的产品服务，在市场经济中占有非常重要的地位。企业作为市场主体，是经济的力量载体，是经济活动的主要参与者、就业机会的主要提供者、技术进步的主要推动者，在国家发展中起到至关重要的作用。

知识梳理

一、企业的概念

企业是指从事生产、流通与服务等经济活动，依法成立、自主经营、独立核算、独立享受权利和承担义务的法人型或非法人型经济组织。企业是为满足社会需求并获取盈利，实行自主经营、自负盈亏、独立核算、从事商品生产和经营的基本经济单位。企业是社会经济系统的基本单位，也是经济的基本细胞和市场主体，因此，企业兴则经济兴。

从企业这一概念中，我们可以发现企业的五大特点。

1. 企业是一个经济性组织

企业本身是一个投入—产出系统，从事生产性和营销性活动，把社会资源按照用户的需要转变成为可被接受的产品与服务。企业不同于行政事业和福利性机构，必须获取盈利。企业的经济性意味着政府的税收与国民的福利、公益事业的发展，以及自身的扩大再生产、职工生活水平的提高。对于当今绝大多数的企业来说，实现利润最大化不仅是一种需求，而且是企业行动的目的。

2. 企业是一个社会性单位

在现代社会中，企业不仅是经济组织也是社会组织，其社会性功能已不单纯地从属于其经济性功能。现代企业是一个向社会全面开放的系统，企业经营的社会环境无时无刻不在影响着企业的发展。企业社会性的责任与功能有时与其经济性的责任与目的之间会形成矛盾，有时企业不得不在经济性方面有所妥协。因此，利润最大化的目标一般是很难实现的。企业的社会性要求其管理者不仅要有经济头脑，还必须有能力解决社会问题。

3. 企业是一个独立的法人

企业具有独立的财产与组织机构，能以自己的名义进行民事活动并承担责任，享有民事权利与义务。企业的法人特点规定了它须依照法定程序建立组织，如必须在政府部门登记注册，应有专门的名称、固定的工作地点，实行独立核算，经理、厂长是法人代表，应该对自己的权利有充分的认识，也要对自己应承担的责任有明确认知。

4. 企业是一个自主经营系统

面对市场上各种各样的需求、稍纵即逝的机会、优胜劣汰的竞争，企业管理者必须建立一个管理科学的企业经营系统和高效率运作的经营决策机制，企业具有独立法人的自主权利与责任，企业对其经营要有充分的自主性，不应受到其他方面的直接干预。在自主经营的同时，还要自负盈亏、自我积累、自我发展和自我制约，这些都是所有权与经营权分离之后，企业经营管理应该承担的义务。

5. 企业是一个历史发展的产物

企业并不是生来就有的，只有当商品交换发展到一定程度，掌握着市场、原料和流动资本的中间商进行生产性投资，当介入生产与交换时，才开始产生原始的协作型企业组织。尽管社会主义与资本主义企业有本质区别，但在社会主义初级阶段，企业作为历史发展的产物，人们对它必须有全面的认识，尤其是对于管理者而言，除了应头脑明智外，也需要具有正确的价值观。

案例评析

彼得·德鲁克关于企业概念的阐释

在面对迷茫与困境时，企业的创办者和管理者会回归本源寻找答案。企业是什么？管理是什么？管理者的使命是什么？企业又因何而存在？对于上述问题，现代管理学之父彼得·德鲁克在他的书中阐释得很清晰。

"企业是社会的器官。管理企业的社会影响具有重要性，因为没有'器官'能够离开整个'身体'而存活。""企业不是为它们自身而存在，而是为实现特定的社会目标而存在，为满足社会、社群以及个人的特定需求而存在。""企业存在的合理性的评判标准不是企业自身利益，而是社会利益。如果企业不能以顾客愿意消费的价格来提供商品，不能为客户的需求提供服务，这家企业就已经失败了。如果企业不能具备，或者至少维持与经济资源相匹配的财富生产能力，这家企业就已经失败了。无论处于哪种经济结构、政治结构、社会意识形态中，经济绩效目标都意味着企业必须为利润负责。"

彼得·德鲁克在《创新与企业家精神》一书中定义了"企业不是什么"：那些"不从事营销或偶尔从事营销的组织"不是企业；那些"经营方式只是精明的投机，虽然赚了大量的钱，但其经营方式从未创造一个企业，更不能长期经营的"也不是企业。企业的开创目的是"创造客户",而创造客户的前提是满足客户的需求。

(资料来源:https://m.thepaper.cn/baijiahao_14596536)

【考核知识】

企业是市场经济活动的主要参与者。在社会主义经济体制下,各种企业并存共同构成社会主义市场经济的微观基础。企业是指从事生产、流通与服务等经济活动,依法成立、自主经营、独立核算、独立享受权利和承担义务的法人型或非法人型经济组织。按照企业财产组织形式,企业可以分为独资企业、合伙企业、公司制企业;按照生产资料所有制性质、行业、企业所使用资源、企业规模、生产力组织形式及面向市场的范围等划分方式,企业也有不同的类型。企业的大量出现是以第一次工业革命为契机的。企业是机器大工业和社会化大生产发展形成的以营利为目的的商品生产单位。最初只在工业领域,后来扩展到商业、建筑等各个领域,经历了手工业生产时期、工厂生产时期和企业生产时期,不断应用新技术,使用新设备,企业的生产组织形式和财产组织形式都有了巨大的发展,出现了大量的现代企业。

【解题方法】

企业在商品经济范畴内,作为组织单元的多种模式之一,按照一定的组织规律,有机构成的经济实体,一般以营利为目的,以实现投资人、客户、员工、社会大众的利益最大化为使命,通过提供产品或服务换取收入。它是社会发展的产物,因社会分工的发展而成长、壮大。作为企业,必须具备以下基本要素。

(1) 企业必须具备一定数量、一定技术水平的生产设备和可周转的资金。

(2) 企业必须具备开展一定的生产规模和经营活动的场所空间。

(3) 企业必须具备一定生产技能、一定数量的生产者和经营管理者。

(4) 企业必须具备独立核算、自主经营、自负盈亏、自我约束、自我发展的能力,并具有法人地位。

(5) 企业必须从事社会商品的生产、流通、服务等经济活动,旨在获取利润。

二、企业的演进历程

随着生产力的发展、社会的进步,企业形式也得到不断的发展与完善。企业的演进主要经历三个阶段。

(一) 工场手工业时期

16世纪末至17世纪初,封建制度开始向资本主义制度转变,资本主义原始积累不断加快,大规模剥夺农民的土地,使家庭手工业急剧瓦解,向资本主义工场手工业过渡。此时的工场手工业实际上已具有企业的雏形。

(二) 工厂制时期

18世纪,科学技术的进步助推西方各国相继开展了工业革命,大机器的普遍采用为工厂制的建立奠定了基础。1771年,英国人理查德·阿克赖特创立了第一家棉纱工厂,雇用了5 000多名工人。19世纪三四十年代,工厂制在英、德等国家普遍建立。工厂制的主要特点是:实行大规模的集中劳动;采用大机器提高效率生产;实行雇用工人制度;劳动分工深化,生产走向社会化。工厂制的建立标志着企业的真正诞生。

（三）现代企业时期

19世纪末20世纪初，自由资本主义向垄断资本主义过渡，由于工厂不断采用新技术，生产规模迅速扩大，竞争也就不断加剧，产生了大规模的垄断企业；经营权与所有权分离，形成职业化的管理阶层。从此，企业普遍形成了一系列科学管理制度，从而走向成熟。

案例评析

企业都是有法人的吗？

背景与情境：张军和郭晓刚都是今年刚考上大学的同班同学，出于锻炼自己能力的目的，他们想利用课余时间到市场上找一份兼职的工作。张军去了一家饮品店，负责点单以及备料；郭晓刚来到了电器五金制品厂，负责工件制作。工作时间段差不多，二人同出同归，成为好伙伴。

由于二人关系很好，无话不谈，特别是都刚进入企业，对自己的未来也充满着期许，总想多了解一些工作内容。在一次聊天中，张军问郭晓刚，你们电器五金制品厂的法人是谁？郭晓刚答不上来。后来，郭晓刚专门问了同事企业法人的问题，而同事说，他们的电器五金制品厂没有法人。张军不理解，问郭晓刚："你去的不是一家企业吗？企业为什么没有法人呢？"郭晓刚由于刚入职，也不明白其中的缘由，他自然也认为，企业都应该有法人。后来，经过一段时间的研究，他终于明白了其中的原因。

【考核知识】

企业是一个大概念，除了公司外，还包含个人独资企业和合伙企业（不包括个体工商户），公司是企业的一种形式，它也属于企业的范畴。因此，公司属于企业，但企业不一定是公司。从两者的特征上来说，合伙企业与公司一般存在以下区别。

1. 出资方式不同

合伙企业的合伙人可以用劳务出资，而公司的股东却不行。

2. 规模大小不同

合伙企业靠人的信用基础来成立，其规模一般都较小，而公司特别是股份有限公司，规模很大，股东人数众多。一般，合伙企业的规模小于公司。

3. 承担责任的责任方式不同

合伙企业的合伙人承担的是无限连带清偿责任，而公司的股东都承担有限责任。

4. 成立的基础不同

合伙企业是以合伙协议为基础而成立的。当然，合伙协议的约定不能对抗善意第三人，而公司则是以章程为基础而成立的。

5. 当事人之间的关系不同

合伙企业的合伙人之间是靠人合关系成立的，具体说就是靠人与人之间的信任基础来成立的，所以合伙人之间依附性关系比较强，信用度也比较高。而公司（特别是股份有限公司）的股东之间是典型的合资关系，虽然有限责任公司具有一点人合性，但由于有限责任制度的存在，资合的色彩更重。

6. 主体地位不同

合伙企业不具有法人资格，所以它不能对外以企业的财产独立承担民事责任，而当合伙企业的财产不够偿还债务时，还要靠合伙人的个人财产来偿还；公司是法人企业，它能够凭借自己的财产对外独立承担民事责任。

【解题方法】

法人代表是"法定代表人"的简称，是指代表法人履行法律义务的人，是法人实体的具现化。比如公司、社团等法人组织，在民事法律关系中，要以公司或社团的名义承担自身的责任和义务，但从现实情况看，公司不能去法院应诉，公司不能和个人谈生意，必须得有一个活生生的人代表公司来做这些事，这个人叫"法定代表人"。"企业"与"公司"并不完全一样。公司制企业是现代企业中最主要、最典型的组织形式，但企业与公司并不完全对等。从定义上来说，企业泛指一切从事生产、流通或者服务活动，以谋取经济利益的经济组织。公司由股东共同出资，依法定条件和程序设立，是以营利为目的的企业法人。企业存在三类基本组织形式，即独资企业、合伙企业和公司制企业；公司分为有限责任公司、股份制公司。企业与公司的区别在于：企业包含公司，公司只是企业的一种组织形式。公司一定是法人，而企业不一定是法人。例如，个人独资企业属于非法人组织，虽然不具有法人资格，但个人独资企业是能够依法以自己的名义从事民事活动的组织。

三、企业的分类

企业种类是依据法律对不同类别企业的具体需求，如设立的条件、设立的程序、内部组织机构等来区分的，主要分类有合资、独资、国有、私营、全民所有制、集体所有制、股份制、有限责任等。

随着社会主义市场经济体制的逐步建立，企业改革的进一步深化，我国也把独资企业、合伙企业和公司作为企业的基本法定分类。我国已颁布《中华人民共和国公司法》《中华人民共和国合伙企业法》和《中华人民共和国独资企业法》。法律对这三种企业划分的内涵进行了基本概括，即企业的资本构成、企业的责任形式和企业在法律上的地位。

此外，在我国还可以按照经济类型对企业进行分类。这是我国对企业进行法定分类的基本做法。根据宪法和有关法律规定，我国有国有经济、集体所有制经济、私营经济、股份制经济、联营经济、涉外经济（包括外商投资、中外合资及港、澳、台投资经济）等经济类型。相应地，我国企业立法的模式也是按经济类型来安排，从而形成了按经济类型来确定企业法定种类的特殊情况。

（一）国有企业

国有企业的全部财产属于国家，是由国家出资兴办的企业。国有企业包括中央和地方各级国家机关、事业单位和社会团体使用国有资产投资所举办的企业，也包括实行企业化经营、国家不再核拨经费或核发部分经费的事业单位及从事生产经营性活动的社会团体，还包括上述企业、事业单位、社会团体使用国有资产投资所举办的企业。

（二）集体所有制

集体所有制是指一定范围内的劳动群众出资举办的企业，包括城乡劳动者使用集体资本投资兴办的企业，以及部分个人通过集资自愿放弃所有权并依法经工商行政管理机关认定为集体所有制的企业。

（三）私营企业

私营企业是指由自然人投资设立或由自然人控股，以雇佣劳动为基础的营利性经济组织，即企业的资产属于私人所有，有法定数额以上的雇工的营利性经济组织。在我国，这类企业由公民个人出资兴办并由其所有和支配，而且其生产经营方式是以雇佣劳动为基础，雇工数量应在 8 人以上。

（四）股份制企业

企业的财产由两个或两个以上的出资者共同出资，并以股份形式而构成的企业。我国的股份制企业主要有股份有限公司和有限责任公司两种组织形式。

（五）有限责任公司

有限责任公司是指由 50 个以下的股东出资设立，每个股东以其所认缴的出资额对公司承担有限责任，公司法人以其全部资产对公司债务承担全部责任的经济组织。该种类型适用于创业企业。

（六）股份有限公司

股份有限公司由 2 人以上，200 人以下的发起人组成，公司全部资本为等额股份，股东以其所持股份为限对公司承担责任。

（七）有限合伙企业

有限合伙企业由普通合伙人和有限合伙人组成，普通合伙人对合伙企业债务承担无限连带责任，有限合伙人以其认缴的出资额为限对合伙企业债务承担有限责任。这种类型适用于风险投资基金、公司股权激励平台等。

（八）联营企业

联营企业是指企业之间或者企业、事业单位之间联营，组成新的经济实体；具备法人条件的联营企业，独立承担民事责任；不具备法人条件的，由联营各方按照出资比例或者协议的约定，以各自所有的或者经营管理的财产承担民事责任的企业。

（九）外商投资企业

外商投资企业包括中外合营者在中国境内经过中国政府批准成立的，中外合营者共同投资、共同经营、共享利润、共担风险的中外合资经营企业，也包括中外合作经营企业，还包括全部资本由外国企业、其他经济组织或个人单独投资的外资企业。

（十）个人独资企业

个人独资企业是指由个人出资经营、个人所有、由个人承担经营风险和享有全部经营收益的企业。投资人以其个人财产对企业债务承担无限责任。这种类型适用于个人小规模的小作坊、饭店等，常见于对名称有特殊要求的企业。

（十一）港、澳、台企业

港、澳、台企业是指港、澳、台地区的投资者在大陆办的企业，在法律上均以中华人民共和国涉外经济法律法规为依据，是不同于涉外投资的经济类型。

（十二）股份合作企业

股份合作企业是指一种以资本联合和劳动力联合相结合作为其成立、运作基础的经济组织，它把资本与劳动力这两个生产力的基本要素有效地结合起来，是一种具有股份制企业与合作制企业优点的、新兴的企业组织形式。

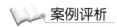 **案例评析**

应该开办合伙企业还是有限责任公司？

背景与情境：郭某、李某、王某三人准备开一家健身器材商店，全部费用由三人共同出资，人均 50 万元，共 150 万元，店面已经租好，目标顾客也经调查基本明确了，但在申办工商登记时，郭某与其他二人发生争执，郭某执意要办有限合伙企业，其他二人想要办有限责任公司。

问题：假如你是决策者，你觉得应当办有限合伙企业，还是有限责任公司？具体是依据什么道理得出这样的结论？

【考核知识】

法律上的"合伙"，可以对应两种组织形式，一种是个人合伙，由《民法典》调整，是指两个以上的公民按协议约定各自提供资金、实物、技术等，合伙经营、共同劳动的组织形式。例如，几个人共同经营一个早点摊，这个团体经营的形式就可以称为个人合伙；另一种是合伙企业，由专门法律《合伙企业法》调整，包括有限合伙企业、普通合伙企业两大类型，设立的主体不限于个人，也可以是企业。举例来说，一般的律师事务所、会计师事务所属于普通合伙企业中的特殊类型。

法律上的"公司"由《公司法》调整，也可以对应多种具体类型，最常见的是有限责任公司，门槛高一点的，是股份有限责任公司。这是我国法定的两种公司类型，其他的具体形式都可以归为这两大类之中。例如，如果公司股东只有一个主体，可以是个人也可以是法人，就是一人有限责任公司或者国有独资公司；如果股份有限公司的股票在证券交易所上市交易了，就成了上市公司；如果公司含有涉外因素，如股东包含外国人、外国企业，就成了外商投资企业。

【解题方法】

合伙企业与公司并没有什么高低贵贱之分，关键是看它们要实现什么目标。说到底两者的区别主要还是在于，合伙企业的投资者承担无限的责任，而有限公司的股东则是承担有限责任。无限连带责任是指一旦合伙企业财产不足以清偿合伙债务时，普通合伙人要以个人财产清偿，无论合伙人之间有没有合伙财产份额约定，债权人都可以要求任何普通合伙人清偿全部债务。即使合伙企业解散，原普通合伙人也要对合伙企业存续期间的债务承担无限连带责任。有限责任就是有限公司的股东是以其认缴的出资额为限对公司承担责任，只要股东缴清了其认缴的全部出资，没有抽逃出资，就不需要对公司经营过程中产生的债务承担责任了。单从考虑创业风险方面，应选择开办有限责任公司。自从注册资本登记制度改革取消了一般领域公司最低注册资本的要求后，为减少个人的风险，越来越多的创业者选择以开办有限责任公司的形式进行创业。

如果考虑缴税成本，应选择合伙企业。虽然公司股东在承担风险的范围上比合伙企业的普通合伙人承担的责任范围小，但在缴税问题上，合伙企业却有相当大的优势。公司作为企业法人，在分配股利前，需要就其生产经营所得缴纳企业所得税，各股东再根据自身类型缴纳个人所得税或企业所得税，也就是内外两层税。企业所得税的税率是 25%。而合伙企业不用缴纳企业所得税，直接由其合伙人根据自身类型缴纳个人所得税或企业所得税。

因此，应该开办合伙企业还是有限责任公司，需要根据具体的条件和目的进行分析。例如，对于用于股权激励等特殊目的而筹划设立组织，由于该组织没有实际业务流转，也没有债务风险可能承担，选择设立有限合伙企业来降低税负，是性价比最高的选择。但如果经营日后需要融资，合伙企业就不是好的选择了。一般的投资机构都是关注企业一步步成熟中评估价值的差价，需要公司在多轮融资中的成长境况作为公司盈利能力的晴雨表，且合伙企业的有限合伙人和一般合伙人又各有利弊，就没有投资机构愿意选择投资合伙企业了。

📖 知识衔接

习近平总书记在党的二十大报告中指出："完善中国特色现代企业制度，弘扬企业家精神，加快建设世界一流企业。"那么，应如何建设世界一流企业？只有自加压力、自我创新，以客户的潜在要求作为自己向上的动力，以满足客户对特色服务为根本遵循，才能真正实现企业为客户服务，才能展现出企业服务意识的重要价值。服务意识主要指的是以品牌效能引领一流的服务。在企业的内部运营中，岗位员工与企业集体利益相关的人员能够表现出热情、主动等服务思想和意识，关键核心技术的研发主要是为了解决客户的实际需要，以更好地服务客户为原则。在企业的发展过程中，只有专业且一流的服务才能保证自身发展质量和效率，进而培养出忠诚于自己的客户，让客户再次惠顾。除此之外，自身发展思想文化和精神还需要与客户的实际需要吻合，才能让客户有认同感和归属感，最终体现为一流企业管理中的服务意识和服务格局。

实战训练

一、案例题

【案例 1-1】

这样的经济组织是企业吗？

背景与情境：张刚和郭军都是浙江省杭州市某学校毕业的大学生，在校学习的是市场营销专业。2023 年，正值杭州亚运会，运动的时尚风靡大江南北。二人出于锻炼自己的目的，想到社会上闯一闯，立志做出一番事业，创办属于自己的企业。张刚的目标是与朋友合伙开一家经销体育用品的连锁分店，郭军则是看准了目前的健康产业，一心想在城里租门面，与家人一起开一家专门提供健身服务的门店。二人在毕业前不仅专门进行了市场调查，而且对自己准备经营的市场环境进行了认真的分析，信心十足地开始前期准备工作。

问题：1. 请阐述创办企业的具体流程。

2. 请分析大学生毕业后开连锁店的利与弊。

【案例 1-2】

从追赶到领先——华为的创新之路

2023 年 8 月 11 日，华为正式发布 2023 年上半年经营业绩。相关业绩报告显示，2023 年上半年，华为实现销售收入 3 109 亿元，同比增长 3.1%，净利润率为 15.0%。具体到各业务领域，华为 ICT 基础设施业务收入为 1 672 亿元，终端业务收入为 1 035 亿元，云计算业务收入为 241 亿元，数字能源业务收入为 242 亿元，智能汽车解决方案业务收入为 10 亿元。

孟晚舟在半年业绩中特别表示，华为抓住数字化、智能化和低碳化的发展趋势，在技术上压强投入，聚焦为客户和伙伴创造价值。

事实上，在某些国家的无理打压下，为了确保业务的连续性，华为不得不自行开发 MetaERP 系统，该系统基于自主可控和云原生架构的核心技术，完全使用自研的操作系统、数据库、编译器和编程语言进行开发。

华为的创新是开放式的创新。围绕着全球技术要素及资源，华为在全球建立了超过 16 个研发中心，60 多个基础技术实验室，包括材料、散热、数学、芯片、光技术等。围绕全球人才和资源，以客户需求为原则，建立联合式研究中心。

创新的压强原则是厚积薄发。技术、解决方案创新背后是持续的研发投入。华为在研发领域的投资不惜成本，不仅投资于现在，而且向未来投资。早在 1996 年，华为预研部就明确要求预研费用必须占研发费用的 10% 以上，现在提高至 30%，这意味着每年有 20 亿~30 亿美元投入前沿和基础技术研究。华为 2018 年研发费用达到 150 亿美元，在全球所有公司中排名前 5 位。华为在全球现有超过 8 万名研发人员，占员工总人数的 45% 左右。另外，华为还有 60 多个基础技术实验室，700 多名数学博士，200 多名物理学和化学博士，这些都保障了持续的技术领先。

管理和组织的保障，人才和文化的土壤。华为的创新也是管理的创新。从 1997 年开始，华为构建了研发、供应链、财经、人力资源、市场等国际化的，并经过最佳实践证明了的流程体系，奠定了华为走向世界的管理基础。同时，这也确保了华为的运行和创新是有序的，通过确定性的流程和方法来应对创新的不确定性。并且与科研院所开放合作，共同研究，把科研机构的成果，通过产品转化成商业成功。

华为的创新是理想主义和现实主义的结合，从客户需求出发，在进行产品的研发的同时，还以未来趋势为判断依据。通过战略务虚会，多路径开发试错，"红军""蓝军"PK 等，深入技术的"根"；同时，还通过愿景和假设，以及先进技术驱动开发，实现理想主义和现实主义双轮驱动的创新。

华为的愿景使命是把数字世界带入每个人、每个家庭、每个组织，构建万物互联的智能世界。这意味着我们将继续开放，合作，与全球科学家、研究机构、伙伴、产业一起共建未来的智能世界。

（资料来源：https：//www.sohu.com/a/357895258_296821）

问题：1. 请阐述华为所追求的社会效益和实际运营的情况。

2. 请阐述企业的经济效益与社会效益是否存在冲突并说明理由。

【案例 1-3】

深圳涌现独角兽企业

2023 年，深圳共有 24 家独角兽企业被列入"2023 全球独角兽企业 500 强"，数量位居全球前五名行列。从"小渔村"变成全球瞩目的国际科技产业创新中心，深圳只用了 40 年时间，如今已是粤港澳大湾区核心引擎城市之一。下面就简单介绍一下深圳 TOP10 独角兽企业。

深圳独角兽企业第十名是嘉立创，估值 370 亿元。现有核心技术团队近千人、5 大数字化生产基地，专注于 PCB 打样/小批量、SMT 贴片、激光钢网以及 3D 打印等领域。产品及服务遍及全球近 180 个国家和地区。

深圳独角兽企业第九名是欣旺达动力，估值 382.97 亿元，是一家集电芯、模组、BMS 和 PACK 产销研于一体的全球领先的综合性新能源科技企业。获得了海内外众多知名的客户认可，实现了为全球一流车企批量供货，且近年来，每年研发投入近 30 亿元，专利总数达 2 000 多项。

深圳独角兽企业第八名是空中云汇，估值 385 亿元。其助力各企业简化全球支付、发掘新的市场机遇、打破增长壁垒。提供领先技术，帮助全球企业节省时间、优化成本，推动企业客户的规模化增长。

深圳独角兽企业第七名是柔宇科技，估值 420 亿元。其通过自主研发的核心柔性电子技术生产全柔性显示屏和全柔性传感器，以及包括折叠屏手机和其他智能设备在内的全系列新一代人机互动产品。建立全球首条全柔性显示屏大规模量产线，发布和量产全球首款折叠屏手机 FlexPai 柔派。近两年，其产品和变现能力，备受争议。

深圳独角兽企业第六名是瑞鹏宠物，估值 430.77 亿元。其每年为数十万养宠爱宠人士提供优质宠物服务，涵盖宠物美容造型、洗浴、食品及用品等，服务网点覆盖五十多座城市。

深圳独角兽企业第五名是平安智慧城市排在榜单第五名，估值 550 亿元。以"智慧、智理、智效"为建设理念，依托人工智能、云计算等核心技术，构建了"1+N"智慧城市平台体系，致力于成为新型智慧城市一站式便民服务平台。

深圳独角兽企业第四名是喜茶，估值 665 亿元。其开创国内"新茶饮时代"，坚持使用真原茶、真牛乳，并且首创芝士茶，推动行业原料升级。已进入 240 多个城市，2023 年的门店总数突破 2 000 家。

深圳独角兽企业第三名是货拉拉，估值 700 亿元。其成长于粤港澳大湾区，是一家从事同城/跨城货运、企业版物流服务、搬家、零担、汽车租售及汽车后市场服务。其业务范围覆盖 360 多个城市，月活跃司机数达 68 万，月活跃用户数近千万。

深圳独角兽企业第二名是大疆，估值 1 540 亿元。公司创办以来，在无人机、手持影像、机器人教育及更多前沿创新领域不断革新技术产品与解决方案，重塑人们的生产和生活方式。其打造的航拍无人机产品在全球多地畅销，深受用户喜爱。

深圳独角兽企业第一名是微众银行，估值 2 478 亿元。是国内首家互联网银行，专注为小微企业和普罗大众提供差异化、有特色、优质便捷的服务，并不断拓展服务的广度和深度。基于人工智能技术与另类数据，研发新一代智能资管系统。截至 2022 年年底，该企业已服务超过 3.6 亿个人客户、340 万小微市场主体。

（资料来源：https://k.sina.com.cn/article_5191450395_1356f3f1b00100woln.html）

问题：1. 请阐述独角兽企业的由来和特点。

2. 请阐述独角兽企业为何大多出现在深圳。

二、实务题

充分了解某企业的基本情况、管理方式、财务状况等是一项重要的管理技能。请通过天眼查 App、招聘网站和微信公众号等，对长城汽车这家公司进行全面了解，并分为六组各自完成如下问题。

（一）调查公司的基本情况

天眼查 App 的数据来源包括全国企业信用信息公示系统、中国裁判文书网、中国执行信息公开网、国家知识产权局、商标局、版权局等。也就是说，只要是一家规范的企业，我们都可以在该网站上找到它的法定代表人、注册资本、注册时间、行业、企业类型等信息，当了解了这些信息后，我们对这家企业便有了一个基本概念。

问题：•这家公司到底是做什么的？它何时成立？是由谁提议成立的？

（二）调查管理和人事情况

组织架构能够反映出公司的管理方式属于扁平高效率还是分工明确标准化操作。了解清楚组织架构后，可以从一定程度上反推该公司的做事风格。

问题：这家公司的组织架构是什么？柔性管理还是刚性管理？员工人数有多少？

（三）调查行业情况

在很多领域，大环境是影响一家公司发展的核心因素，如房地产、医疗健康等。

问题：这个行业的市场容量有多少？痛点是什么？发展速度有多快？竞争情况处于生命周期的哪个阶段？这家公司在行业里的位置如何？

（四）查看公司业务

一般来说，大型上市企业的官网能囊括大部分我们所需要的信息。一般的阅读顺序为先看"关于我们"。这里有相对详尽的官方表述，从公司发展历程，到管理层团队，再到组织结构，应有尽有；然后去"投资者关系"里找年报。上市企业官网都有"投资者关系"这个栏目，找到年报后能够非常方便地分析这家企业的财务状况。

问题：公司的盈利模式是什么？客户是谁？与其他同行业企业相比，竞争优势是什么？

（五）查看公司的财务情况

不管公司在外面如何包装、宣传自己，财务报表都可以让对其经营状况了如指掌。

问题：最近几年的主营业务情况如何？各种财务指标是否健康？

（六）查看公司战略规划

如今这个时代不进则退，接下来将如何发力成为判断这家企业质量的重要指标。

问题：未来几年将如何扩张？有没有计划进入的新领域？

三、拓展阅读

中国车企在 2023 年换道超车

专题二　了解管理的内涵

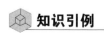 **知识引例**

"揭榜挂帅"与"赛马"机制让创新燃起来

"揭榜挂帅"是指建立以需求为牵引、以能够解决问题为评价标准的新机制，让有能力、有担当的团队承担关键核心技术攻关等重点任务。该方式在"悬榜""评榜""揭榜"

过程中，打破繁文缛节、条条框框，破除科研"小圈子"和论资排辈，在给予揭榜者充分信任和授权的同时，明确目标责任，强化问责考核，体现"奖优罚劣""问责问效"。"赛马"是在探索"揭榜挂帅"机制、优化核心技术攻关体制中的新型项目组织方式。该方式在项目立项时，择优选择多家主体并行攻关，过程中进行阶段性考核、竞争性淘汰，让真正有能力、干得好的主体脱颖而出，提高攻关的质量和效率。以腾讯为例，马化腾本人就十分提倡赛马机制，他表示"应该鼓励自我革命，甚至是内部竞争"，并且用赛马机制去敦促那些竞争对手，希望"公平竞争，齐头并进"。显而易见，腾讯最终以卓越的成就成为赛马机制的受益者之一，后来为腾讯带来众多"意外"的创新，如QQ空间、QQ游戏乃至微信，都不是顶层规划的结果，而是来自基层的业务单元的独立作业。

（资料来源：https：//www.sohu.com/a/374000431_120236276）

【案例解析】

企业"揭榜挂帅"与"赛马"机制是一种选拔和培养人才的机制，企业把人招进来，让他们产生竞争，选择表现优秀的员工，从而留下最出色的人才，淘汰最差的。同时，企业也要创造公平、公正、公开的竞争氛围，建立起一套充分发挥员工潜能并适合自身实际情况的人才管理与运行机制。用好这套运行机制，将有助于企业迅速激发团队力量，获得市场份额，尤其在某行业具备发展红利及市场总盘持续增长的情况下，更能将人才的灵活性和竞争优势放大，从而使优秀员工响应企业的赛马信号，充分发挥个人潜能并快速成长。

知识梳理

一、管理的内涵

管理就是为了有效地实现组织目标，由管理者利用相关知识、技术和方法对组织活动进行决策、组织、领导、控制并不断创新的过程。管理通常包括以下几方面内容。

（1）管理是一种有意识、有目的的活动，它服务并服从于组织目标。

（2）管理是一个连续进行的活动过程，实现组织目标的过程，就是管理者执行计划组织领导控制等职能的过程。由于这一系列职能之间是相互关联的，从而使管理过程体现为一个连续进行的活动过程。

（3）管理活动是在一定的环境中进行的。在开放的条件下，任何组织都处于千变万化的环境之中，复杂的环境成为决定组织生存与发展的重要因素。

案例评析

华为的目标管理法

如何将组织目标分解到部门和个人，并且就责任目标与行动方案达成共识，是企业高效运转的驱动力所在，也是给予员工公平、公正评价的基础。就像华为技术有限公司主要创始人兼总裁任正非所说："一切都是围着目标转的，如果没有目标，去交流是没有实际意义的，这就是搬石头与修教堂的关系。"在华为，目标管理与绩效管理相互融合，通过组织目标牵引个人目标，全体华为人共同为公司愿景和使命而奋斗。同时，华为还强调个体绩效服从于团队整体绩效，组织绩效目标必须基于公司战略目标解码，进而确定部门工作方向和工作优先级，做到目标对齐、策略对齐、意愿对齐。那么，华为是如何明确目标的呢？

一、成果导向

企业内部组织及员工的想法和行为都要以目标为导向，朝着目标方向思考问题，并执行任务。不以目标为导向，企业就会失去重心，奋斗就没有方向。同时，企业的一切考核标准也应该以成果为最终的评判标准。企业所有员工的工作都是为了保证工作成果的实现，若不能取得成果，就说明工作是失败的。

二、目标聚焦

华为公司始终坚持聚焦战略点，拒绝在非战略点上浪费，才使华为厚积薄发，取得今天的成绩，并让华为人继续坚持下去。正如华为官网显示的文字那样：华为30年坚持聚焦在主航道，抵制一切诱惑；坚持不走捷径，拒绝机会主义，踏踏实实，长期投入，厚积薄发；坚持以客户为中心，以奋斗者为本，长期艰苦奋斗，坚持自我批判。我们不会辜负时代慷慨赋予的历史性机遇，为了构建万物互联的智能世界，一往无前。

三、目标细分

华为在聚焦的同时，围绕组织目标设定部门或项目目标将组织整体目标往下层层分解，具体到各部门，甚至到每个人。目标越是细化，就越能牵引企业整体的执行力。华为每年年初都会将组织目标下达给各部门，然后经过部门一级一级往下细分，直至分到每位员工手中。华为还要求所有员工都要根据部门的年度目标制定自己的工作计划，而且对员工的绩效目标有明确的要求。

四、目标明确

在具体设置目标的时候，华为利用"SMART"法将目标明确化。SMART法是指目标应该达到具体、可度量、可实现、以结果为导向、有时间限定五条标准。这五条标准缺一不可，企业制定的目标必须符合这几条标准才能明确化，只有这样，在执行时才能实现应有的效果。

华为在IBM的帮助下，建立了系统的目标分解逻辑，从战略规划（Strategic Plan，SP）到业务规划（Business Planning，BP），都实现了充分统一与融合，构建了导向关键措施的目标分解图。

在战略目标分解图中，SP阶段导出战略达成的关键成功要素（Critical Success Factos，CSF）和战略衡量指标，选择战略衡量指标落入关键绩效指标（Key Performance Indicator，KPI），牵引KPI对齐战略。通过对齐CSF，导出年度业务关键措施和目标（CTQ-Y），并分解形成CTQ-Y Tree。基于CTQ-Y Tree，按工作相关性原则，华为识别、组合形成年度重点工作，然后进一步导出重点工作子项目。

五、目标融合

企业总目标的实现是各级目标一起支持的结果，每个目标的制定都是为了上一级的目标，而上级目标的制定又是为了完成更上一级的目标，以此类推，最后汇总，从而完成总目标，这就是目标自下而上融合的过程。

员工将个人目标与企业目标统一，企业可以从员工能力培训、绩效管理、同向发展等方面入手。只有厘清企业目标体系之间的关系，实现个人目标和企业目标合二为一，不因短期目标而牺牲长期目标，才能确保企业各级目标自下而上融合为总目标的过程有序进行。

（资料来源：http：//www.ahjjjc.gov.cn/ywbb/p/78314.html）

【案例解析】

管理是一门怎么建立目标，然后用最好的方法经过他人的努力来达到目标的艺术。管理是要关注目标的，没有目标，就谈不上系统的管理。无论对于团队还是个人，一定要关注短期、中期、长期目标。短期目标应该具体而客观，易于实现；长期目标应该量化又具有挑战性，要有激励机制做保障。华为狼性文化关键因素就是华为的目标管理。华为有着明确的发展目标，且每个目标都能认真对待，并且在科学的目标管理制度下，绝大多数目标都能在规定时间内高质量地达成，由此而奠定了今天的市场地位。随着人类社会的不断进步，管理在企业经营中的作用越来越重要，并在丰富的管理实践基础上形成了现代企业制度。

二、管理的属性

（一）管理的自然属性

管理的自然属性是指管理是一种不随个人意识和社会意识的变化而变化的客观存在。因为管理也是一种生产力，其自然属性就称为管理的生产力属性。这种与社会生产力相联系的客观存在具体表现在以下几个方面。

（1）它是一种对人、财、物、信息等资源加以整合与协调的必不可少的过程。

（2）它是社会劳动的必然要求，资源的整合利用与人的分工协作都离不开管理。

（3）它有着很多客观规律，而管理活动只有尊重和利用这些规律才能取得成效。

（二）管理的社会属性

管理的社会属性是指管理是一种只有在一定生产关系和社会制度中才能进行的社会活动，这种活动的中心问题是一个"为谁管理"的问题，为统治阶级服务，体现着生产资料所有者指挥劳动、监督劳动的意志。它与生产关系和社会制度相联系，既是一定社会制度的体现，又反映和维护一定的社会制度，其性质取决于社会制度的性质，而不同的社会制度有不同的社会属性。任何管理活动都是在特定的社会生产关系下进行的，都必然要体现一定社会生产关系的特定要求，为特定的社会生产关系服务，从而实现其调节和维护社会生产关系的职能。因此，管理的社会属性也叫作管理的生产关系属性。

案例评析

"橘生淮南则为橘，生于淮北则为枳。"我们需要借鉴国外政治文明有益成果，但绝不能放弃中国政治制度的根本。中国有960多万平方公里土地、56个民族，我们能照谁的模式办？谁又能指手画脚告诉我们该怎么办？对丰富多彩的世界，我们应该秉持兼容并蓄的态度，虚心学习他人的好东西，在独立自主的立场上把他人的好东西加以消化吸收，化成我们自己的好东西，但决不能囫囵吞枣、决不能邯郸学步。照抄照搬他国的政治制度行不通，会水土不服，会"画虎不成反类犬"，甚至会把国家前途命运葬送。只有扎根本国土壤、汲取充沛养分的制度，才最可靠，也最管用。

（资料来源：http：//www.ahjjjc.gov.cn/ywbb/p/78314.html）

【考核知识】

题干主要针对管理的自然属性和社会属性进行考核。管理的自然属性离不开其社会属性，它总是存在于一定的生产关系和社会制度中，否则就成了没有形式的内容；而管理的社会属性也离不开其自然属性，不然，它就成了没有内容的形式。由于二者是相互制约的，管理的自然属性要求社会具有一定的生产关系和社会制度与其相适应，而管理的社会属性的不断变化必然使管理活动具有不同的性质。

【解题方法】

管理具有自然和社会的两重属性，一方面，自然属性为我们学习和借鉴发达国家先进的管理经验提供了理论依据，使我们可以放心大胆地引进和吸收国外成熟的理论来迅速提升我国企业的管理水平；另一方面，管理的社会属性告诉我们绝不能全盘照搬国外的做法，必须考虑我们自己的实际国情。在美国和日本有效的方法，不一定都适合中国。在学习的过程中，我们应充分借鉴和汲取国外先进的管理理念，也要十分关注我国传统管理方法和社会主义现代化建设中涌现的新管理经验、新观点，做到"古为今用"和"洋为中用"。

知识衔接

企业作为市场主体，是经济的力量载体，是经济活动的主要参与者、就业机会的主要提供者、技术进步的主要推动者，在国家发展中发挥着十分重要的作用。习近平总书记曾经勉励企业，"我国经济由高速增长转向高质量发展，这是必须迈过的坎，每个产业、每个企业都要朝着这个方向坚定往前走"。根据《中国企业报》的报道和《财富》杂志在各自App上发布的数据，2023年，我国共有142家公司登上《财富》世界500强排行榜，上榜数量连续多年位居各国之首。美国有136家公司上榜，比上一年增加12家。中美两国上榜企业总量仍然遥遥领先于其他国家。值得一提的是，在榜单前10名和前100名企业中，中国企业的数量明显增多，中国上榜企业规模也在不断扩大，发展质量更是可圈可点。对比上榜企业平均营业收入、总资产、净资产等主要数据可以看出，改革开放40多年来，中国企业实现了长足发展。党的二十大以来，中国企业更是迎来了前所未有的发展机遇与成长空间，世界500强中国上榜企业数量、规模、质量全面提升。在国际形势、外部环境复杂多变的当下，如此成绩来之不易。中国企业的表现展示了中国发展的成果、创新的成绩，也体现了中国企业对世界经济复苏的贡献。

（资料来源：https：//new.qq.com/rain/a/20230802A0677X00）

实战训练

一、案例题

【案例 1-4】

中国首款娟姗奶粉是如何炼成的？

"我是娟姗小镇主理人，欢迎来到我家，我们现在位于美丽的辽河平原，这里地处北纬42度的黄金奶源带，四季分明，土壤肥沃，滋养了甘润多汁的牧草，也培育了我们越秀辉山12万头的良种奶牛，特别是国内最大的珍稀娟姗奶牛繁育基地也位于这片美丽富饶的土地上。"

2023年9月25日，越秀辉山党委书记、总经理韩春辉接待了一些特别的客人：越秀辉山品牌代言人张碧晨、冠军教练杨鸣、营养学教授汪之顶、辽沈著名主持人大兵等一众嘉宾化身"品质见证官"走进越秀辉山，实地探访、揭秘珍稀娟姗奶源的奥秘以及越秀辉山高品质奶粉的诞生过程。

爱牛如子，专门"私厨"定制营养餐

"得产业链者得天下"已成为奶粉行业的共识。韩春辉表示，20多年前，越秀辉山就从澳大利亚、新西兰等国家引进纯种进口奶牛，后来又前瞻性布局娟姗奶源。到目前，越秀辉山已拥有国内最大规模的娟姗牛繁育基地，形成了比较成熟的娟姗牛产业体系。

"娟姗牛产于英吉利海峡处的泽西岛（Jersey，旧译娟姗岛，故此牛种名为娟姗牛），目前在全世界的奶牛总量中数量只占1%"，韩春辉透露，"娟姗牛不仅数量稀少，其奶源营养价值也是非常高，有'奶中皇后'的美誉，乳脂率高达5%，优质乳蛋白含量达到3.8%以上。"养好牛才能产好奶。为了从源头保证奶粉的品质和安全，辉山奶粉100%采用规模化自营牧场奶源，高品质原奶的背后也意味着娟姗牛对养殖条件要求更高，正因此越秀辉山也将"爱牛如子"的饲喂理念贯穿到牧场管理的方方面面：牧场采用散栏式喂养，奶牛们在牛舍里自由自在地散步、采食、"聊天"；还有四季恒温的牛舍、软如沙滩的牛卧床……

"天气热、温度高，系统就会自动报警，然后我们就给牛舍降温，冷的话我们也会给它加热，让牛很健康地生活"，越秀辉山奶粉事业部总经理张会荣介绍道，"我们还为娟姗奶牛配备了专门的营养配方团队，奶牛们吃的可是'私厨'定制的营养餐，将苜蓿草、燕麦草、甜菜颗粒等各种高端食材进行科学配比，每头娟姗牛每天的餐标达到90元以上。"

"娟姗牛长得非常好看，眼睛很大，睫毛很长"，作为辉山品牌的代言人，张碧晨第一次在现场看到娟姗牛时如此夸赞，而谈及溯源感受时也不禁感慨，"我记得当初唱《珍爱娟姗》那首歌的时候，歌词里有'100%的自然，1%的严选'，还有'因为珍稀，所以珍贵'，而今天，近距离参观越秀辉山的自营牧场，看到珍稀的娟姗牛被精心饲养，我也更加深刻地加深了对这些的理解。"

220项指标的60道质量安全检测

除了养好牛、产好奶外，奶粉的生产标准、质量管控体系也是保证奶粉品质的关键。如何将好奶变成好奶粉？好奶粉在大家心中的标准又是怎样的？

为了让广大网友进一步了解越秀辉山奶粉的"硬核功夫"，我们将直播镜头对准了越秀辉山奶粉的现代化加工厂，对奶粉的生产全过程进行了全方位、透明化展示。"所有奶源输送到工厂的大奶罐后，要经过85℃杀菌15秒，更好地保持牛奶里的营养元素"，张会荣介绍，"工厂采用全封闭、全自动化的管理方式，所有高科技生产设备高效运转，技术人员在中控室里24小时通过大屏幕监测每一道生产过程、每一项检测数据。"

"每罐辉山奶粉都要经历涵盖220项指标的60道质量安全检测，才被允许送到消费者手中"，张会荣表示，"同时，每罐产品都对应一个'身份证'，消费者扫码就可以追溯奶粉的生产过程。"

三大系列差异化产品领跑稀有奶源奶粉赛道

从牧场到工厂，广大网友们跟随镜头，身临其境般地感受到了娟姗奶源的珍稀和珍贵，以及辉山奶粉高品质背后的严苛标准。为了满足新生代母婴群体精细化、科学化喂养需求，提供更高品质的婴幼儿配方奶粉，韩春辉介绍："目前越秀辉山在全国范围拥有40万亩农业种植基地、60万吨加工产能的饲料生产加工基地、78座现代化自营牧场、12万头奶牛，以及 4 座现代化乳制品加工基地。这些都是为了保障全产业链质量是可控的，背靠'田间到餐桌'的全产业链生产模式，辉山奶粉多年来不断深入探索珍稀奶源营养。"2023 年 2 月，婴幼儿配方奶粉新国标正式实施，除了辉山玛瑞奶粉外，另两个系列（辉山启晨、辉山星恩）的奶粉也都全部通过了新国标的检测，实现营养配方的全面升级。

在婴幼儿配方奶粉行业进入减量竞争的当下，辉山奶粉走出了自己的特色之路，其三个系列奶粉全部"领跑在稀有奶源奶粉赛道"上：辉山玛瑞是国内首款采用珍稀娟姗奶源的婴幼儿配方奶粉；辉山启晨主打"水解蛋白小分子，营养吸收更给力"；辉山星恩则是采用"A2 奶源"，致力于为更多中国宝宝提供珍稀营养呵护。凭借品质和营养双重实力，这三款婴幼儿配方奶粉此前还斩获 ITI 国际美味奖二星级奖章，这也意味着辉山奶粉的产品品质获得了国际认可。

成立越秀乳业研究院，科技创新赋能产业升级

坚持科技创新赋能产业升级也是越秀辉山发展的加速器。在 2023 年 2 月举行的首届娟姗奶粉节暨辉山奶粉品牌战略发布会上，越秀集团高层就表示，对乳业平台尤其是越秀辉山寄予厚望并表示将全力支持发展。2023 年，越秀乳业研究院正式成立，研究院主要是以市场为中心，以科技为引擎，从上游的种植、养殖再到下游的乳制品研发，聘请中国农业大学李胜利等八位国内知名专家组建了一院三所。

"未来无论是基础研究还是应用型研究，最终是过渡到前瞻性的研究上，乳业研究院对越秀辉山全产业链协调发展会提供更大的技术支持"，韩春辉表示："在'十四五'期间，我们将全力打造'区域领先、全国突破，奶源自有、品质更优'的乳制品企业，为越秀集团高质量迈向世界 500 强、推动民族乳业高质量发展贡献辉山力量。"

越秀集团溯源之旅充分展示了辉山奶粉的品牌自信，让大众刷新了对辉山奶粉的认知，同时也让消费者近距离感受到了中国乳业的硬核实力，以及新力量的崛起。韩春辉表示："未来，越秀辉山还是要继续深耕全产业链一体化的发展模式，这是我们一贯坚持的战略规划方向。"越秀辉山将坚持奶源自有，坚持推行"从田间到餐桌"的食品安全的监控体系和可追溯的管理体系，最终希望能够推进全产业链的数字化升级，实现智慧全产业链的构建，持续在品质管控上下大功夫。

（资料来源：https://news.sina.com.cn/sx/2023-02-27/detail-imyiazkz8126369.shtml）

问题：1. 阐述中国首款娟姗奶粉如何炼成的。

2. 阐述越秀辉山是如何领跑稀有奶源奶粉赛道的。

【案例 1-5】

格力电器的"中年危机"

2023 年是格力电器成立的第 31 个年头。在经历高速增长之后，格力电器的各种问题也开始一一浮现。能否扩张，能否转型，能否提高劳动生产率，都是一系列挑战。危机面前，有的企业转型失败，坠入深渊；有的企业则向死而生，再创辉煌。在发展的十字路口，格力电器将向哪个方向转弯呢？

格力的中年危机：增长瓶颈日益凸显

2023 年 4 月 28 日，格力发布了 2022 年度及 2023 年第一季度财报。相关数据显示，2022 年，格力电器实现总营收同比增长 0.26%，归母净利润增长 6.26%。2023 年第一季度，格力电器总营收同比增长 0.56%，归母净利润增长率仅为 2.65%。不难看出，格力正在陷入增长瓶颈。究其根本，还是时代变了。随着房地产逐渐步入饱和阶段，空调市场也进入存量市场时代，空调消费自然受到影响。奥维云网数据显示，2020—2022年，空调零售市场遭遇三连降。并且空调的保有量已经处在较高水平。更关键的是，相比起美的等同行，空调业务对格力来说是"命脉"般的存在。根据财报，2022年，格力的空调营收占比从2021年的70.11%上升至71.36%。而美的在2022年的空调业务只占到总营收的43.8%。

那些年，格力追过的风口

相比格力电器占比超过七成的空调业务，美的和海尔的复合格局，显然更均衡，也更能对抗波动。更关键的是，友商正在跳出制造业格局，算的是另一笔账。

美的的业务早已超越了传统的家用电器。2022年，它的机器人和自动化业务实现299.3亿元营收，占总营收比例的8.7%。其并正在向工业自动化、智慧交通、楼宇科技甚至高端医疗器械布局。

早在2019年，海尔就开启了全新的生态品牌战略，不同的产品，可以在海尔的整体生态和场景里，实现彼此链接，提升整体体验，最终互相拉动销售。美的与海尔，一个正迈向综合科技集团，一个选择走大生态物联网的道路，但格力却还停留在"好电器，格力造"的阶段。那么是格力不努力转型吗？其实不然，细数格力这些年的多元化努力，多个风口都有格力的身影。

从2012年开始，从智能装备、小家电、到手机、汽车、芯片，格力开始在许多行业试探、布局，但大多数难言成功。接下来，格力还有哪些可能的破局方向呢？

已经看到的方向一：壮士断腕，向线上渠道拓展

格力的商业模式，长期以渠道为王，很经典也很传统。多年来，格力的核心竞争力之一，就是格力的经销商渠道。格力通过与大型经销商交叉持股的方式，搭建了一个极具黏性的经销商网络，让格力在过去那个以渠道为王的时代，统治了空调市场20多年。格力曾经最引以为豪的是，线下有三万多家经销商。

因此，当时格力甚至可以与国美的黄光裕叫板，就是不进国美的大卖场。但过去是过去，现在是现在。经销商入股格力，在10年前对格力的发展是促进，而在互联网时代，却是掣肘。实际上，董明珠曾承认格力的线上渠道确实晚了，并痛斥有些人"养尊处优、自以为是"，为了抓销售，董明珠亲自搞了十几次风风火火的直播带货，也确实提升了一定的线上市场份额，但高管和一些核心经销商们不干了。

在2020年"618"大促，董明珠创下单场直播销售额破百亿的新纪录，但其后院却起火了。仅仅过了两天，格力就公布了省级经销商京海互联（原京海担保）的减持公告。同年7月，省级经销商京海互联再次减持格力股份。

"你们不改变，我就来改变你们。"无奈的董明珠开始对经销商痛下杀手，在精简层级的同时，也收回省级销售公司定价权，只负责提供安装售后等服务，从赚差价改收服务费。

在这番操作下，河北格力总经销商徐自发宣布转投飞利浦空调；河南经销商郭书战加入了美的；山东经销商段秀峰倒戈奥克斯，格力电器曾经的执行总裁和总裁助理投入到飞利浦的怀抱。线下经销商的离去短期看可能会给格力带来冲击，但从长期看，这是格力转型线上不得不落下的一子。

已经看到的方向二：减少分红，为第二增长曲线留足粮草

过去，高分红一直是格力的标签，而最新的分红方案却出乎市场预料。

从年报数据来看，格力电器2022年、2023年第一季度的营收与上期同比几乎都是持平的，但备受关注的分红远低于预期。格力电器公司拟向全体股东每10股派发现金股利10元（含税），合计派现56.14亿元（含税）。需要指出的是，市场曾预计分红规模为每10股派发现金红利20元。

而格力电器2018—2021年度的分红方案分别为10派15元（含税）、10派12元（含税）、10派30元（含税）、10派20元（含税）。2022年度的10派10元（含税）是过去5年里分红力度最小的一次年度分配。

而这次最少分红的背后或许也提示着格力思路的转变。格力公司是不缺钱，但是从稳健经营降低负债风险的角度说，需要适当减少分红。这是可以理解，留一部分钱去更好发展企业其他的业务板块。2022年，格力电器的经营活动现金流出现了大幅增加，同比增长1 413.35%，并在2023年继续保持增长，于3月增长到1 863.06亿元。

随着分红比例的减少，格力电器的现金流还将持续增加。在大笔资金的注入下，第二增长曲线成型的速度也将越来越快。

除了已经看到的方向，格力或许还可以从以下三大方向尝试破局。

未来可能的方向一：学习海尔，加速出海

第一是学习海尔，加速出海。

随着国产制造的发展，国内白电市场已经逐渐成为存量市场，各大龙头也在近些年陷入了业绩的瓶颈期，这从格力电器国内业务营收忽高忽低就可窥见一二。

但海尔一季度却实现了利润的双位数增长。

海尔智家发布2023年第一季度业绩报告。一季报显示，海尔智家Q1实现营业收入650.66亿元，同比增长8%；归母净利润39.71亿元，同比增长12.6%；扣非归母净利润37亿元，同比增长16%，利润增速持续超营收增速。

此外，白电行业正在面对通胀带来的产业链原材料价格上涨压力，以及高昂的出口运输成本，比起营收和利润，海尔智家更亮眼的是其盈利水平，海尔智家是白电三巨头中毛利最高的企业。

数据显示，2023年Q1海尔智家毛利率为28.70%，美的为24.04%、格力为27.42%。

而海尔能够实现超越的核心就在于其一直坚持的出海战略。如果用一句话概括海尔的出海策略，就是在新兴市场做大自身品牌知名度，在发达国家市场收购本土知名品牌。对于格力而言，未来或许可以尝试复制海尔的成功路径。

未来可能的方向二：收缩跨界战线，大力押注工业机器人

第二是收缩跨界战线，大力押注工业机器人。

虽然格力的家底很厚，但也不能总是东一榔头西一棒子地去跨界，因为这不仅会造成优势资源的分散，而且会导致大量的资金浪费。

巴菲特有一句名言："投资者要学会跨过一尺高的栏杆，而不是试图去挑战7尺高的栏杆。"这话的意思就是投资者要做简单的、有把握的投资，而不是挑战难度太大的投资。对于格力而言也是如此，与其频频涉及自己不熟悉的领域，不如应该寻找到一个有潜力且适合自己的方向，通过长期的投入，把其培育成第二增长曲线。

从产品端看，格力电器的工业制品或许最有可能成为格力未来的第二增长曲线。虽然去年工业制品仅为 75.99 亿元，占格力电器总营收的 4.02%，但同比增速达到了 137%。作为国内家电行业较早启动和发展自动化的企业，格力电器在 2012 年先后设立了自动化办公室、自动化技术研究院、自动化设备制造部、智能装备技术研究院等技术单位；2015年提出将工业机器人和高档数控机床作为该公司未来的两大研究领域来规划和布局，诸如此类，不一而足。较厚的技术沉淀和积极的研发创新，使董明珠有底气说："我们的空调能做到极品，我相信自动化设备一定也能做到极品。"

而从行业本身来看，工业机器人也有较快的增速。家电历来是劳动密集型产业，在人力成本大幅增加、中国人口红利逐渐消失、精密制造提升等客观因素推动下，工业机器人在家电领域的应用必然会越来越广泛。

事实上，工业机器人的发展与全球制造业转移密切相关，在工业 4.0 时代，家电生产的高度智能化、柔性化成为共识。尤其是中国庞大的制造业需要向自动化转型，未来，机器人替代人工将是许多企业的选择。

因此对于格力这样的家电制造企业而言，发展工业机器人不仅可以实现业务多元化，也能为自己的主业降本增效。

未来可能的方向三：寻求高瓴赋能

第三是寻求高瓴赋能。

高瓴资本于 2005 年创立，梳理其历史投资，从最早的腾讯，到协助京东、撮合腾讯与京东合作，到近两年的私有化并且数字化改造百丽国际，证明了其在产业升级和产业整合方面的能力。2008 年，全球经济危机爆发，几乎没人愿意投入资本打造消费品高端品类。张磊迅速捕捉到市场的空白，坚定投资蓝月亮开发洗衣液产品，在亏损阶段持续投资。三年后，蓝月亮在高端洗衣液市场中打败国际巨头宝洁和联合利华，成为中国洗衣液行业老大。

高瓴投资京东之前，高瓴已经通过对零售电商行业的长期调查研究，明确了零售电商下一阶段的发展模式。随着高瓴资本投资入股京东后，还牵线搭桥，让蓝月亮高管与京东接洽，在品牌宣传和销售提升方面实现双方共赢。

2014 年，高瓴资本投资国内知名母婴童品牌孩子王，帮助其重新梳理了战略规划和实施路径。同时，在垂直电商为补贴厮杀时，将企业的核心资源全部投入到线下渠道基础的夯实和全渠道平台的开发和迭代，为后来的 O2O 战略快速实施奠定了基础。作为格力第一股东的高瓴也要为自己的真金白银负责，未来高瓴或许也会为格力牵线搭桥。但以上的种种方向要实现，核心其实都是经营战略的改变，而这背后需要格力管理层的推动。因此，格力未来能否破局的关键还是管理层。

（资料来源：https：//www.thepaper.cn/newsDetail_forward_23507376）

问题：1. 阐述一下现阶段格力集团面临哪些经营困难。

2. 阐述为度过危机，格力集团采取的管理手段有哪些。

3. 格力集团下一步应该向线上还是线下发展？试说明理由。

【案例 1-6】

比亚迪构建四位一体售后服务体系

2022 年 1 月 25 日，比亚迪全球第 70 000 台纯电动客车正式下线，此举不仅是比亚迪耕耘客车领域十余年的征程硕果，更是产品规模从 1 扩展至 70 000 的历史性跨越，也是"中国智造"引领世界绿色交通变革的力量加持。

除了强大的产品实力之外，比亚迪商用车售后团队也秉承"修于行，养于心"的服务理念，用心为客户提供服务，依托比亚迪公司强大的资源整合和技术实力，专注服务于商用车售后领域。比亚迪商用车拥有先进的售后管理模式和售后服务体系，由深圳总部指挥中心、地区售后服务中心、特约售后服务站、配件中转库组成四位一体的全方位完善的售后服务体系，培养了一支由工程师为核心组成的技术过硬、反应迅速的售后服务团队，依托于市场，服务于市场，在全国建设完善的售后服务网络，全心全意为客户提供专业系统的售后服务，解决客户的后顾之忧。

产品服务到哪里，比亚迪商用车的服务团队就跟进到哪里。2019 年 9 月，比亚迪 T8F 环卫车投入长安街的洗扫工作，为国庆 70 周年活动提供优良环境。售后团队自 9 月 1 日至 10 月 1 日对 11 台作业车辆每天进行状态检查，保障车辆一直处于良好的工作状态。同时，在彩排和阅兵当天，保障人员都在副驾驶跟车应急为突发情况实施紧急预案。最终，售后团队不辱使命，圆满完成了这项艰巨而又光荣的保障任务。与此同时，在深圳，100 台比亚迪 K8、C9 新能源公交车用于当地烟花施放活动的人员疏散工作，以零故障率、零投诉率圆满完成任务。

除了在重大活动保障中大显身手外，比亚迪商用车售后团队还多年如一日地协助城市运营保障平稳运行。2019 年 8 月，深圳巴士集团首批比亚迪纯电动 K9 公交车队圆满完成 8 年的服务任务。这是全球首个规模化、商业化运营的纯电动公交车车队，单车行驶最高里程已超过 59 万公里[①]，保持着全球纯电动公交车单车行驶里程最高纪录。

比亚迪于深圳第二十六届大运会契机投放 200 台新能源专线公交车，已经成功运营 8 年。在车辆运营期间，比亚迪售后服务人员为保证车辆正常运行，有组织有计划地实施各项保障工作，使得多年来乘客对比亚迪电动车的认识焕然一新，评价颇高。但车队日常维修工作仍然重要且艰巨。因此，为了展示深圳市和比亚迪的良好城市服务形象，比亚迪售后服务团队承担重任，不遗余力地做好一切保障工作。

（资料来源：https://new.qq.com/rain/a/20220126A08KKP00）

问题：1. 阐述比亚迪是如何构筑四位一体售后服务体系的。

2. 阐述比亚迪商用车售后团队的服务理念。

【案例 1-7】

桃李面包为何止步高增长？

2023 年 3 月 24 日，蓝鲸财经通过梳理桃李面包的财报发现，在经历了连续七年高速增长后，桃李面包的高增长止步。根据企业最新发布的财报显示，2020 年收入同比增长 5.66%，远低于过去几年 15% 以上的增速。增速放缓背后是桃李面包面对老问题未解决、新问题又来的困境。

桃李面包的老问题在多年来一直束缚其发展扩张，"钱仓"仍是东北、华北和华东。其在华南、华中地区的收入虽然有所增长，但与东北、华北和华东 3 个地区差距明显，且有 17 个分公司亏损。

桃李面包发展的新问题也在凸显。从品类来看，桃李面包的支柱为面包和糕点，其他品类占比缩小。但面包和糕点主要以短保产品为主，进而导致了质量、渠道等问题出现。

---

① 1 公里 = 1 千米。

另外，由于商超领域发展受到冲击，压缩了发展空间，从中长期的战略来看，桃李面包的护城河不深。近半分公司亏损，多家分公司被注销。

"中国面包第一股"——桃李面包在连续 7 年实现高双位数的增长后，突然慢了下来。2020 年，桃李面包营收为 59.63 亿元，同比增长 5.66%。相较前几年营收的高速增长差距很大。数据显示，2012—2019 年，桃李面包营收同比增长率分别为 27.67%、15.07%、17.08%、24.55%、28.95%、23.42%、18.47%、16.77%。远高于 2020 年的 5.66%。同时，桃李面包的毛利率也出现下滑。数据显示，2020 年，桃李面包的经营成本为 41.76 亿元，同比增长 22.44%，高于收入的增速，产品毛利率为 29.97%，同比减少 9.6%。对于成本增加，桃李面包在公告中称，这是因为 2020 年度执行新收入准则将产品配送服务费调至营业成本所致。

虽然毛利率减少，但桃李面包的净利润保持了高增长。2020 年，桃李面包的净利润为 8.83 亿元，同比增长 29.19%。

对此，香颂资本执行董事沈萌认为，收入和毛利减少而净利润增加，如果没有非经营性收益，说明其单品的收益率在增加。对此，桃李面包在公告中称，醇熟等明星产品继续获得稳步增长，华夫糕点、臻软山型吐司面包等新品呈现较高速增长，产品综合竞争力持续获得提升。

虽然产品销售增长得较快，但桃李面包产品销量主要集中在东北、华北和华东地区等传统优势地区，相对弱势的华中、华南等地区，虽然营收增长了，但仍举步维艰。

东北、华北和华东地区依然是桃李面包的"钱仓"，收入分别为 28.01 亿元、14.19 亿元和 12.55 亿元，占比分别为 28.25%、26.01%、17.91%，合计超过总收入的 72%。华中地区营收增长达 948.35%，但收入仅为 1.25 亿元。华南地区在成本增加 37.31% 的情况下，达到 4.41 亿元，同比增长 15.23%。

在华南、华中的分公司表现也不理想。财报显示，17 个分公司亏损，包括深圳桃李亏损 1 385.76 万元、海南桃李亏损 523.87 万元、南昌桃李亏损 627.08 万元等。

我国食品产业分析师朱丹蓬认为，华南地区的蛋糕和烘焙产业走在全国前列，最早入局者是嘉顿和曼可顿等品牌，与之相比，桃李面包并没有优势，加之中低端的定位和产品质量难以与上述品牌竞争，所以在华南等较发达的市场难以拓局。

桃李面包似乎看到自己的不足。2021 年 1 月 16 日，桃李面包发布公告称，为优化资源配置及资产结构，降低管理成本，提高运营管理效率，注销深圳桃李面包有限公司。此前，2020 年 11 月 26 日，桃李面包还发布公告称，拟注销公司全资子公司南昌桃李面包有限公司及济南桃李面包有限公司。

不过战略定位专家、九德定位咨询公司创始人徐雄俊认为，桃李面包的亏损是暂时的，因其刚进南方市场不久，管理成本较高，尚未打开市场，经过布局，迟早会拿下南方市场。

在业内人士看来，注销深圳、南昌等分公司，是由于在快速扩张后，桃李面包意识到发展中的问题，开始主动减速之举。

其中最主要的原因是产品单一且多为短保产品。桃李面包在公告中称，桃李面包的核心产品桃李品牌的面包及糕点实现营收为 58.37 亿元，同比增长 5.6%，占公司年度营收的 97.89%。桃李面包的主要产品来源是短保面包，产品保质期因季节温度的变化存在差异，一般冬季保质期 5~12 天，夏季仅为 3~7 天。

由于产品为短保产品，桃李面包更依赖线下销售，也就导致了渠道的单一性。截至

2020 年 12 月 31 日，桃李面包共建立 29 万多个零售终端。桃李面包在公告中称："我们在与永辉、华润万家、沃尔玛、大润发等大型商超之间建立稳定合作关系的同时，还与区域性知名连锁超市红旗连锁、家家悦连锁、新天地连锁、比优特连锁等建立了良好的合作关系。"这些合作关系都是其核心竞争力。

不过，随着线上渠道不断冲击线下渠道，线下渠道逐渐萎缩。桃李的主要合作伙伴，永辉超市在 2019—2020 年关闭门店总数达到 349 家。在过去几年，沃尔玛在中国关闭门店数达 70 余家。

对此，朱丹蓬认为，桃李面包靠大型商超销售，因此，整个商超不景气也进一步压缩了桃李面包的发展空间。

其实，桃李面包也开始通过线上进行扩张。2020 年，桃李面包推出了保质期 45 天的华夫糕点、保质期 20 天的南瓜切片面包、保质期 15 天的 1995 吐司面包等保质期更长的产品，以适应线上销售的需求。不过，桃李面包并未在财报中具体透露线上的盈利情况如何。

由于产品的短保问题，桃李面包的投诉也多与短保有关。黑猫投诉平台上的投诉信息显示，多个地方的消费者投诉桃李面包的包装袋中出现了小虫子。对此，桃李面包并未回避问题，也进行了相应的处理。

值得注意的是，2020 年，桃李面包在资本市场也动作频频。在推动全国化战略，发行可转债、定增等融资 23.57 亿元的同时，桃李面包的控制人也在不断套现。财报显示，2020 年，盛雅莉、吴学东、盛龙三位董事减持了 1 300 多万股。相关数据显示，2019 年以来，桃李面包创始人吴志刚家族已经实施了多轮减持，共计套现 30 多亿元。

沈萌认为，创始股东套现不一定是对前景不看好，只是通过减持回笼资金，平衡自己的投资组合。但在营销专家路胜贞看来："桃李面包的实控人家族集体性的减持、套现动机大于个人对资金的需求，在某种程度上讲，这就是对未来的把握性不足或者一种落袋为安的行动安排。"

（资料来源：https：//new. qq. com/rain/a/20210325A013NP00）

问题：1. 阐述桃李面包公司现阶段面临的经营困难。

2. 阐述桃李公司渡过危机应强化哪些管理手段。

二、实务题

"康师傅和统一方便面的销量下滑至少九亿包，它们的对手真不是白象也不是今麦郎，更不是因为泡面的口感变差，而是美团、饿了么等外卖平台的兴起，让泡面方便、快捷的优势完全丧失。"请查找相关资料，分组研讨如下问题。

（1）以小组为单位查找跨界打劫者案例并展示出来。

（2）以小组为单位撰写相关的研究报告并展示出来。

三、拓展阅读

两轮车换电池，为何中国铁塔能成为行业老大？

专题三　现代企业管理理论认知

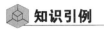 **知识引例**

华为的慧眼：STAR 行为面试法

华为技术有限公司主要创始人兼总裁任正非曾经说过一句话："当你用一个人的时候，先别管这个人强还是不强，你要告诉我你究竟让他做什么，也就是说，他的能力是否与你想让他做的事情匹配。"从企业的长远发展来说，选人首要应该考虑的是价值观因素，其次是能力素质与岗位要求的匹配程度。价值观的因素就是是否和企业的价值观是匹配的。

关于面谈工具，业界的最佳方案就是 STAR 行为面试法。

S 代表 Situation（情景），指的是面试者过去工作的背景情境。

T 代表 Task（任务），指的是面试者在过去曾经承担的工作任务或角色。

A 代表 Action（行动），指的是面试者在过去工作中具体的操作和执行。

R 代表 Result（结果），指的是面试者过去曾经做出的成绩。

用一句话来概括行为面试法就是：在什么情况下，承担什么任务，采取什么行动，最后结果如何。在学会 STAR 行为面试法之后，我们提问的水平会大幅提升。这个方法就是问面试者过去是如何进行工作的。但这类询问过去行为的问题，需要满足以下几个条件。

第一，他之前从事的工作所体现的能力和他面试的岗位要求高度一致；第二，提问的问题必须是所谓的巅峰问题，要具有挑战性，从而引导面试者在冲突面前展现出真实的自己；第三，提问的问题是最近一两年内发生的，与他的现状比较接近。

华为的核心用人观是德才兼备：找到匹配企业核心价值观的人才。德可以简单地理解为是否认同公司的核心价值观。不同文化背景之间因社会习俗的不同而产生行为分歧，但是这些问题对公司的经营无关紧要。只要大家认同公司的 3~5 条核心价值观，就具备了通力合作、共同推动公司发展的底层基础。

（资料来源：https：//www.sohu.com/a/394331537_99970508）

【案例解析】

人才搭配强调的是用其所长，补其所短。对于任何团队，在团队组建的时候，都需要坚持八字方针：价值趋同，优势互补。重点不是提升自己的短板，而是用人所长，再用搭档的优势来弥补自己的短板，从而提升整个团队的作战能力。

知识梳理

现代企业管理是指为达到企业最大效益对具有现代企业制度、采用现代化大生产方式和从事大规模产销活动的企业进行的人、财、物的现代化管理。现代企业管理以市场经济为主体，对企业的生产经营活动进行计划、组织、指挥、协调和控制，它以生产经营为主要职能，有明确的盈利目标，各级管理人员和一般职工按经营业绩和劳动贡献获取收益。

现代管理理论主要是指行为科学学派及管理理论丛林，在行为科学学派阶段，主要研究的是个体行为、团体行为与组织行为，重视研究人的心理、行为等对高效率实现组织目标的影响作用。行为科学学派研究的主要成果有马斯洛的需要层次理论、麦格雷戈的 X-Y 理论、梅奥的人际关系理论、赫茨伯格的双因素理论等。下面主要介绍需要层次理论和 X-Y 理论。

一、行为科学学派

（一）需要层次理论

马斯洛的需要层次理论包括以下基本观点。

（1）生理需要、安全需要、社交需要、尊重需要和自我实现需要，这五种需要是最基本的、与生俱来的，构成不同的等级或水平，并成为激励和指引个体行为的力量。

（2）低级需要和高级需要的关系：需要层次越低，力量越大，潜力越大。随着需要层次的上升，需要的力量相应减弱。高级需要出现之前，必须先满足低级需要。在从动物到人的进化中，高级需要出现得比较晚，婴儿有生理需要和安全需要，自我实现需要在成人后出现；所有生物都需要食物和水分，但是只有人类才有自我实现的需要。

（3）低级需要直接关系个体生存，也叫缺失需要，当这种需要得不到满足时，直接危及生命；高级需要不是维持个体生存所绝对必需的，但是满足这种需要可以使人健康、长寿、精力旺盛，所以又名生长需要。高级需要比低级需要复杂，满足高级需要必须具备良好的外部条件，即社会条件、经济条件、政治条件等。

（4）低级需要和高级需要的区别：满足需要不是"全有或全无"，在人的高级需要产生以前，低级需要只要部分地满足就可以了。例如，为实现理想不惜牺牲生命，这就是考虑了自我实现的需要而没有考虑生理需要和安全需要。

（5）个体对需要的追求有所不同，有的对尊重需要的追求超过对社交需要的追求。

（二）麦格雷戈的 X-Y 理论

X 理论和 Y 理论是两种不同的管理理论，涉及人们对工作源动力的假设。X-Y 理论是由美国心理学家道格拉斯·麦格雷戈提出的。X 理论认为，人们对待工作消极，而 Y 理论则认为人们有积极的工作源动力。如果认同 X 理论，就会认为人性懒惰，讨厌工作，尽可能逃避，绝大多数人胸无大志，怕担责任，没有创新能力，激励只在生理需要和安全需要层次上起作用，必须强制去惩罚他们，才能实现组织的目标。企业管理的唯一激励办法是以经济报酬来激励生产。如果认同 Y 理论，则会认为多数人是愿意对工作负责的，人们天生喜欢工作，如果给予适当的机会，大家都渴望在工作中发挥才能，而激励在需要的各个层次上都能起作用，惩罚不是使人努力工作的唯一办法。

麦格雷戈是以批评的态度对待 X 理论的，认为把人看成"经济人"是片面的，容易引起员工的敌视与反抗。因此，他提倡激励的办法是扩大工作范围，尽量把职工的工作安排得富有意义并具有挑战性。在工作中激发潜能，满足其自尊和自我实现的需要；使职工实现自我激励。只要启发内因，实行自我控制和自我指导，在条件适合的情况下，能达到组织目标与个人需要统一起来的最佳状态。

📖 案例评析

企业如何激励员工？

每个管理者首先要明确两个基本问题：一是没有相同的员工；二是在不同的阶段中，

员工有不同的需求。虽然激励是如此复杂并且因人而异，因此也不存在唯一的最佳答案，但我们还是可以总结出一些主要的激励方式。

第一种，金钱激励。相同的金钱对不同收入的员工有不同的价值；对于某些人来说，金钱总是极端重要的，而对另一些人来说就不那么看重金钱。金钱激励必须公正，一个人对他所得的报酬是否满意不是只看其绝对值，而要进行社会比较或历史比较，通过相对比较，判断自己是否受到了公平对待。金钱激励必须反对平均主义。

第二种，目标激励。这就是确定适当的目标，诱发人的动机和行为，达到调动人的积极性的目的。目标作为一种诱引，具有引发、导向和激励的作用。只有不断启发对高目标的追求，才能启发其内在动力。当每个人的目标强烈和迫切地需要实现时，他们就对企业的发展产生热切的关注，对工作产生强大的责任感，不用别人监督就能自觉地把工作做好。

第三种，尊重激励。如果管理者不重视员工感受，不尊重员工，就会大幅打击员工的积极性，使他们的工作仅仅为了获取报酬，激励因此也会大幅削弱。这时，懒惰和不负责任等情况将随之发生。

第四种，参与激励。现代的员工都有参与管理的要求和愿望，创造和提供一切机会让员工参与管理是调动他们积极性的有效方法。通过参与，形成职工对企业的归属感、认同感，可以进一步满足自尊和自我实现的需要。

第五种，培训和发展机会。在当今世界，知识更新速度的不断加快，员工知识结构不合理，需要对他们采取等级证书学习、进高校深造、出国培训等激励措施，通过这种培训充实他们的知识，培养他们进一步发展的能力。

（资料来源：https：//baijiahao.baidu.com/s？id=1747647018490288716&wfr=spider&for=pc）

【考核知识】

题干主要针对马斯洛的需要层次理论进行考核。马斯洛的需要层次理论是一种激励理论，包括人类需要的五级模型，通常被描绘成金字塔般的等级。从层次结构的底部向上，需要分别为生理需要（衣物和食物）、安全需要（工作保障）、社交需要（友谊）、尊重需要和自我实现的需要。这种五级模型可分为不足需要和增长需要。前四个级别通常称为缺陷需要，而最高级别称为增长需要。人们需要凭借动力来实现某些需要，而有些需要会优先于其他需要。

【解题方法】

企业的发展需要员工的支持。因此，管理者应该懂得，员工的主动性、积极性和创造性将对企业生存发展有积极作用。要想激励员工，又必须了解其动机或需要。员工的奖金需要根据个人业绩发放，管理者要将每个人内心深处的目标挖掘出来，并协助他们制定详细的实施步骤，在随后的工作中引导和帮助他们努力实现目标。另外，管理者平时应给员工必要的尊重，给员工提供足够的培训机会，可以形成职工对企业的归属感和认同感，给他们提供发展的机会，满足他们的自我实现需要。

二、现代管理理论

（一）管理过程学派

管理过程学派是美国加利福尼亚大学的教授哈罗德·孔茨和西里尔·奥唐纳提出的。他们认为，虽然组织的性质和组织所处的环境有诸多不同，但管理人员所从事的管理职能却是相同的。孔茨和奥唐纳将管理职能分为计划、组织、人事、领导和控制五项，而把协调作为管理的本质。孔茨利用这些管理职能对管理理论进行分析、研究和阐述，最终建立起管理过程学派。孔茨继承了法约尔的理论，并把其更加系统化、条理化，从而使管理过程学派成为管理各学派中最具有影响力的学派。

（二）管理科学学派

管理科学学派是指以系统的观点运用数学、统计学的方法和信息技术，为现代管理的决策提供科学的依据，通过计划和控制以解决企业中生产与经营问题的理论。该理论是泰勒科学管理理论的继承和发展，其主要目标是探求最有效的工作方法或最优方案，以最短的时间、最少的支出，取得最大的效果。

（三）社会系统学派

社会系统学派是从社会学的角度来分析各种组织。它的特点是将组织看作一种社会系统，是一种人的相互关系的协作体系，它是社会大系统中的一部分，受到社会环境各方面因素的影响。美国的切斯特·巴纳德是这一学派的创始人，他的著作《经理的职能》对该学派有很大的影响。

（四）决策理论学派

决策理论学派是在第二次世界大战后，吸收了行为科学、系统理论、运筹学和计算机程序等学科的内容发展起来的。其代表人物是西蒙，美国管理学家、计算机学家和心理学家，决策理论学派的主要代表人物。决策理论学派认为，管理过程就是决策的过程，管理的核心就是决策。西蒙强调决策职能在管理中的重要地位，以有限理性的人代替有绝对理性的人，用满意原则代替最优原则。

（五）系统理论学派

系统理论学派是指将企业作为一个有机整体，把各项管理业务视为相互联系的网络的一种管理学派。该学派重视对组织结构和模式的分析，应用一般系统理论的范畴、原理，全面分析和研究企业和其他组织的管理活动和管理过程，并建立起系统模型，以利于分析。系统理论学派的重要代表人物是弗里蒙特·卡斯特，美国系统管理理论的重要代表人物，著名的管理学家。其主要著作有《系统理论与管理》和《组织与管理：系统与权变方法》等。

（六）经验主义学派

经验主义学派是指以向大企业的经理提供管理当代企业的经验和科学方法为目标。它重点分析成功管理者实际管理的经验，并加以概括、总结出他们成功经验中具有的共性东西，然后使之系统化、合理化，并据此向管理人员提供实际建议，其中的代表人物有彼得·德鲁克、欧内斯特·戴尔等。

📖 案例评析

超 Y 理论

X 理论反映的是经理人对员工的不信任，主张对员工严加看管。而 Y 理论认为员工都是善良的，完全可以通过激励的方式使其自觉地为企业工作。理解 Y 理论最典型的地方就是高技术行业的顶级企业，如30多年前的微软、10多年前的 Google。对于这些公司而言，它们解决的问题有高度的不确定性，难以找到现成的参考，员工的头脑就是最重要的资产。所以，Y 理论在管理上的重点不是规范和控制，而是奖励和支持。

为了弄清如何进行高效管理，美国的莫尔斯和洛尔施选择了工作效率高的亚克龙工厂、斯脱克顿研究所与工作效率低的哈特福工厂、卡美研究所进行研究。在亚克龙工厂和卡美研究所同时进行 X 理论实验，他们用严格监督和控制的办法对工人进行管理，施加精神的、心理的和物质上的压力，期望激发职工的工作热情。结果，工厂的生产效率提高了，而研究所的效率则下降了。他们又在斯脱克顿研究所和哈特福工厂同时进行了 Y 理论实验，为职工创造一切条件，排除一切前进障碍，满足职工各种需求，以此来激励职工的积极性。实验结果正好与 X 理论的实验结果相反，研究所的工作效率提高了，而工厂的效率则降低了。以上两个实验结果说明了 X 理论并不一定毫无用处，而 Y 理论也不一定普遍适用，于是他们提出了超 Y 理论，即只有把工作或生产效率同管理形式和职工胜任感三者有机结合起来，才能产生和提高工作或生产效率。

（资料来源：https：//zhuanlan. zhihu. com/p/376498650）

问题：1. 阐述 X 理论和 Y 理论孰优孰劣。

2. 分析使用这两种理论各自需要采用何种管理方式。

【考核要点】

管理方式由工作性质、成员素质等决定，采用 X 理论的单位和采用 Y 理论的单位都会出现效率高和效率低的。可见，Y 理论不一定都比 X 理论好。没有什么一成不变的管理方法，管理应主张权宜应变，根据组织内外环境自变量和管理技术等因变量之间的函数关系，灵活地采取相应的管理措施，将工作、组织、个人、环境等因素进行最佳组合。

【解题方法】

不同的人对管理方式的要求不同，有的人希望有正规化的组织与规章条例来约束自己的工作，而不愿参与问题的决策承担责任。这种人欢迎以 X 理论指导管理工作。有的人则需要更多的自治和发挥个人创造性的机会，这种人欢迎以 Y 理论指导管理工作。管理中不能拘泥于某一种方法，应采用不同的管理方式，实事求是地因时、因地、因人、因事、因组织环境灵活权变，不可搞一刀切，应以小目标激发起职工的胜任感。

知识衔接

创新是一个复杂的社会系统工程，没有捷径可走，越是伟大的事业，越充满艰难险阻，越需要艰苦奋斗，越需要开拓创新。在日趋复杂严峻的国内外形势下，企业应该始终以科技领先革新用户体验，不断探索科技创新的新高度，尤其要注意实施人性化管理。人性化管理并非一种策略，而是一种"以人为本"的态度，人性化管理是一种管理思想，也是一种企业文化，它需要身体力行去实践才起作用。人是渴望被点燃的，人的欲望也是可以被激发的，企业应该给予员工一个更大的发展空间，给自身员工以更多的关爱。人们常说"事在人为"，即只要实实在在为职工着想，在实际工作中脚踏实地，讲究实效，不搞形式主义，人性化管理是很容易做到的。

人性化管理的实质在于尊重人性特点，人性化管理的魅力就是让每一个管理者都能感受到来自企业的人文关怀无处不在。通常人们也常把人性化管理说成管理人情化，但在具体工作的实施中却常有将"人情化"理解成"讲人情"，其实不然，它们是两个不同的概念。人性化管理是由现代行为科学演变出来的一种新的管理概念，对于这一概念的研究称为人性管理学。随着知识时代的来临，人作为知识、智慧的主体变得越来越重要，合理开发人的内在潜能已成为现代管理的重要课题。人性化管理是一种以围绕人的生活、工作习性展开研究，使管理更贴近人性，从而达到合理、有效地提升人的工作潜能和高工作效率的管理方法。

（资料来源：https：//zhidao. baidu. com/question/15973667. html）

实战训练

一、案例题

【案例1-8】

国企改革三年行动成效明显

"2022年，决战决胜国企改革三年行动实现高质量圆满收官。"国务院国资委党委书记、主任张玉卓表示，国企改革三年行动实现了"三个明显成效"预期目标：在形成更加成熟更加定型的中国特色现代企业制度和以管资本为主的国资监管体制上取得明显成效，在推动国有经济布局优化和结构调整上取得明显成效，在提高国有企业活力和效率上取得了明显的成效。

国企改革三年行动是2020—2022年落实国有企业改革"1+N"政策体系和顶层设计的具体施工图，覆盖8万多家国有企业，掀起了国企改革新的热潮。

一、改革力度大效果好

国企改革三年行动启动以来，按照"可衡量、可考核、可检验、要办事"的要求，国资国企压实责任，全力推动做好各项工作，以"系统性推进、清单化举措、定量化督办、穿透式操作、典型性推广"的机制，确保务期必成、扎实见效。

三年来，各方共同努力，有力推动国企把党的领导与公司治理相统一，更加突出强调市场主体地位，三项制度改革更大范围落地见效，瘦身健体有序推进，中央企业存量法人户数大幅压减，"两非""两资"清退任务基本完成，企业办社会和历史遗留问题全面解决，鼓励科技创新的体制机制不断完善，国资监管的专业化、体系化、法治化水平不断提高。

"经过三年的行动，国有企业改革实现历史性突破，很多领域取得重大进展。"国务院国资委秘书长彭华岗介绍，公司制改革做了30多年，在三年行动中，要求不管剩下多少，必须解决，全面完成。

鞍钢集团曾长期受困于厂办大集体改革和退休人员社会化管理这一"老大难"问题，涉及职工37.8万人。2020年12月23日，鞍钢集团与辽宁省鞍山市政府正式签署《厂办大集体改革改制企业股权无偿划转协议》，标志着鞍钢集团厂办大集体改革职工安置、企业改革改制两大核心任务取得了决定性成效。改革让这家老国企轻装上阵，重焕青春。2022年前11个月，鞍钢集团销售利润率达到行业平均水平的1.8倍；位居《财富》世界500强第217位，比2019年跃升183位，创历史最好排名。

从全国情况看，随着三年行动的推进，改革乘数效应不断放大，改革红利持续释放，有力推动了国企高质量发展。

2022 年，面对三重压力和超预期因素冲击，中央企业迎难而上，较好实现稳增长目标。2022 年，中央企业累计实现营业收入 39.4 万亿元，同比增长 8.3%；实现利润总额 2.55 万亿元、净利润为 1.9 万亿元，同比分别增长 5.5% 和 5%；劳动生产率同比增长 8.7%，研发投入经费同比增长 9.8%。

"大国顶梁柱，关键时刻顶得住。"长期从事国企研究的专家刘兴国表示，2020 年以来，疫情持续蔓延，叠加其他不确定性因素，对企业和经济发展产生了显著不利影响。而改革有效对冲下行压力，国有企业稳中求进、提质增效，为推动经济社会发展、保障和改善民生、增强综合国力做出了重要贡献。

数据显示，2022 年中央企业累计上缴税费 2.8 万亿元，同比增长 19.3%，自 2021 年以来，始终保持两位数增速，占全国一般公共预算收入的比例持续上升。

二、突出主线精准发力

三年行动突出制度建设主线，抓住激励、竞争、创新等基础性制度精准发力，着力把国企打造成具有核心竞争力的市场主体。

加快完善中国特色现代企业制度，推进党的领导和公司治理有机融合，位列三年行动重点任务之首。国有企业公司制改制全面完成，从法律上、制度上进一步厘清了政府与企业的职责边界，企业独立市场主体地位从根本上得以确立。

全面落实"两个一以贯之"，把加强党的领导与完善公司治理统一起来。目前，已有 1.3 万户中央企业子企业和 2.5 万户地方各级国有企业子企业建立了董事会，实现了董事会应建尽建的目标，其中外部董事占多数的比例达 99.9%。国有企业党委（党组）前置研究事项清单全面完成并落地见效。

深化国企劳动、人事、分配制度改革是提升企业活力和效率的关键环节。三年行动以来，经理层成员任期制和契约化管理在各级国有企业全面推开，覆盖全国超 8 万户企业，共 22 万人。同时，加快实施公开招聘、竞争上岗、末等调整和不胜任退出等市场化用工制度，推动完善按业绩贡献决定薪酬的分配机制，中长期激励政策工具广泛应用，多种中长期激励措施惠及 49.1 万名骨干员工。

推进实现"干部能上能下、人员能进能出、薪酬能高能低"。中国海油在本轮三项制度改革中，二级单位的中层干部退出占比为 12%，全系统管理干部的岗位调整占比为 16%；技术类人才的比例从 30% 提高到 50%，技能类人才比例降低到 30%。"三年来，我们的工作量翻了一番，员工总量减了百分之十几。"中国海洋石油集团有限公司党组书记、董事长汪东进表示。

强激励、硬约束，有效调动企业上下干事创业的积极性创造性。云天化运用上市公司股权激励工具，对经营业绩和未来发展有直接影响的关键核心员工实施限制性股票激励。"股权激励实现两次解锁行权，提振了核心员工信心，为持续提升经营业绩提供了动力保障。"云天化集团党委书记、董事长张文学表示，2022 年前三季度，云天化集团实现利润总额 73 亿多元，同比增长 1 倍多。

南方电网深圳供电局积极探索推行全员新型生产经营责任制，实现员工个人价值与企业效率效益双提升。"我们将专业垂直管理和分别作业模式调整为'以网格为基础进行全业务综合作业'，使作业效率提升 35%。"深圳龙岗供电局宝龙片区负责人王新雨说。

三、布局结构持续优化

优化布局结构是三年行动广受关注的重头戏。国资国企认真贯彻落实《关于新时代推进国有经济布局优化和结构调整的意见》，坚持问题导向，调整存量结构，优化增量投向，更好地把国有企业做强做优做大。

重组整合，亮点纷呈。三年行动以来，共有4组7家央企实施战略性重组，新组建和接收8家央企，推动实施30多个央企专业化整合重点项目。2022年12月，中国宝武与中钢集团启动战略重组。两家企业战略契合、优势互补，实施重组有利于优化我国钢铁工业布局、提升钢铁产业现代化水平。中国宝武党委书记、董事长陈德荣表示，两家企业重组后，将加快培育中钢集团一批产业细分领域的"专精特新"和单项冠军企业。

结构调整，有进有退。2020年以来，央企战略性新兴产业年均投资增速超过20%，营业收入占比达到35%以上，发展新动能更加充沛。同时，加快处置不具备优势的非主营业务和低效无效资产，全面完成"僵尸企业"处置和特困企业治理，建立压减长效机制，瘦身健体让企业更具市场竞争力。

按照中央的部署，国有经济的布局应主要集中在战略安全、产业引领、国计民生、公共服务等领域。目前，中央企业涉及国家安全、国民经济命脉和国计民生领域营业收入占总体比例超70%。

专家认为，通过实施三年行动，推动一批指向鲜明、影响力大的企业进行战略性重组和专业化整合，积极向战略性新兴产业布局，国有经济布局优化和结构调整持续推进，有力推动了资源向优势企业和主业企业集中，在解决同质化竞争、重复建设问题方面取得了新进展，切实增强了国有企业的市场竞争力和国际影响力，使一大批国有企业重新焕发了生机。

（资料来源：https://www.163.com/dy/article/HKJJH4BK0514R9NP.html）

问题：1. 阐述国企实行改革的原因和三年行动的成效。

2. 结合案例阐述我国特色现代企业制度的特点。

【案例1-9】

中国石化：改革强体向"世界一流"迈进

自国企改革三年行动启动以来，中国石化扎实有序推进改革，截至2022年6月底，各项改革任务总体完成率达到99.6%。其中，以建立现代企业制度为核心的公司治理、以市场化机制为核心的三项制度改革、以绿色转型为方向的优化产业布局、以提升科技创新能力为目标的"科改示范行动"等重点改革任务已经完成。

一、完善公司治理让决策更加规范高效

在国企改革三年行动中，中国石化按照要求制定改革实施方案和工作台账，分解细化出80条深化改革的具体任务，逐项落实。

建立现代企业制度是国企改革的重中之重。中国石化党组深入学习领会党中央、国务院精神，专题研究明确了28项贯彻落实任务清单，完善党组会、董事会、经理层三大治理主体工作规则及其配套制度。

为加强党的领导地位，中国石化在集团层面修订公司章程，制定了《党组讨论和决定重大事项清单》，厘清权责边界；在直属企业层面，印发了《关于直属企业在完善公司治理中加强党的领导的实施意见（试行）》等制度文件，指导企业推进党建入章，分类完

善制度机制，为党委发挥领导作用提供支撑。

同时，还大力推行董事长（执行董事、分公司代表）与党委书记"一肩挑"领导体制，发挥董事会定战略、做决策、防风险的作用。董事会下设战略与投资委员会、审计与风险委员会、提名委员会、薪酬与考核委员会、社会责任委员会共5个专委会。专委会成员由公司董事担任，对专业性事项进行研究，为董事会提出意见建议。专委会的设立，使公司董事更加精准地关注到影响企业发展的重点难点，决策更加具有前瞻性和有效性。

实施经理层任期制和契约化管理，是建立现代企业制度的重要一环，也是企业实现高质量发展的重要支撑。中国石化深入推进经理层任期制和契约化管理、职业经理人、职业化员工、中长期激励等市场化改革，将契约管理、考核管理、薪酬管理的权力审慎有序赋予直属单位，逐步实现"有任命就有任期、有职务就有职责、有业绩就有奖励、不称职就要调整"的工作机制。

"经过三年来的改革与探索，中国石化已建成规范完善的公司法人治理结构。"中国石化党组组织部有关负责人介绍说，2022年2月，中国石化获评国务院国资委"国有企业公司治理示范企业"。

二、强化市场机制劳动生产率大幅提高

要提高生产效率，必须从劳动、人事、分配三项制度入手解决"干部能上能下、员工能进能出、收入能增能减"的问题。三项制度改革是涉及"帽子""位子""票子"的改革，一直是国企改革的重点和难点。中国石化挂图作战、打表推进，深化对直属企业评估和督导，逐步构建起"顶层设计—推进实施—考核优化"闭环，强力推动改革。

"帽子"问题是三项制度改革的关键。中国石化党组组织部经广泛调研，推出任期制和契约化管理，先在催化剂公司等开展试点，由点及面稳步推进。目前，中国石化纳入国务院国资委考核的392家各级子企业、1 172名各级经理层成员，全部签订岗位聘任协议、任期和年度经营业绩考核责任书，应签尽签率在央企率先达到100%。

"位子"问题不仅是"进"或"出"，更重要的是要通过人力资源的优化调整，解决队伍活力不足、工作动力不强、"高精尖缺"人才短缺等紧要问题。中国石化修订了《用工总量管理办法》，完善劳动定员标准，构建以"愿景目标定员—用工总量规划目标—年度用工计划"为主线、以"用工增减变化调整人工成本指标和优化用工专项评价激励机制"为配套的用工总量管理体系。近三年来，中国石化用工总量持续优化，全员劳动生产率持续提升。

"票子"问题是三项制度改革的核心。中国石化深化薪酬分配制度改革，通过制定工资总额专项管理制度，健全"效益联动、效率调节"的工资决定机制，激励企业提质增效，在做大"蛋糕"的同时分好"蛋糕"，在实现"收入能增能减"的同时，还实现员工人均收入与经济效益的共同增长。经过三年来的改革，原来"坐上位置就下不去""进了国企就端上铁饭碗""干多干少都一样"的观念被彻底打破。2021年，中国石化管理人员退出比例、员工市场化率实现较大幅度提升，中基层领导人员退出比例创历史新高，全员劳动生产率比2020年增长26%。

三、优化产业布局推动企业高质量发展

在国企改革三年行动中，中国石化站在国家生态文明建设的高度；同时，对标国际一流公司，深化科技体制机制改革，在聚焦主责主业、保障国家能源安全的同时，全力构建"一基两翼三新"的产业格局，推进企业的高质量发展。

"一基"是指着眼提升公司可持续发展能力，加强国内外统筹，夯实公司油气资源基础，有效提升油气储量和一次能源生产能力；"两翼"是指做强做优炼油产业链和化工业务，一方面提升洁净能源供给能力，另一方面提升高端合成材料供给能力，加快碳纤维、生物可降解化学品、高性能合成树脂等高端材料产业发展；"三新"是指顺应世界能源变革和产业发展大势，在新能源、新经济、新领域上发力，加强战略性新兴产业培育，拓展高质量增长空间。

经过改革与发展，中国石化产业布局和结构日趋优化。2021年，境内油气储量替代率达154%，天然气产量比上年增长11.9%，高附加值化工产品产量持续提升。同时，将"三新"业务稳步布局，建成8个供氢中心、74座加氢站……

四、加快科改进程释放创新引擎动能

中国石化以打造技术先导型公司为目标，聚焦实现科技自立自强，在8家直属研究院开展科改示范行动，积极创新体制机制。

在国务院国企改革领导小组办公室召开的"科改示范行动"经验、强化科技创新激励专题推进会上，中国石化催化剂公司进行发言交流。该公司积极探索股权激励、超额利润分享等改革，激发人员创新创效活力，"科改示范行动"启动以来，获专利授权79件。凭借着突出成绩，催化剂公司在国务院国资委"科改示范行动"专项评估中获得"标杆企业"称号。

"催化剂公司只是中国石化加快科技体制改革的一个代表，我们以'科改示范行动'为重要抓手，高质量推进科技体制机制改革，扛好担当国家战略科技力量的核心职责。"中国石化企改部有关负责人说，仅2021年，中国石化就有7个项目获得国家科学技术奖，申请专利9 338件、授权5 844件，均创历史新高，专利综合优势位居央企首位。

多层级研发机构60余家，两院院士24名，研发人员2万余名……这是中国石化担当国家战略科技力量的有力支撑，也是协同公关的重要基础。其推出的"十条龙"科技攻关组织模式依托完备的产业链，截至2021年年底，已累计有200余项重大成套技术通过"十条龙"重点攻关实现工业转化。

改革还将持续开展，作为中国最大的能源化工企业，中国石化通过深化改革正向着世界领先的洁净能源化工公司转型，向着建设具有国际竞争力的世界一流企业的方向迈进。

（资料来源：http：//www.jjckb.cn/2022-08/08/c_1310650350.htm）
问题：1. 阐述中国石化改革提高劳动生产率的原因和办法。

2. 阐述中国石化完善公司治理的具体途径。

【案例1-10】

雷军的工程师思维

当我们面临新领域、新环境、新问题，难免会手足无措，无从下手。在竞争与变化层出不穷的时代，如何用全新的思维来解决个人及商业难题？2022年在雷军推出的《小米创业思考》一书中，提出了工程师思维。

工程师思维又叫工程学思维，即创造性地运用科学原理，系统化解决各种问题。工程师出身的雷军用小米创业过程中的真实案例，记录了工程师思维对于个人以及企业的重要意义与价值。

工程师思维并非工程师专用，在管理、经济甚至文化创意等领域也有许多应用。相比

"工匠精神"，雷军更加推崇的是"工程师思维"，因为匠人更多的是反复锤炼一种技艺，而工程师则能创新解决很多系统性问题。

小米创办至今，一直用工程师思维来解决问题，雷军总结其中最重要的经验包括找到一个使命、从第一性原理出发、找到第一把"扳手"、理解并重构系统、反复验证及快速迭代等。他重点介绍了前三个。

一、工程师思维——找到一个使命

若要找到一个使命，首先要找到自己热爱并擅长的事，并为之奋斗一生。

雷军大学时读《硅谷之火》一书，被计算机改变世界的梦想引燃胸中的一团火，那时他就立下了创立一家伟大公司的梦想。在40岁时，雷军重新审视自己，并愿意为梦想再拼搏一把。他说这是找到使命的第一个重大作用：确定目标和方向，能保证在问题和困难面前不迷航。使命不仅对个人有用，在商业上还可以聚集人才和资源。小米要找的"四有新人"，其中一条就是有共同的愿景。加入小米的人都有一个共同的使命，那就是做"感动人心、价格厚道"的好产品，让全球每个人都能享受科技带来的美好生活。《孙子兵法》说：上下同欲者胜。一支被使命愿景召唤的团队，其战斗力远超一支由商业利益集合起来的团体。使命也是小米和用户之间引发共鸣的纽带。企业的成功离不开用户与合作伙伴的支持。小米从小到大，由弱到强，从低谷到复苏，就因为有一群相信小米、认同小米的用户与合作伙伴，始终在支持我们。

二、工程师思维——从第一性原理出发

工程学是要创造性地运用科学原理，而科学则是对世界本来面貌的发现。第一性原理，就是从事物的基本原理出发进行推理，而不依照已有的认识和经验进行"黑盒子"对"黑盒子"的类比。

雷军举例说，当马斯克被告知电动车电池的成本无法降低时，就从物理学和化学的基本原理出发，认为组成电池的材料成本和售价之间有巨大的差额，所以一定有办法可以降低电池成本。创办小米时，雷军也有过"第一性原理"思考。他当时反复思考的一个问题，用户对于商品最本质的期望是什么？后来，人们将其总结为八个字"感动人心、价格厚道。"围绕"第一性原理出发"，小米确定要解决的核心问题是提升商业效率。后来，所有的活动都在原有的基础上提高了效率。

三、工程师思维——找到第一把"扳手"

当面对的问题很复杂，拥有的资源很有限怎么办？

工程师永远是抄起离自己最近的扳手，从马上能解决的问题开始入手。工程师的思维就是抓到什么用什么，有效地解决问题才是第一优先。

小米刚成立后的几个月里，三四十人的小团队，要做操作系统，也要打通供应链，还要搭建电商网站，时间不等人，工程师们就先从做系统开始着手。后来为了做电商，没有电商经验的小米从零开始搭一个电商系统。大家先在内部做了一个"大卖部"，给内部员工提供"一元抢可乐"的服务，进行"最小可行系统"的测试。工程师把会议室改成仓库，走廊上都堆满了可乐箱，然后工程师们自己进货，当配送员，每天在楼道里飞奔，提前发现和解决了很多系统问题。

一个月后，系统上线，成功进行了小米手机的首销，小米也成了中国排名靠前的电商平台。这是找到第一把"扳手"的实例。在解决具体问题上，工程思维还包括"理解并重构系统""反复验证、快速迭代"等，而在工程思维的指导之下，公司活动能够在越来

越宽广的业务战线上，保障资源的合理配置以及系统目标不断高效实现。

现在，不仅是小米，很多科技公司都在强调工程师的重要作用。和传统的商业巨头不同，快速崛起并持久保持领先的互联网科技公司的创始人，大多也是工程师出身，例如，拉里·佩奇、埃隆·马斯克等。国内从网易、百度、腾讯，到美团、字节跳动，也是工程师们创办的企业。

雷军在商业上的成功，不仅依靠工程师所创造的技术成果，还仰仗工程师所具备的工程师思维。当你遇到难题，想高效解决复杂系统性问题，预见尚不存在的"结构"，做到跨越性创新，不妨用工程师思维来解决问题。

（资料来源：https：//www.sohu.com/a/584815448_231544）

问题：1. 阐述提出工程师思维的原因以及工程师思维为管理带来的便捷。

2. 请结合个人成功与成才谈谈工程师思维在工作中如何具体应用的。

【案例1-11】

跨境电商把"沃"先机

把"沃"先机！2023年跨境电商紧跟沃尔玛大促节奏，销量屡创新高。"入驻沃尔玛不到半年时间，黑五网当天的销售额位居各大平台之首，我们的库存得以飞速消耗，同时我们也在沃尔玛电商平台上不断开拓出新的用户群体。"广东某滑板公司负责人在社交平台上感叹道。作为全球最大的零售商之一，沃尔玛近年来积极进军电子商务领域。随着互联网的迅速发展，沃尔玛电商平台前景广阔，给消费者带来了更多的便利和选择。此为两大机会的前提。那么现如今入驻沃尔玛线上平台，业务还能够取得增长吗？

一、沃尔玛全球电商平台增长

据沃尔玛最新财报显示，2023年，其第二季度营业收入达到1 616亿美元，同比增长5.7%；第二季度净利润约为79亿美元，同比增长53%。其中，沃尔玛在美国电商业务销售额同比增长24%。

其用户的忠诚度也相当高，单从每月的单独访客量来看就高达1.2亿，85%的沃尔玛平台消费者每月至少进行一次网上购物。而去年沃尔玛电商平台在假期旺季的表现也十分突出，其前20大热销品类下单量超过900万，前500名卖家平均订单价值为78.6美元。在黑五期间，投放站内搜索广告的卖家平均实现61%的广告支出回报率增长以及61%的转化率增长。

二、下半年关键营销节点露出，跨境电商提供一站式引导

如今，2023年上半年的销售旺季已经落下帷幕，但这场无硝烟的战争仍未结束，下半年还有大促狂欢等待着卖家们积极迎战。

9月（9月16日—10月3日），慕尼黑啤酒节，在如今的啤酒节上，人们的活动显然不只是喝啤酒，往往会在这段时间旅行、游玩。因此，户外产品、游乐玩具、啤酒节纪念物等都是卖家可以考虑出售的品类。

10月（10月31日），万圣节前夜，自万圣节开始，基本上可以说是进入跨境电商热销期。万圣节期间，海外消费者大多会举行家庭聚会，因此家庭聚会的相关用品，比如装饰品、餐具、厨具等会迎来一个销量高峰。

11月（11月10日），排灯节，是印度为隆重的节日之一，蜡烛、油灯、灯具、电子贺卡、厨具、服装等多种品类，都是排灯节的热门品类。如果卖家的品类相关度不高的

话，也可以通过发布社交媒体内容、电子邮件来维系与客户之间的关系；感恩节，西方重要的节日之一，感恩和吃，是这一天的两大主题，因此除了礼品以外，餐具厨具也会是热销品。感恩节是一个团聚的节日，因此家庭、感恩、亲情等，会是卖家营销的重点所在；黑五，这些可以说是跨境电商卖家一年当中十分重要的促销时机了。这是一个专门的购物节日，因此基本上所有的品类都是热门的，不过届时竞争也会非常激烈，所以卖家一定要提前做好准备。

圣诞节，是 2023 年最后一个重要节日，圣诞节一过，基本上当年的销量就已经确定了。圣诞节的热销品，自然就是派对用品、圣诞周边、日历、贺卡等。

三、面对沃尔玛电商平台，国内卖家的机会

Jungle Scout 发布的《沃尔玛 2022 年度卖家状况报告》显示，在多渠道电商平台运营的卖家中，中小型和大型沃尔玛卖家都实现了高收益，在中小企业卖家中，95% 的中小企业卖家都处于盈利状态。

不仅如此，其中有 54% 的中小卖家年收入超过六位数，33% 的利润率超过 20%；在大卖家中，有 57% 的卖家表示年收入为 200 万~1 000 万美元，19% 的大卖年收入超过 5 000万美元。

（资料来源：https：//www. sohu. com/a/722601992_121435695）

问题：1. 阐述沃尔玛电商平台上营业收入取得高增长的原因。

2. 请结合案例阐述提升客户忠诚度应采取的具体措施。

二、实务题

"柔性管理"是相对"刚性管理"提出来的。刚性管理以规章制度为中心，凭借制度约束、纪律监督、奖惩规则等手段对企业员工进行管理，即泰勒管理模式。柔性管理则是以人为中心，依据企业的共同价值观和文化、精神氛围进行的人性化管理，它是在研究人的心理和行为规律的基础上，采用非强制性方式，在员工心目中产生一种潜在的说服力，从而把组织意志变为个人的自觉行动。

1. 请分组讨论柔性管理与刚性管理的异同及其优劣。

2. 找出我国企业中柔性管理与刚性管理的典型案例。

3. 选择两个小组分别自编自演两种管理方式的短剧。

三、拓展阅读

虚拟电厂能缓解高峰用电紧张吗？

第二单元 企业战略管理

📝 **学习目标**

★知识目标
◇了解战略管理、企业战略目标、基本竞争战略的含义。
◇理解企业战略目标的作用，战略管理过程，三大基本竞争战略的实施条件。
◇掌握企业内外部环境分析的方法、三大基本竞争战略的优势。
★技能目标
◇培养学生熟练运用以上方法对实际企业进行内外部环境分析。
◇培养学生熟练运用战略管理工具的能力，能够在实践中实施不同的企业竞争战略。
★素质目标
◇培养学生具备战略思维、具有良好的宏观把握事物的能力。
◇提高学生战略管理素养，分析、沟通及在竞争中团结协作的综合能力，为日后从事综合管理等工作打下较为扎实的基础。

专题一 企业战略环境分析

📦 **知识引例**

传奇"巨人"

1992 年，一家知名媒体对北京、上海、广州等十大城市的万名青年进行了一次问卷调查，其中一个问题是"写出你最崇拜的青年人物"。结果显示，第一名是比尔·盖茨，第二名则是史玉柱。

史玉柱，安徽怀远县人，毕业于浙江大学数学系，之后就读深圳大学，1989 年研究生毕业，随即下海创业。从巨人汉卡到巨人大厦，从脑白金到黄金搭档，史玉柱是具有传奇色彩的创业者之一。他曾经是莘莘学子万分敬仰的创业天才，5 年时间内跻身财富榜第 8 位；他也曾是无数企业家引以为戒的失败典型，一夜之间负债 2.5 亿元；而如今，他又是一位著名的东山再起者，再次创业，成为保健巨鳄、网游新锐，身家数十亿元的传奇人物。

1989 年 7 月，史玉柱孤独地站在深圳宽敞而脏乱的大街上。此时史玉柱的行囊中，只有东挪西借的 4 000 元以及他耗费 9 个月心血研制的 M-6401 桌面排版印刷系统软件。他给报刊打电话，提出要登一个 8 400 元的广告"M-6401：历史性的突破"。唯一的要求是先发广告后付钱。"如果广告没有效果，我最多只付得出一半的广告费，只好逃之夭夭。"事后，他这样说。

13 天后，他的银行账户里收到了三笔共计 15 820 元的汇款。2 个月后，他赚了 10 万元。这是他经商生涯中的"第一桶金"，他把这笔钱又全部投进了广告。4 个月后，他成了一位年轻的百万富翁。

1990 年 1 月，史玉柱一头扎进深圳大学两间学生公寓里，除了每星期下一次楼买方便面外，他在计算机前奋斗了整整 150 个日夜。这次他理出来的是 M-6402 文字处理软件系列产品。他从深圳来到珠海，给自己的新技术公司起了一个很响亮的名字——"巨人"。他宣布，"巨人"要成为中国的 IBM。

就在"巨人"诞生后不久，他又做出了一个让所有部下都反对的决定：全国各地的电脑销售只要订购 10 块"巨人"汉卡，就可以免费到珠海参加"巨人"的销售会，一时间 200 多位经销商从天南地北齐聚珠海，史玉柱以数千万元的代价，编织起了一张当时中国计算机行业最大的连锁销售网络。第二年，"巨人"的汉卡销量一跃而居全国同类产品之首，公司纯利润达 1 000 多万元。

从 1992 年开始，"巨人"已赫然成为中国计算机行业的"领头羊"，史玉柱也被评为"中国十大改革风云人物""广东省十大优秀科技企业家"。

1992 年，在事业之巅傲然临风的史玉柱决定建造巨人大厦，最初的计划是盖 38 层。当时"巨人"的资产规模已经超过 1 亿元，流动资金约数百万元，同年下半年，一位领导来"巨人"视察。当他被引到巨人大厦工地参观的时候，向四周一看，便兴致十分高昂地对史玉柱说，这座楼的位置很好，为什么不盖得更高一点？就是这句话，让史玉柱改变了主意。巨人大厦的设计从 38 层升至 54 层，后来又定为 70 层。

巨人大厦是最早在香港市场上出售楼花的大陆楼盘之一。挟着巨人集团的赫赫名声及强有力的推销攻势，巨人大厦的楼花在香港卖得十分好，每平方米居然卖了一万多港币，加上在内地的销售额，史玉柱一下子圈进了 1.2 亿元。

1993 年，具有商人特质的史玉柱又选中了当时最为火爆的保健品行业。从此，史玉柱走上了一条多线开战，俱荣俱损的大冒进之路。1995 年 5 月 18 日，"巨人"以集束轰炸的方式一次性推出计算机、保健品、药品三大系列 30 个新品的广告，减肥、健脑、强肾、醒目、开胃，几乎涵盖了所有的保健概念。这可能是中国企业史上广告密集度最高的一次产品推广活动。

一时间，暴风雨般的广告、新闻炸弹倾泻而下，数千名年轻的营销人员分赴各大市场"巨人"的系列产品在最短的时间内出现在全国 50 万家商场的柜台上。不到半年，巨人集团的子公司从 38 家发展到了创纪录的 228 家，人员从 200 人骤增到 2 000 人。据统计，在巅峰时期，为巨人集团加工、配套的工厂达 150 家。

但令史玉柱始料不及的是，国内保健品市场渐趋停滞，而巨人大厦则像一只永远张开着的大口每天都要靠大笔的资金填下去才能继续长起来，多线开战的恶果也显露出来。在迫不得已的情况下，史玉柱只好不断地抽调保健品公司的流动资金填补到巨人大厦的建设中，最终造成了各个战场捉襟见肘、顾此失彼的局面。

从 1996 年 10 月开始，位于珠海市香港工业区第九厂房的巨人集团总部越来越热闹了，一些买了巨人大厦楼花的债权人开始依照当初的合同来向巨人集团要房子。可是他们看到的却是一片刚刚露出地表的工程，而且越来越多的迹象表明，巨人集团可能已经失去了继续建设大厦的能力。这个消息一传十，十传百，迅速传遍珠海市的每一个角落。那些用辛辛苦苦赚来的血汗钱买了大厦楼花，原本梦想着赚上一笔的中小债主再也按捺不住，一拨一拨地拥进了巨人集团。到了 1997 年 1 月 12 日，数十位债权人和一群闻信赶来的媒体记者来到巨人集团总部，"巨人"在公众和媒体心目中的形象轰然倒塌。

在财务危机被曝光 3 个月后，史玉柱终于向媒体提出了一个"巨人重组计划"，内容包括两个部分，一是以 8 000 万元的价格出让巨人大厦 80% 的股权，二是合作组建脑黄金、巨不肥等产品的营销公司，重新启动市场。可是谈了十多家，最终一无所成。在这一过程中，庞大的"巨人军团"最终分崩瓦解。一段时期后，史玉柱也逐渐从公众的视野中消失了。

2000 年，史玉柱和原班人马在上海及江浙地区创业，做的是"脑白金"业务。他表示"老百姓的钱，我一定要还"。并定下了在 2000 年年底还钱的目标。

2001 年，史玉柱在上海申请注册了巨人公司，谋求上市。2004 年 11 月 18 日，上海征途网络科技有限公司正式成立。2006 年 7 月 26 日，史玉柱和其 18 位公司高管在开曼群岛正式注册"Giant Network Technology Limited"，此公司通过一家在英属维尔京群岛注册名为"Eddia International Group Limited"的公司控制上海征途网络科技有限公司的 100% 股权。

2007 年 11 月 1 日，史玉柱旗下的巨人网络集团有限公司成功登陆美国纽约证券交易所，总市值达到 42 亿美元，融资额为 10.45 亿美元，成为在美国发行规模最大的中国民营企业。此时，史玉柱的身价突破 500 亿元。

2008 年 10 月 28 日，史玉柱创办的巨人投资公司在北京人民大会堂宣布，正式开拓在保健品、银行投资、网游之后的第四战场——保健酒市场，推出世界第一款功能名酒—五粮液黄金酒。巨人投资与酒业巨头五粮液签署了长达 30 年的战略合作，由巨人投资，担任黄金酒的全球总经销。

2009 年 1 月 13 日，巨人网络董事长兼 CEO 史玉柱在上海宣布即将推出名为"赢在巨人"的网游创业平台。

2009 年 3 月 12 日，在福布斯全球富豪排行榜上，史玉柱以 15 亿美元身价居第 468 位。

（资料来源：https：//baijiahao.baidu.com/s? id=17738866657862978257&wfr=spider&for=pc）

【案例解析】

企业经营的成败与企业所处的内、外部环境及企业的战略选择有紧密的关系。任何一个组织都不是独立存在的，总要与周围的环境发生这样或者那样的联系，组织的生存和发展无时无刻不受到其所在环境的影响和制约。企业的战略环境分析对于企业而言是企业管理的基础，对企业发展起到战略决策的作用。企业只有在周密、准确、透彻的战略环境分析后，才能做出正确有效的战略选择。

一、企业战略管理概述

（一）战略管理的含义

企业战略管理是为实现企业的愿景、使命和战略目标，科学地分析内外部环境与条件，制定战略决策，评估、选择并实施战略方案，控制战略绩效的动态管理过程。

（二）企业战略目标

1. 企业战略目标的含义

企业战略目标是公司使命的具体化。企业战略目标是指企业在一定时期内沿其战略经营方向所预期达到的成果。企业使命从总体上描述了企业存在的理由与发展前景，而企业战略目标具体指明在实现使命过程中所需追求的最终结果。

2. 企业战略目标的作用

在战略管理过程中，企业战略目标的制定及其合理与否起着十分重要的作用。简洁、清晰、生动、明确的企业使命表述，再辅之以深入、细化、现实、可行的企业战略目标，起到充分调动员工积极性的作用。

制定企业战略目标是制定企业战略的前提和基础，企业战略目标明确了企业的努力方向，体现了企业的具体期望，表明了企业的行动纲领。企业战略目标是战略实施的指导方针，也是企业战略控制的评价标准。

（三）战略管理过程

战略管理过程包括战略分析、战略制定和战略实施。

1. 战略分析

战略分析是整个战略管理流程的起点，对于企业制定何种战略具有至关重要的作用。战略分析涉及对外部环境、影响企业现在和将来状况的因素（如经济和政治发展等）和市场竞争情况的深度分析。除了考虑外部影响因素，企业还要进行内部资源分析，目的是利用企业内部的技能和资源（包括人力资源、厂房、财务资源及利益相关者的预期等）来满足利益相关者的期望，实现战略使命和目标与战略方向的匹配，这个分析过程被称为"战略定位"。

2. 战略制定

战略制定是指企业战略获得成功，建立在企业具有独特的技能，以及与供应商、客户、分销商之间已经形成或可以形成的特殊关系上。对于很多企业来说，这意味着形成相对于竞争对手的竞争优势，这些优势是可以持续的，独特的技能也可以作为某种产品的市场战略，如市场渗透、新产品开发及多元化经营等。

3. 战略实施

战略实施是指如何确保将战略转化为实践，其主要内容是组织调整、调动资源和管理变革，战略实施的主要内容包括组织调整、调动资源、管理变革。

案例评析

从前，有两位公司总裁在同一产业中竞争。两位总裁决定外出野营，以便讨论双方合并的可能性。他们步入森林深处。突然，一只灰熊挡住去路，并直起身子向他们吼叫。一位总裁立即取下背包，从中拿出一双跑鞋。另一位总裁说："嘿，你跑不过熊的。"而前一位总裁回答："很可能我跑不过熊，但肯定跑得过你。"

【考核知识】

题干主要针对企业战略管理过程开展考核。战略管理的过程是分析、制定和实施决策的一门艺术和科学，这些决策可以保证一个组织实现其战略目标。战略管理的目标是为企业的美好明天探索和创造新的机会，相对而言，长期规划侧重对企业未来的发展趋势进行规划。

【解题方法】

明确企业战略目标、战略管理的过程及战略环境的分析。根据上述案例中的内容可知，作答题目要围绕企业战略目标及战略管理过程进行分析。题干首先反映了管理者对企业外部环境发生变化的反应（来了一只灰熊），处于危险境地无可避免；其次，战略管理包含一系列重要决策（坐以待毙、赶快离开还是与大灰熊搏斗）；再次，战略管理包括行动（穿跑鞋、快跑）；最后，战略管理是为了达到一定的目的（比竞争者跑得更快），从而使自己生存下来。

二、企业外部环境分析

企业外部环境因素是指存在于组织外部的影响企业经营活动及其发展的各种客观因素与力量的总和。企业外部环境因素主要从宏观环境和行业环境两方面展开分析。企业管理者要先对外部环境诸因素进行正确的识别分析和判断，再找出对企业发展和构建竞争优势有利的方面（机会）和阻碍（威胁）的方面，最后把这些环境因素纳入战略管理范围。

（一）宏观环境

宏观环境因素可以概括为四类：政治与法律环境、经济环境、社会文化环境和技术环境。

1. 政治与法律环境

政治与法律环境是指法律、政府机构的政策法规及各种政治团体对企业活动所采取的态度和行动。如国家的政治制度、国家颁布的方针政策、政治团体和政治形势等。这些均对企业的生产经营活动有控制和调节的作用。

案例评析

政治环境影响战略选择

对于中国企业来说，许多政策的出台是不可控的，但是政策的产生有其必然的因素和连续性，从这个意义上来讲，政策是可以预见的，也是可以把握的，抢先判断出来的政策走向，可以使企业在发展和战略布局上先人一步。同时，企业做出的决策只有与政策保持方向的一致才有可能持续发展。

1978 年，中国决定走改革开放的道路，从城市到乡村，很多人在党的政策指引下走上了发家致富的道路。1983 年以后，国家又开始允许个体经济的出现，一些敢于尝试个体经营的人在那时得到回报，中国最早一批先富起来的人基本上是那时诞生的，如现在一批知名的民营企业家，也是在那时赚得的"第一桶金"。这些人在随后的二十几年里，经过大浪淘沙，基本上组成了今天中国民营经济的主体力量。他们成功的道路虽各不相同，但是有一点必须承认，这些人都是打拼在市场经济大潮浪尖上的人，而做到这一点的关键就是他们对政策的理解比其他人要快、要透彻，并领先于其他人，这也就是在过去那段时间，人们普遍谈论"撑死胆大的"的原因。其实，并非胆子大，而是当时的政策让广阔的市场空间打开了。

【考核知识】

针对战略选择影响知识开展考核。企业发展过程中政策环境对企业战略选择影响，只要正确把握国家的政治制度、国家的权力机构、国家颁布的方针政策、政治团队和政治形势等，这些因素对企业的生产经营活动有控制和调节的作用，它规定了企业可以做什么，不可以做什么，也保护企业的合法权益和合理竞争，从而促进了公平交易。

【解题方法】

明确企业外部环境对企业的影响，企业外部环境主要包括企业宏观环境分析和行业竞争结构分析两方面。题干中主要针对企业宏观环境分析，影响企业宏观环境要素包括政治与法律环境、经济环境、社会文化环境和技术环境，根据上述案例内容，我们可以明确该题目考核的企业外部环境中的政治对企业战略的影响，作答题目时要选择政治要素进行分析。

2. 经济环境

经济环境是指经济发展速度、人均国内生产总值、消费水平和趋势、金融状况，以及经济运行的平稳性和周期性波动等。与其环境力量相比，经济环境对企业的经营活动有更广泛而直接的影响。如国家的国民经济发展趋势、通货膨胀、失业率及经济周期状态、资源状况、关税、汇率和外贸支付方式等。

📖 案例评析

1994—2005 年，我国宏观经济政策搭配的演变

财政政策和货币政策是一国调控宏观经济的主要政策工具，两者充分搭配协调才能达到最佳宏观调控效果。

一、"适度从紧"的财政政策和货币政策（1994—1997 年）

1994—1997 年，我国实行的是"双紧"配合的政策。财政政策方面结合分税制改革，强化了增值税、消费税的调控作用，合理压缩财政支出，并通过发行国债引导社会资金流向。货币政策方面，严格控制信贷规模，大幅提高存贷款利率，要求银行定期收回乱拆借的资金，使宏观经济在快车道上稳刹车，并最终顺利实现了软着陆。

二、积极的财政政策、稳健的货币政策（1998—2003 年）

针对有效需求不足、通货紧缩等问题，政府实施了以扩大内需确保经济增长目标实现为目的的"双松"政策。在货币政策方面采取了取消贷款限额控制，降低法定存款准备金率，连续 5 次下调存贷款利率，逐步扩大公开市场业务，改革存款准备金制度，扩大对中

小企业贷款利率的浮动幅度等一系列措施。在财政政策方面，大力发行国债；大规模增加基础设施建设；扩大政府采购规模和投资力度；大幅提高职工工资，开征储蓄存款利息所得税；扩大转移支付；实施财政赤字政策。

三、"双稳健"的财政政策和货币政策（2004—2005 年）

从财政政策来看，2005 年财政预算赤字由 3 198 亿元减少到 3 000 亿元，财政赤字占 GDP 的比例由 2004 年的 2.5% 减少到 2005 年的 2%；长期建设国债的发行额由 1 100 亿元减少到 800 亿元，减少了 300 亿元。财政预算执行情况也反映了财政政策的稳健取向。2005 年上半年，财政收入继续保持快速增长，全国财政收入累计完成 16 392 亿元，比 2004 年同期增长 14.6%，高于经济增长率 5 个百分点。此外，财政支出结构也得到进一步优化，2005 年上半年的社会保障补助支出、抚恤和社会福利救济费、教育支出分别实现了同比 22.6%、21.4% 和 17% 的快速增长；全国实施粮食直补的 29 个省份安排粮食直补资金实现 13.8% 左右的大幅增长。财政政策在总量上向中性回归的过程中着力调整了支出结构。货币政策总体上也属于稳中偏紧型：提高存款准备金率、实行差别准备金制度，提高存贷利率等灵活多样的货币政策手段来适当控制银行信贷投放的规模和速度。同时，还用与产业政策结合，控制盲目投资、低水平扩张、不符合国家产业政策和市场准入条件的项目贷款来抑制低水平重复建设。

【考核知识】

题干主要针对企业战略影响因素进行考核。在宏观经济大发展的情况下，企业市场扩大、需求增加、企业的发展机会就越多；反之，在宏观经济低速发展或停滞或倒退的情况下，市场需求的增长很少，甚至不增加，企业的发展机会就少。企业在对国内经济环境中战略性要素进行分析的同时，还必须了解和掌握国外经济环境中企业战略发展密切相关的要素。

【解题方法】

明确企业外部环境对企业的影响，企业外部环境主要包括宏观环境分析和行业竞争结构分析两方面。题干中主要针对企业宏观环境进行分析，知道影响企业宏观环境要素包括政治与法律环境、经济环境、社会文化环境和技术环境。根据上述案例内容，我们明确了该题目考核的企业外部环境中的经济环境对企业战略的影响，作答题目时要选择经济环境要素进行分析。

3. 社会文化环境

社会文化环境是指社会文化发展水平的概况，包括社会结构、社会风俗和习惯、文化底蕴、文化发展、价值观念、伦理道德及人口与人口统计因素等。其中，人口因素是社会文化环境中最重要的因素，包括人口总规模、人口出生率和自然增长率、人口的年龄结构和性别结构、教育程度结构、地域分布结构、民族结构、人口质量、家庭结构和人均收入等。

【考核知识】

题干主要针对企业文化环境影响因素进行考核。社会文化环境是社会文化发展水平的概况，包括社会结构、社会风俗和习惯、文化底蕴和文化发展、价值观念等因素，文化差异对企业战略发展有极其重要的作用。与面临其他环境不同的是，企业在制定战略发展规划时不能忽视国内外的文化差异。

【解题方法】

明确企业外部环境对企业的影响，企业外部环境主要包括宏观环境分析和行业竞争结构分析两方面。题干中主要针对企业宏观环境分析，影响企业宏观环境要素包括政治与法律环境、经济环境、社会文化环境和技术环境。根据上述案例的内容，我们明确了该题目考核的企业外部环境中的社会文化环境对企业战略的影响，作答题目时要选择社会文化环境要素进行分析。

4. 技术环境

技术环境主要是指科学知识和其他系统化知识在经济和社会领域的应用所产生的对企业生产经营活动的影响，包括新思想、新发明、新方法和新材料的产生和应用。

（二）行业竞争结构分析

宏观环境因素往往要通过行业环境才能对企业产生影响或发生作用，而行业的竞争状况及竞争态势直接影响企业的生存和发展。影响企业竞争力分别来自：潜在进入者的威胁、供应商讨价还价能力、买方讨价还价能力、替代品的威胁和行业内现有的竞争者的对抗，如图 2-1 所示。

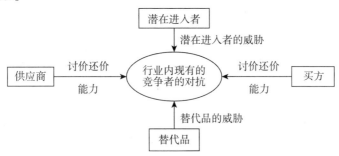

图 2-1　波特的竞争力量模型

1. 潜在进入者的威胁

当一个行业或企业获利丰厚时，将引发很多潜在进入者的注意，既会给行业带来新的生产能力，也会使潜在进入者具有获得市场占有率的强烈愿望，但他们是否能够真正进入现有行业，并不完全取决于他们的主观愿望，还取决于该行业进入壁垒的高低。进入壁垒的高低主要取决以下因素：规模经济、客户忠诚、资金需求、资源供应、销售渠道、与规模无关的成本优势、技术、退出壁垒、政府政策。

2. 供应商讨价还价能力

在以下几种情况中，供应商具有较强的讨价还价能力。

①供应商的集中程度高于购买者的集中程度，且其供应的原材料或零部件没有替代品。

②购买者并非供应商的主要客户，或购买者所购数量只占供应商很小的销售百分比。

③供应商提供的原材料或产品对购买者的生产制造过程和产品质量有重要影响，而依赖供应商的技术。

④供应商提供的原材料或产品与众不同或转换成本很高。

⑤供应商有实现前向一体化的可能性。

3. 买方讨价还价能力

以下几种情况下，买方具有较强的讨价还价能力。

①买方的集中程度高于供应商的集中程度。

②行业内企业的产品差别化程度小，标准化度高。

③买方对价格的敏感程度高。

④买方的转换成本小。

⑤买方的采购量大。

⑥买方后向一体化的可能性大。

⑦买方拥有行业内企业大量准确的成本结构信息。

4. 替代品的威胁

替代品是指那些与本行业产品有相同或相似功能的产品。来自替代品的压力有三个因素。

①替代品的盈利能力。若替代品具有较大盈利能力则会对本行业原有产品形成一个较低价格水平，使本行业企业在竞争中处于较大压力，会把本行业产品价格约束在被动地位。

②生产替代品的企业所采取的经营战略。若其采取迅速增长的积极发展战略则会构成对本企业的威胁。

③用户的转变成本。用户转向替代品的转变成本越小，则替代品对本行业的利润越大。

5. 行业内现有的竞争者的抗衡

行业中企业竞争的激烈程度取决于以下因素。

①竞争者的多少及力量的对比。若一个行业内企业数量较多，则行业竞争趋激烈；若一个行业内企业数量不多，但各个企业都处于势均力敌地位，也会导致竞争激烈；若是一个高度集中的行业，但行业内各企业地位有相当的差距，则行业内竞争并不激烈。

②市场增长率。市场增长率低的行业，有可能导致竞争加剧。

③固定费用和存储费用。固定费用和存储费用高的行业，企业竞争激烈。

④产品特色与用户的转变成本。若行业内企业的产品特色小，标准化程度高，用户的转变成本就低，企业之间的竞争激烈。

⑤行业内生产能力大幅度提高。若由于行业的技术特点和规模经济的要求，行业内企业生产能力大幅度提高，将导致一段时间内生产能力过剩，竞争加剧。

⑥退出壁垒。若行业的退出壁垒高，则由于行业内的企业难以退出而导致竞争加剧。

📖 案例评析

盒马鲜生是国内首家新零售商超，创立于 2015 年，首店于 2016 年 1 月营业，被人们视为阿里巴巴新零售样本。作为阿里巴巴旗下的高端超市，盒马鲜生集合了海鲜、肉类、蔬菜、水果等多种食材，一直备受消费者的喜爱。2019 年 6 月 11 日，盒马鲜生入选"2019 福布斯中国最具创新力企业榜"。2023 年 6 月 30 日，盒马鲜生在北京、上海、广州、深圳、杭州、西安、合肥、郑州等地同时开了 8 家门店。

（一）盒马鲜生在现有竞争者中的竞争优势

1. 强大的品牌感染力促使其高质量发展

盒马鲜生成立伊始就具有极强的品牌意识，且定位中高端市场，因此，至今仍位于生

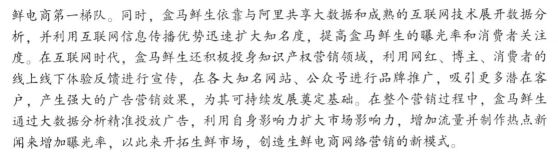

鲜电商第一梯队。同时，盒马鲜生依靠与阿里共享大数据和成熟的互联网技术展开数据分析，并利用互联网信息传播优势迅速扩大知名度，提高盒马鲜生的曝光率和消费者关注度。在互联网时代，盒马鲜生还积极投身知识产权营销领域，利用网红、博主、消费者的线上线下体验反馈进行宣传，在各大知名网站、公众号进行品牌推广，吸引更多潜在客户，产生强大的广告营销效果，为其可持续发展奠定基础。在整个营销过程中，盒马鲜生通过大数据分析精准投放广告，利用自身影响力扩大市场影响力，增加流量并制作热点新闻来增加曝光率，以此来开拓生鲜市场，创造生鲜电商网络营销的新模式。

2. 新零售模式的应用实现了一体化发展

在新零售企业中，盒马鲜生首先研发并推出了线上线下、仓库、餐饮一体化管理模式，应用程序和自由物流相结合的营销方式，为其新零售模式的发展提供保障。同时，为进一步提高消费者的体验好感度，盒马鲜生还推出了手机 App 下单的服务，并承诺"三公里之内，最快 30 分钟送货上门"，打造独特的竞争优势，在一定程度上提高了用户黏性。此外，超市餐厅一体化也是盒马鲜生的一大竞争优势。在盒马鲜生线下实体店中，商品被划分为消费区、服务区和体验区，消费者可以直接扫码消费，简单省事还节省时间，因此消费者体验好感度较高。同时，盒马鲜生将超市和餐厅合二为一，消费者所选优质食材可以当场被制作成美味菜肴，这种模式在很大程度上保证了食材的新鲜美味，也让消费者记住了盒马鲜生这一品牌。可以说，盒马鲜生电商真正奉行了"处处以顾客为中心""所见即所得"销售理念，消费者在独特的消费体验中自然而然就会对盒马鲜生产生好感，继而发展成为盒马鲜生的忠实客户。

3. 完整成熟的供应链为其提供强大支持

盒马鲜生实施了"前店后仓"的经营模式，并设置 300 多平方米的合流区，以自动化传输系统将店面与仓库连接起来，确保店员在接收到订单后能够第一时间分拣取货，确保食物的新鲜度。同时，盒马鲜生还坚持各地直采模式，即盒马鲜生所有的生鲜产品都是直接从农场订购的。农场农户根据每日销售计划进行采摘、包装，尽可能从源头实现商品标准化。在运输过程中，盒马鲜生采用冷链运输模式，有效确保了食物新鲜度。除各地直采模式外，盒马鲜生还实施买手制，即买手们根据阿里大数据分析、消费者偏好、季节变化、产地等因素选择采购产品，盒马鲜生再根据销售情况、毛利、品质、消费者反馈等要素对买手进行关键绩效指标考核，保证买手的信誉和食物品质，打造"新零供"关系，回归零售本质，还利于农户与消费者。与其他生鲜电商不同的是，盒马鲜生以人工智能、阿里大数据、物联网、线上 App+物流、线下超市餐饮一体化为介质形成了强大的复合功能体，为其市场竞争提供优势。然而其他生鲜电商也不相让，各类型生鲜电商平台还在不断崛起，如 7Fresh、饿了么、小象超市、步步高等平台纷纷推出有效策略，以期在生鲜市场中获取更大的利润。

（二）潜在进入者的威胁

除行内竞争外，潜在进入者竞争也成为生鲜电商企业关注的重点。特别是在该行业可入门槛不断降低之后，入局企业更是多如牛毛，其中，互联网巨头、商超、社区小店及初创公司等主体带动了大量企业实现发展，形成一片"蓝海"。不仅如此，不少上游供应商也纷纷加入，如步步高推出"小步到家"、美团推出"美团优选"专供社区团购等，这些都成为生鲜市场的潜在进入者，也将对这片市场产生巨大影响。

（三）替代产品的威胁

盒马鲜生的布局主要还是在一线、二线城市的黄金区域，配送范围在 3 千米以内，无法覆盖整个城市区域。因此，在三线、四线城市或一线、二线城市三千米之外的区域，都将成为替代品的生存空间，也会形成一片独特"蓝海"，这也会给包括盒马鲜生在内的诸多生鲜电商企业带来冲击，影响其营销效果。此外，消费者对替代品的包容性较强，特别是在盒马鲜生无法覆盖的区域，很多消费者会将目光转向其他生鲜企业品牌，这也在一定程度上给盒马鲜生发展带来不利的影响。

（四）消费者的议价能力

消费者是销售链的终端，盒马鲜生主要目标客户为一、二线城市白领、中产阶级家庭，此类人群收入偏高，更看重产品品质与消费体验，因此对产品价格的敏感度较低，议价能力也一般。加之受社会环境变化和消费习惯转变影响，网上购菜成为趋势。因此，若盒马鲜生因消费者议价能力较弱而忽视其消费体验和产品品质，必然会失去一定的客户量，甚至可能会增强客户的议价能力，导致其丧失竞争力，甚至被市场淘汰。

（五）供应商的议价能力

供应商作为供应链上游，关乎产品质量的好坏，对生鲜电商企业生存也有举足轻重的影响力。例如，对于盒马鲜生来说，供应链就极其重要，其不仅决定着生鲜品质，还能影响企业运营效益。也正因为如此，盒马鲜生一直以来都采用直采模式，坚持与供应商重塑"零供"关系，让供应商更加专注产品生产研发，企业管理确保产品性价比。此外，盒马鲜生还与天猫共享供应链，以加大原产地采购比例的方式来降低成本，打造高性价比产品，提高市场吸引力。不过，这种模式虽然可以节省成本，但也导致盒马鲜生的议价能力被削弱，反而受到供应商议价能力的掣肘。

在新消费时代，生鲜电商企业必须紧紧抓住时代发展机遇，以消费者需求为参考，建立独特、多样化的营销渠道，塑造良好的品牌形象，为企业在新时代市场发展奠定基础。盒马鲜生作为生鲜电商企业中的典型代表，其发展模式已得到市场认可，其他生鲜电商企业可以借鉴其有效经验，积极改善、解决生鲜营销中的问题，以提高自身的市场竞争力。

（资料来源：王雪．基于波特五力模型的生鲜电商经营现状及对策研究——以盒马鲜生为例．投资与创业，2022.）

【考核知识】

题干主要针对波特五力分析模型的运用进行考核，对所处行业的竞争结构进行分析。波特五力分析模型是迈克尔·波特（Michael Porter）于 20 世纪 80 年代初提出，用于行业竞争结构的分析，可以有效地分析客户的竞争环境。五力分别是供应商的讨价还价能力、购买者的讨价还价能力、潜在竞争者进入的能力、替代品的替代能力、行业内竞争者现在的竞争能力。五种力量的不同组合变化最终影响行业利润潜力变化。

【解题方法】

根据上述案例的内容，可以明确该题目考核的是行业竞争结构的分析，作答题目时要选择运用波特五力分析模型，分别从供应商的讨价还价能力、购买者的讨价还价能力、潜在竞争者进入的能力、替代品的替代能力、行业内竞争者现有的竞争能力五方面对盒马鲜生进行竞争优势分析。

三、企业内部环境分析

(一) 企业内部环境因素分析

资源、能力和核心竞争能力是企业的内部环境因素,它们构成了企业竞争优势的基础。如果说企业影响外部环境的能力较弱的话,改变企业内部的资源、能力与核心竞争能力状况就成为企业战略最为重要的可控变量。因此,企业应合理有效地利用内部资源、能力并使其转化为竞争优势,从而超越竞争对手,增加盈利能力。

1. 资源分析

资源是企业用于顾客提供有价值的产品和服务的生产要素。一般来说,资源可以分为有形资源和无形资源两类。有形资源是看得见、摸得着、可以量化的资源,它们通常在企业账面上反映出来的。无形资源是看不见、摸不到但又客观存在的一种经营资源,通常并不在或不能在企业账面上反映出来的。

2. 能力分析

企业能力主要体现在研发能力、生产管理能力、营销能力、财务能力和组织管理能力。其中研发能力主要从研发计划、研发组织、研发过程和研发效果方面衡量;生产管理能力主要涉及生产过程、生产能力、库存管理、人力管理和质量管理方面;营销能力主要体现在产业竞争、销售活动和市场决策三种能力;财务能力主要表现在筹集资金的能力和使用、管理所筹集资金的能力;组织管理能力主要体现在职能管理体系的任务分工、岗位责任、集权和分权情况、组织机构及管理层次和管理范围的匹配及企业文化的建设等。

3. 核心竞争能力分析

核心竞争能力主要包括有价值的能力、独特的能力、难以模仿的能力和其他不可替代的能力。

(二) 企业内部环境分析法

1. 价值链分析法

价值链分析法是识别和评价企业资源与能力的有效方法。价值链由价值活动和利润构成,价值活动可分为基本活动和辅助活动。通过对基本活动和辅助活动的分析,企业可以寻找可以降低成本的环节,以及可以提高差异性的环节,从而获得与众不同的竞争优势。

价值链分析法有助于管理层决定如何通过改变活动来降低企业的经营成本或者提高企业可以获得的价值,这种改变将增加企业的利润。

2. SWOT 分析法

SWOT 分析法是一种综合考虑企业内部环境和外部环境的各种因素进行系统评价,从而选择最佳经营战略的方法。SWOT 分析法根据企业的目标列出对企业生产经营活动及发展有重大影响的内部及外部因素,并且根据所确定的标准进行评价,从中判定企业的优势与劣势、机会和威胁。

在 SWOT 分析法中,可以将企业的优势与劣势、企业所面临的机会与威胁进行组合,形成 SO 战略 (增长型战略)、ST 战略 (多元化战略)、WO 战略 (扭转型战略)、WT 战略 (防御型战略)。

📖 **案例评析**

日前，宝钢集团公司与美的集团和格兰仕集团签订了战略合作协议，共同致力于完善和发展钢铁、家电企业上下游供应链体系，进一步巩固和发展长期稳定的供货关系，并在钢材采购、产品开发和技术合作等方面开展更加深入、广泛的合作。此次宝钢与美的、格兰仕签订战略合作协议，主要是进一步拓宽在产品采购、开发和技术合作，以及加工增值服务等方面的合作广度和深度，实现互利共赢，共同应对当前的市场变化。

【考核知识】

明确企业内部环境对企业的影响，企业内部环境主要包括资源分析、能力分析和核心竞争能力分析三方面。题干主要针对企业内部环境分析方法中价值链分析法进行考核。价值链分析法是识别和评价企业资源与能力最有效的方法。

【解题方法】

根据上述案例内容，我们明确该题目考核的是企业内部环境分析法中价值链分析法的运用。在企业系统内部，其一，对每项价值活动进行逐项分析，以发现企业存在的优势；其二，分析价值链中每项活动的内部联系，这种联系以整体活动最优化和协同的两种方式会给企业带来优势。企业系统外部，企业优势可以来自所涉及的市场范围的调整，也可以来自企业与供应商或与购买协调或合用价值链所带来的最优化效益。

📋 **知识衔接**

经济全球化是企业外部环境的大背景，中国旗帜鲜明地坚持全球一体化，习近平总书记提出要构建人类命运共同体，并倡导和提出了"一带一路"倡议，尤其疫情下中国政府对全球80多个国家的援助充分展示中国坚持全球化和构建人类命运共同体的决心。

党的二十大报告指出构建高水平社会主义市场经济体制。坚持和完善社会主义基本经济制度，毫不动摇巩固和发展公有制经济，毫不动摇鼓励、支持、引导非公有制经济发展，充分发挥市场在资源配置中决定性作用，更好发挥政府作用。深化国资国企改革，加快国有经济布局优化和结构调整，推动国有资本和国有企业做强做优做大，提升企业核心竞争力。

实战训练

一、案例题

【案例 2-1】

1990年，河北省沧州市沧州化肥厂想上马TDI化学元素项目，化学工业第二设计院为它进行了可行性分析——投资3.5亿元，税后利润1亿元，投资回收周期3.5年，这是一个很好的项目。但由于受经济过热的影响，1992年，物价大幅上涨，若要完成项目需要投资6亿元，但河北省经研究后还是要继续上该项目，他们认为该项目还是不错的。可到1995年，该项目上马后，由于海关发文限制化工原料的进口，甲苯被限制，使基础原料供应不足，导致开工率不足50%。1996年，国家政策又允许化工原料出口，原料问题解决了。1997年国民经济紧缩，产品又卖不出去，造成全线停产。

问题：1. 沧州化肥厂为什么会全线停产？

2. 本案例中哪些因素对企业的生产经营有重要影响？

【案例 2-2】

手机行业的环境分析

二十几年前，像砖块一样的"大哥大"，还是人们眼中的稀罕物，是有钱人的身份象征，是一般平民老百姓的奢望；而在今天，外表和功能都远胜于它的手机早已成为人们随身物品中不可缺少的物件，并且它的价位也早已达到了一般老百姓的承受底线。手机就这样走进我们的生活，并且日益成为我们生活中不可缺少的部分。

1987 年，中国广东省蜂窝式移动通信业务正式开通，标志着中国通信市场开始步入移动通信时代。经过十余年的发展，我国现已占有全球手机生产量的三分之一和销售量的五分之一，成为全球最大的手机市场，手机行业也成为拉动全行业经济增长的重要力量。随着 2005 年手机核准制的实施，手机行业面对的将是又一轮新的洗牌。

前段时间，上海英华达、苏州明基电通、深圳创维、深圳金立通信 4 家企业正式获得了第二批手机牌照。尽管也有一些老牌手机厂商对近期实行的核准制反应冷淡，认为这对我国手机行业影响不大，但是手机行业整体上投资已经更趋白热化。目前的手机行业环境就像一个围城，城里的人窒息地想出来，而城外的人就想往里钻。然而，热度有多大，风险就有多大。

手机牌照核准制的实行刺激了新厂商的涌入，但同时将导致生产过剩。因此，手机市场的重组是不可避免的。而随着手机市场份额分散的过程，新厂商的进入，可以预见今年会有一批小的手机生产企业倒闭。其实，第一轮的手机投资泡沫已经破裂。

首先，2003 年的深圳科特，2004 年年底的江苏易美，2005 年年初的南京熊猫，还有一部分企业虽然没有壮烈牺牲，但也只是伤痕累累地硬撑着。从全世界范围来看，手机行业作为信息终端处于竞争残酷的消费电子业，也一直经历着一次次的洗牌；即使如爱立信、阿尔卡特这样的国际巨头，也最终在手机严重亏损的情况剥离手机业务；其他如西门子、菲利普的手机业务也面临着鸡肋之嫌。

如今，我国手机的生产已经显现出过剩倾向。我国手机产能进一步扩张，继第一批 5 张手机牌照，年新增产量 1 100 万部后，此次新发 4 张，年新增手机生产能力约 1 400 万部（事实上，第二批企业中，明基电通的年产能就已达 1 650 万部，加上其他三家企业的产能，实际新增产能将远远超出这一数字）。2023 年，手机行业共新增产能将超过 2 500 万部。目前，国内手机预计产能将超过 5 亿部，占全球需求量的 80% 以上。

这些无疑使本已产能过剩的国内手机市场变得更加拥挤，也把竞争惨烈的国内手机市场推到肉搏的边缘。所幸，尽管已有超过 40 家企业申请手机生产牌照，但由于牌照的发放仍需要较高的门槛，有实力、符合条件的企业基本上都已获牌，预计未来新增的企业不多了。

其次，市场重组有助于整个手机产业的健康发展，目前这种鱼龙混杂的状况将被整顿，而且可以避免激烈的价格战，从而减少产品趋同化及零部件故障等。

在新一轮的洗牌中，新产能、老库存和低毛利率仍将是影响国产手机行业发展变数的关键因素。在一定规模基础上，具有研发和渠道优势的手机厂商才能生存并胜出。渠道中心下沉、渠道扁平化、直控终端这些都是 2005 年手机厂商的关键词。新进入者在增加产能的同时，还将通过价格战抢占市场份额，摩托罗拉等国外厂商也会保持在中低端机型的竞争力度，加上国美、苏宁等电器连锁商直供模式和移动运营商定制模式的推广，手机行业的竞争将更加激烈。

最后，国内一些拥有技术研发能力并着眼 3G 的新玩家也有可能取得突破。华为和中兴在宣布开发手机后，市场纷纷表示看好。这些厂家拥有一定的知识产权，而且资金充足，只要销售渠道建设恰当，就有可能迅速获利。以往，国产手机的市场成功在很大程度上依赖营销手段和渠道的创新。在冲破国外手机的垄断后，要想真正与国外手机企业争锋，不仅需要从"量"，更需要从"质"的角度大力提升自身的品牌竞争力，这就要求我国手机企业必须加大研发力度，从技术上缩短与国外手机企业的差距，尽快改变因缺乏核心技术而受制于人的状况。在这个过程中，知识产权保护将发挥不可替代的重要作用。

下面先从与技术革新最为密切相关的专利入手，对我国手机行业的专利状况进行初步分析，以便从专利角度考察我国手机行业运用知识产权保护制度的能力和初步了解该行业的技术研发现状，为更好地利用专利制度促进我国手机行业的发展提供依据。

问题：1. 使用波特五力分析模型分析手机行业的竞争态势。

2. 分析专利保护以及技术竞争力对我国手机行业的影响。

【案例 2-3】

索尼公司提升核心能力的实践

索尼公司是世界上生产视频设备的最大厂商，其产品主要比例为：视频设备占 23%、录像机占 25%、通信设备占 8%、电子部件及其他产品占 23%。最近，公司为了适应互联网社会发展的需要，宣布将实行向"个人宽带网解决方案公司"全面转型。长期以来，索尼公司一直成为日本文、理科大学毕业生就职的首选目标企业。索尼之所以能够聚集人气，在电子产品方面能够形成自己独特的竞争能力，有以下几方面原因。

一、明确发展战略

成功的企业大都有明确的发展战略，每当环境发生急剧的变化或企业发展面临新的转折点，索尼公司的最高管理层就会拿出应变措施，制定新的发展战略，为企业的发展指明方向。在公司成立初期，由于人才少、资金缺乏，公司无力与大企业竞争。为了公司的生存他们什么都干。先是修理无线电，其后研究电饭煲、电热毯之类的小家电产品。该公司早期的《成立意向书》中明确反映了这一点："如果我们和大公司做同样的事情，是无法与其匹敌的。但是，未被开发的技术比比皆是。我们要做大公司做不了的事情，以技术力量为祖国的振兴添砖加瓦。"公司的定位"做人家不做的事情，大胆开发新的事业"从此被确定下来。后来经过 20 世纪 80 年代初期的业务重组，以及 80 年代末期的国际化，以及 20 世纪 90 年代初的 3C（Computer、Communication、Component）战略，索尼确立了面向 21 世纪发展的新目标。公司的战略从 AV 向 AV&CCC 多媒体事业领域的开拓和发展，保持视频领域第一位，向 3C 发展，力争做第一流的企业，消费品与非消费品按 50：50 的比例强化软件业务，从而指出了公司变革的方向，明确了公司的战略愿景。

进入 21 世纪后，随着互联网的发展，索尼公司紧紧抓住消费者需求这个主题，不断调整自己的策略。索尼公司宣布将实行向"个人宽带网解决方案公司"全面转型。其目的是进一步加深与全球用户的互动关系，并为全球用户提供能够在宽带网社会充分享用丰富的产品与服务。索尼决定，在未来的发展战略中，战略性地重整索尼整体资源和电子、娱乐、游戏、互联网及通信服务和金融服务这五大业务领域的业务活动，以创造集团新的整体价值。在新的战略构想中，它将通过开发能在在线网络条件下具备互动交流功能的硬件产品来产生一大批相互紧密相连并可联网的电子设备，以提升电子业务利润率的推动力。

二、积极引进外部技术资源

发展成长的企业都非常注意和重视外部的技术资源，只要有机会，就可能引进这种技术资源。索尼公司也不例外。20 世纪 50 年代初期，当井深在一个偶然的机会，看到驻日美军使用的录音机，他马上看到了其商品价值，立即着手从当时的安立电气公司引进高频偏压方式的专利，不久，成功地研制出日本第一台录音机。虽然这台录音机非常笨重，每台质量达 45 千克，价格也每台高达 16 万日元。然而这种成功地引进技术、开发新产品使索尼公司尝到了甜头。随着索尼公司的发展，从外部引进技术的做法越来越得到重视。原公司总经理盛田说过，在技术进步迅速的今天，一个企业要全揽某一方面的技术是不可能的。要尽可能利用各种关系，引进自己所需的技术。在这种思想的指导下，索尼公司不断引进新的技术，如与飞利浦联盟，共同开发 CD 光盘；与微软、苹果公司合作，共同开发软件等。虽然在引进技术的过程中也有失败的教训，但对索尼公司来说，密切关注外部技术变化，及时引进消化吸收的做法有非常重要的作用。

三、重视独创性、培养技术能力

索尼公司在成立初期就确立了公司的经营理念。在早期的《成立意向书》中，就明确宣言：享受有益于公众的技术进步、技术应用和技术革新带来的真正乐趣；弘扬日本文化，提高国家地位；做开拓者，不模仿别人，努力做别人不做的事情；尊重和鼓励每个人的才能与创造力。索尼公司在引进技术，开发新产品之际，非常注重开发、培养自己的核心技术。每当出现新的技术，只要与自己的研究、生产活动相关，就马上抓住机会，迅速应用到自己公司产品中来。有些技术，在欧美刚刚出了实验室，索尼就开始考虑购买其专利，实现商品化。新产品不断打破日本或世界纪录，成为日本或世界首创的产品。在索尼发展史上，仅在 20 世纪 60 年代就成功地开发了 5 个日本首创、16 个世界首创的产品，研究员江崎还因在半导体中发现电子的量子穿隧效应而获得诺贝尔物理学奖。

四、致力于学习型组织的建立

为了及时收集最新的技术信息和知识，使公司的技术始终保持领先地位，索尼公司在内部举办各种技术学习交流活动，参加的成员从公司董事长到一般技术员，也有子公司和分公司的人员，或邀请学者参加，其目的是加强相关技术的交流，促进组织学习。主要的交流研讨会有以下几种：研究报告会（每个月举行，董事长、总经理、董事、有关研究、开发、设计部门的部长级人物、负责人总共 70 名左右）；技术交流会（每年秋季举行，索尼公司所有部门、索尼的子公司、关联公司、协作单位）；索尼调研论坛（论文交流，按不同主题把参加会议的人员分为 3~4 组，在此发表的论文，将汇编为公司论文集）。1996 年，索尼论坛共收到论文 236 篇，采用 187 篇。由此可见，这些交流内容都是当时最前沿的技术课题，通过这种广泛的交流和学习，使企业的技术人员和管理人员都有机会了解世界技术变化的动态，学习和吸取其中对自己有益的东西。同时，技术员能够通过这种机会，充分研讨自己感兴趣的问题，通过与各种人员的知识碰撞来产生新的知识和灵感，有利于组织的研究开发。

问题：请总结索尼公司的核心能力构建过程。

二、实务题

职业生涯规划是根据个人的兴趣、能力、素质等多方面的影响因素进行综合分析、评估而确定的。我们一旦确定了个人的职业生涯，就会选择从事什么行业、什么类型企业以及从事怎样的专业工作方向等。而个人进入企业以后，要使个人职业通道与组织发展相协调并通过与组织的整合过程促进自身的快速发展。

请大家试利用波特五力分析模型帮助自己分析个人职业生涯规划。

三、拓展阅读

独家专访摩根大通总裁：继续审慎在中国的投资，推进中国战略

专题二　企业战略选择

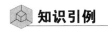 **知识引例**

宜家出走　马甸变脸

宜家在马甸 15 000 平方米的店面，创造出每年 5.4 亿元的销售额。

这个世界 500 强将在 2024 年年初搬离马甸，引起了媒体和社会的广泛关注———既关心宜家的前景，也关心马甸的发展趋势。

马甸曾经被北京市商委规划为北京市十个商业中心中的一个。马甸经历过两次辉煌：一次是在亚运会期间，马甸是亚运会商品集散地，那时大众和社会对马甸作为商业中心有了初步认识；另一次是在马甸被大规模开发以后，特别是宜家进驻以后，在商业上形成了真正的繁荣。

据了解，宜家在选址上有两点必备的条件。第一，必须处于交通要道。马甸地区有四通八达的交通，马甸立交桥交通流量巨大。第二，宜家在世界各国的发展，物业都是自己的，不采取租用的办法。宜家初进北京，在马甸破例采取了租赁的方式来开店，也证明了马甸的商业价值。

宜家出走可能基于三个原因。

（1）15 000 平方米的营业面积已不能满足其经营需求了。

宜家失去了在马甸的定价权，成本为王的经营理念使宜家难以接受马甸区域日益成熟带来的租金上涨的成本压力。

（2）马甸由纯商业向商业与商务结合的大势，已使宜家失去了小资定位的环境土壤。

（3）商业和商务应该是互为表里，相辅相成的，不同的业态，对商务的支持也各不相同。从这个角度来说，宜家"出走"也许意味着这个区域的商业或商务价值的新陈代谢。

宜家搬走不一定是坏事，通过马甸商业的重新整合和洗牌，让市场来检验马甸区域真正的商务和商业价值。

（资料来源：https://wenku.baidu.com/view/b3e9d5070366f5335a8102d276a20029bd646308.html）

【案例解析】

企业战略的制定必须正确确立自己的经营定位，即目标客户群，宜家之所以定位于交通要道，是针对自提货物和追求低价格的客户；自己经营物业主要是为了降低成本。战略是由一定的产品和市场定位组合体现的，没有明确的产品（服务）与准确的市场定位，企业就会失败。战略是动态的，当环境条件发生改变时，进行适当调整。

知识梳理

一、成本领先战略

（一）成本领先战略的概念

成本领先战略亦称低成本战略，其核心就是在追求规模经济效益的基础上，通过在内部加强成本控制，在研究开发、生产、销售、服务和广告等领域内把成本降低到最低限度，成为行业中的成本领先者，并获得高于行业平均水平的利润的一种战略。

（二）成本领先战略的优势

（1）成本领先企业在与本产业竞争对手的博弈中处于有利地位。

（2）成本领先企业在与替代品企业的竞争中处于有利地位。

（3）成本领先企业具有抵御强大买方威胁的能力。

（4）成本领先企业面对卖方的威胁也具有较强的应对能力。

（5）成本领先企业易于规避新进入者的威胁。

（三）成本领先战略实施的适用条件

（1）市场需求具有较大的价格弹性在市场价格弹性较大的情况下，通过降低价格可以有效地扩大销售额，提高市场份额。

（2）行业高度标准化。

（3）实现产品差异化的途径很少，多数客户以相同的方式使用产品。

（4）客户从购买一个销售商的产品转换至购买另一个销售商的产品时，成本很低，因此倾向购买价格最优惠的产品。

（四）成本领先战略的实施风险

（1）利润下降。

（2）由于技术的更新引起设备等资产的失效。

（3）容易忽视客户需求的变化。

（4）投资风险加大。

（5）成本领先战略的企业优势易被模仿。

案例评析

当前，我国经济正处在新常态下的经济增长换挡期，正在发生的趋势性变化促使我们必须科学地看待当前社会经济形势。煤化工行业的产能过剩、日益激烈的竞争和日益加快的发展速度，促使企业必须不断创新管理模式和理念，塑造企业管理文化，提升企业竞争力，形成协调统一的战略思想。

临沂恒昌焦化股份有限公司（以下简称"公司"）将成本领先战略思想作为精益化管理文化的核心，一切工作的重心都围绕着降低成本，提高经济效益，增强企业竞争力展开，并取得了积极显著的效果。

一、优化采购方式，降低库存占用资金

在需求量比较稳定、占用资金最多的原材料采购方面，与上游重点供应商建立了长期稳定的战略合作伙伴关系，享受了价格优惠政策的同时大幅度降低了周转库存量，降低了库存占用资金。

二、降低公司运营成本，塑造优良的企业管理文化

自推行精益化管理以来，公司全员以成本领先战略思想为精益化管理工作的核心，降低了公司运营成本，提高了经济效益，增强了盈利能力，强化了员工的责任意识和主人公精神，激发了班组成员之间的互助与协作精神。在经营管理环节，大到合同谈判以一元为单位争取价格优势，小到一张打印纸也要双面使用，时时处处体现成本领先战略思想，树立"抱西瓜也要捡芝麻、蚂蚁腿的肉也是肉"的经营理念，打造了一支思想统一、团结高效、勤俭持家的经营管理团队。公司上下一盘棋，人人关心成本、事事控制成本，从而塑造了优良的企业管理文化。

三、研发创新显实效，打造省内独立、焦化唯一的高新技术企业

自2016年提出创新管理理念以来，公司每年都投入大量人力、物力和财力实施研究开发创新，2018年、2021年，连续通过了高新技术企业认定，打造成省内独立、焦化唯一的高新技术企业，增强了公司核心竞争力，迈出了公司差异化战略的坚实一步。公司可以享受多项税收优惠政策，从而降低了税收成本，提高了净收益。另外，通过研发创新，公司开发了价高质优、高附加值的新产品，提高了经济效益，增强了企业竞争力，实现了"低成本、高收益"的良性循环，反过来进一步强化了企业的成本领先地位。

（资料来源：齐艳军．新常态下的成本领先战略研究．产业创新研究，2022（17）：163-165．）

【考核知识】

题干主要针对企业实施成本领先战略进行考核。企业实施成本领先战略在追求规模经济效益的基础上，通过在企业内部加强成本控制，在研究开发、生产、销售、服务和广告等领域内把成本降至最低限度，成为行业中的成本领先者，这样可以给企业带来竞争优势。实施成本领先战略的效果对于企业来说是显著的，但同时要考虑其劣势和面临的风险，任何事物都具有两面性。

【解题方法】

明确企业在竞争过程中实施的是成本领先战略，临沂恒昌焦化股份有限公司在实施成本领先战略时通过采购、运营、研发等领域把成本降低，一切工作的重心都围绕着降低成本，提高了经济效益，增强了盈利能力。根据上述案例内容，我们明确该题目考核的企业实施的成本领先战略，作答题目要围绕成本领先战略相关内容进行分析。

二、差异化战略

（一）差异化战略的概念

差异化战略亦称特色经营战略，是指企业向市场提供与众不同的产品和服务，树立起一些全行业范围中具有独特性东西，用以满足客户特殊的需求，从而形成竞争优势的一种战略。

差异化战略能够成功实施的前提就是企业的外部市场环境中存在多种类、多层次的需求差异。按照迈克尔·波特的观点，企业的差异化来自企业的价值链，即差异化来源于企业所进行的各种具体活动和这些活动影响买方的方式，本质上差异化是由各系列价值活动而来的。因此，我们有多种方式来实现差异化战略，如品牌形象、技术工艺、性能特点、客户服务、营销网络和其他方面的独特性。

（二）差异化战略的优势

企业采用差异化战略可以很好地防御产业中的五种竞争力，获得超过水平的利润。主要表现在以下四方面：形成进入障碍；降低客户敏感程度；增强讨价还价能力；防止替代品威胁。

（三）实行差异化战略的途径

（1）产品质量、可靠性、品牌、创新差异化。
（2）服务差异化。
（3）人员差异化。
（4）营销渠道差异化。
（5）形象差异化。

📖 案例评析

小熊电器差异化战略分析

我国家电行业的竞争力度不断加大，如美的、九阳、苏泊尔等有着十足影响力的大牌家电，已有了一整套规范的运行体系。此时的家电行业犹如"红海"，如果企业想在这个竞争激烈的市场中占有一席之地，必须慎重选择自己的发展战略，这是至关重要的。而小熊电器在一众品牌中拔得头筹依靠的则是其小型家电对差异化战略的准确选择。

一、品牌差异化

小熊电器核心品牌为"小熊"，这是一个自主建立的品牌，注入品牌"萌"的元素，推动生活向"萌"发展，用户、家电和生活在"小熊"产品中被巧妙联系起来。小熊电器在推广品牌时采用了多种手段，如在有热度的电商平台播出广告、植入电视广告、参与直播或短视频等、邀约明星为品牌代言等，这些都可以起到有效的品牌推广作用。小熊品牌的关注点在年轻人群，尽最大努力去和年轻一代沟通接触，打造出品牌在年轻消费者中的知名度，这是支撑企业未来持续发展的动力。年轻消费人群成为忠实的品牌粉丝后，很快就能在其他消费者中树立起小熊品牌的知名度，可以得到更好的名誉和口碑，同时企业形象也得以塑造。

二、销售渠道差异化

小熊电器除了在天猫、京东、苏宁等热门电商渠道进行线上销售外，还在努力推进与其他新兴起的电商的合作，如拼多多、小红书等，积极开拓线上销售线路，和合作方保持一种长期稳定关系。在互联网大数据技术的帮助下，小熊电器迅速提高了线上销售量。独属于小熊电器的消费群体是其他品牌所没有的，以社群运营的方式建立了一个名为"熊粉窝"的在线交流专区，这是专门为小熊品牌的粉丝设立的，他们可以在这里进行沟通和交流，成员之间可以分享自己在美食上的收获，大家的资源共同分享，反映出消费者的真实诉求，推动改进产品功能。小熊电器与粉丝亲密无间的关系，不断激励着企业的创新和发展。

三、产品差异化

小熊电器持续加大科研方面的投入，改进产品体验感，实现消费者需求，提升研发团队的创新能力，设计产品时，将用户体验、生活方式、匠心精神三者结合考虑，使新产品满足消费者喜好和行为习惯。加快产品的更新换代，生产出的产品在市场要具有竞争力，"萌"的特点不仅体现在形式上，也要表现在其体验感和视觉感上，这样产品才能越发火爆。企业生产的样品多种多样，不同类型的产品之间实现了良性交流，激发消费者对各类产品的购买欲。小熊电器研究生产了400多种不同型号产品，包括酸奶机、煮蛋器等。在线上销售渠道，许多产品都受到了用户一致好评，这样的评价多达上万条，抓住了大量年轻群体的眼球，女性用户则更加喜爱小熊品牌产品。

（资料来源：张倩 小熊电器差异化战略分析，商场现代化，2023-08-25）

【考核知识】

企业实施差异化战略是向市场提供与众不同的产品和服务，树立起一些全行业范围中具有独特性的东西，满足顾客特殊的需求。企业只有在了解市场，清楚市场细分的前提下，把握实行差异化战略的时机性，及时跟进差异化信息，提高对差异化的认识，不断创新才能取得持续的竞争优势。

【解题方法】

明确企业在竞争过程中实施的是差异化战略，小熊电器在实施差异化战略时通过品牌、销售渠道、产品方面与其他竞争对手形成差异，从而赢得用户、赢得市场。根据上述案例中的内容，我们明确该题目考核的企业实施的差异化战略及实行差异化战略的途径，作答题目时要围绕差异化战略相关内容进行分析。

三、集中化战略

（一）集中化战略的概念

集中化战略亦称专门化战略，是指把经营战略的重点放在一个特定的目标市场上，为特定的地区或特定的购买者集团提供特殊的产品或服务。与差异化战略和成本领先战略不同的是，采用集中化战略的企业是在特定的目标市场中与实行差异化战略和成本领先战略

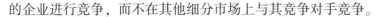

的企业进行竞争，而不在其他细分市场上与其竞争对手竞争。

（二）集中化战略的实施条件

（1）购买者群体之间在需求上存在差异。市场上有显著不同的客户群，这些客户群或者对产品有不同的需求，或者习惯以不同的方式使用产品。

（2）行业的各个市场在规模、增长率、利润率等方面参差不齐，使得对于特定企业而言，某些市场要较另一些市场更具有吸引力，即目标市场在市场容量、成长速度、获利能力、竞争强度等方面具有相对的吸引力。

（3）没有其他竞争对手试图关注同一市场。

（4）在目标市场中，没有其他竞争对手采用类似的战略。

（5）企业现有资源不允许追求较宽的市场，即企业资源和能力有限，难以在整个产业中实现成本领先或差异化，只能选定个别细分市场。

📖 案例评析

A公司是一家大型能源企业，其业务布局遍及中国大部分地区，但其营运中心和财务管理中心等总部职能有限。考虑到时间和费用效率，该公司对企业的基本竞争战略进行了调整，将总部大部分职能集中在一个具有成熟的金融、咨询、培训以及文创素养的大城市，以便更有效地削减人力和物力成本，及时为不同地区的分支机构服务。

实施新的竞争战略后，A公司建立了准确、及时、灵活的组织结构，从而更快速、统一地完成任务。A公司总部有一套管理制度，从安排、任务分责、报表审核等基础工作，到项目的管理、财务控制、日常工作的把关等，都有一套标准化的流程，让整个组织工作更加顺滑有序。此外，该公司还针对不同的分支机构的地域特点，制定了灵活的管理模式，满足企业在每个分支机构的实际需要，让各分支机构能够得到更好的服务和管理支持。

在新竞争战略下，A公司总部不仅能够更专业、更高效的组织管理，还可以在节约资源的同时减少传统的企业文化的影响，从而更有效地完成各类工作。新竞争战略使该公司能够把核心职能集中在一个地点，从而更好地实现企业成本、效率、服务水平的有效提升。

（资料来源：https://wenku.baidu.com/view/d966e145c6da50e2524de518964bcf84b9d52ddd.html）

【考核知识】

企业的基本竞争战略包含成本领先战略、差异化战略、集中化战略。成本领先战略与差异化战略为自我定位；集中化战略为市场细分。集中化战略侧重主攻某特殊客户群体、某产品线细分类型或某一地区市场细分，公司业务的专门化能够以较高的效率、更好的效果为某一特定领域对象服务，从而在较广阔的范围内竞争，实现低成本。

【解题方法】

首先应明确企业基本竞争战略类型。根据上述案例内容，该公司调整基本竞争战略将总部大部分职能集中在一个具有成熟的金融、咨询、培训，以及文创素养的大城市。可见，该公司的战略目标为特定的地区提供特殊的产品或服务。该题目考核的是企业基本竞争战略的类型，作答题目时要围绕集中化战略相关内容进行分析。

知识衔接

科技是国家强盛之基，创新是民族进步之魂。党的二十大报告中指出："加强企业主导的产学研深度融合，强化目标导向，提高科技成果转化和产业化水平。强化企业科技创新主体地位，发挥科技型骨干企业引领支撑作用，营造有利于科技型中小微企业成长的良好环境，推动创新链产业链资金链人才链深度融合。"这些重要论述明确了强化企业科技创新主体地位的战略意义，深化了对创新发展规律的认识，完善了创新驱动发展战略体系布局，为更好地发挥企业创新主力军作用指明了方向，我们要深入学习、深刻领会、全面贯彻，充分认识强化企业科技创新主体地位的重大意义。

因此，企业在发展过程中应履行社会责任，坚定文化自信，助力国内产品研发，强化质量意识，杜绝假冒伪劣，以次充好的现象发生。另外，还要提升产品创新的实践能力，以优质产品和服务满足消费者的需求。

实战训练

一、案例题

【案例 2-4】

小红书跨境电商战略分析

目前，我国的电商平台较多，而且功能也都十分相似，竞争相对激烈。但是个性化和多样化已经成为这个时代的代名词，相比大而全的平台，用户更倾向选择适合自己的、与自己的观念更加匹配的平台。小红书、网易考拉海购等逐渐在电商领域立足。

小红书的产品定位主要分为三个阶段：海外旅游购物攻略—海外旅游购物垂直社区—UGC 社区+自营海淘。在每个阶段，小红书都瞄准了国内电子商务平台的空白市场，并对其进行深挖与研究，迅速实现了独特的产品定位。

（一）海外旅游购物攻略阶段

早在 2013 年，中国游客在境外消费方面就居于全球首位。但是，语言障碍和文化差异始终是出境游的两大障碍，消费者如何在到达目的地之前做好境外旅游购物攻略成为较大的难题。虽然当时国内市场上已经存在许多旅游类网站和应用软件，但是始终没有解决购物这一细分市场，且网上与出境购物有关的信息并不多。因此，基于消费者需求，小红书成立了。

小红书可以说是国内第一家提供海外购物信息的企业，其与美丽说、网易考拉海购等专注海外代购或自营精选海外好货的应用迅速区别开来。因此，小红书一经上线就具有很大的竞争优势，弥补了海外购物攻略这一市场空白。

（二）海外旅游购物垂直社区阶段

虽然在第一阶段已经成功地吸引了一批使用者，但是由于内容是以 PDF 的形式呈现出来的，所以很难实现内容的实时更新，因此，必须找到一个方法去替代 PDF 版本，使信息能够及时更新。2013 年 12 月，"小红书购物笔记"上线，它聚集了众多拥有境外购物经历的女性，而这些女性就是潜在的购物笔记分享博主。这时，小红书已经由PGC向UGC逐渐转变。由于UGC的本质是用户产生内容，用户对用户之间的信任度与用户对官方之间的信任度还是有差别的，普通大众还是更愿意相信其他用户使用过该产品的感受，因此运营主要关注点在于用户生成的内容质量和社区活跃度方面。小红书的主要运营手段是签约达人并力挺他们，签约达人对于小红书的成败起着关键作用。但是由于"达人盗图事件"给小红书的用户量等带来了负面影响，随后运营方面便从"重内容分享体验，重内容浏览体验，重社区互动活跃"三个侧重点发力，增加了优质内容并提高了用户黏度，为将来的发展奠定了基础。在这一阶段，由于小红书主要着眼于维护社区内容分享的真实性，通过用户之间形成的口碑效应来刺激用户数量的增加，而不是通过做广告轰炸来追求用户的高增长，全神贯注于社区的深耕，努力建设自身的壁垒，因此，大多数用户对平台的黏性和活跃度非常高，是一群高质量的"小红薯"。之后，小红书凭此获得了超过一千万美元的融资，用来支持企业的初步发展。

（三）UGC社区+自营海淘阶段

经过了社区的发展，小红书已经拥有了众多的"红薯粉"，并且凭借着口碑效应不断地吸引新用户。此时，就需要引入新设计来满足老用户的不断增强的新鲜感与更高要求的体验感。此时，小红书正式上线自己的电商平台"福利社"，将电商融入社区中，再一次实现升级。2014年可以说是跨境电商的元年，海关总署发布的公告从政策层面承认跨境电子商务，跨境电商自此之后迅猛发展，各类电子商务巨头纷纷涉足，例如，京东海外购、天猫国际、一号店、唯品会等。但由于小红书此前的用户生成内容大部分都是与境外购物相关，获得的用户主要集中在有丰富海外购物经验的女性以及想要海淘的女性，用户黏性也十分强。当用户们看久了笔记之后，便会产生较强的购买欲望，又不知道在哪里购买，因此"福利社"满足了用户的需求，解决了信息不对称的问题（在哪买、买什么、买不到），一经上线，便取得了巨大成功。由于小红书在第一、第二阶段注重自身壁垒的建设，注重社区的发展和口碑，形成了差异化，为后期的可持续竞争优势做铺垫。虽然之后出现了许多的跟随者，例如，淘宝"问大家"、商家和消费者建立的群等，但是小红书的差异化具有不可模仿性，竞争对手都不足以撼动其在社区方面的地位。

问题：1."小红书"跨境电商运用了哪几种竞争战略？

2."小红书"跨境电商战略的运营模式对大家有何启示？

【案例2-5】

海天味业企业战略

海天味业是国内历史悠久的调味品生产和销售企业，产品包含了酱油、蚝油、调味酱等八大系列200多个规格和品种，目前最主要的产品是酱油、蚝油、调味酱。2014年，海天味业在上交所主板上市。公司调味品产销量连续多年在行业内排名第一，成为调味品行业的龙头企业。海天味业的战略定位在保证产品质量的基础上，不断降低产品成本，在产品质量相同的情况下，通过降低成本来获取价格优势，以增强行业竞争力。

根据海天味业2015—2019年年报可知，酱油收入是海天营业收入的主要来源，占海天食品制造业营业收入的62%左右，其成本在产品中的占比也是最高的。酱油的毛利率是三大主要产品中最高，并且基本属于上升趋势。调味酱和蚝油的占比也在提高，也表明海天具备向其他调味品领域扩张的能力。调味酱和蚝油的制作程序与酱油类似，相对简单，原材料包括大豆（主要为黄豆和脱脂大豆）、盐、白砂糖等，包装物主要有塑料瓶、玻璃瓶和纸箱，能源主要有水、电、煤。包装材料的价格基本保持稳定，公司使用主要能源，如水、电力、原煤的价格变化较小，占经营成本的比例也较小，对公司经营成果的影响较小。

在主要原材料方面，大豆占比最高，约为17%、白砂糖约为16%、盐约为4%、小麦粉约为3%、味精约为8%。由于该公司对生产工艺的改进，生产所需脱脂大豆大幅增加，采购脱脂大豆的金额占采购大豆总额的比例从2010年的45.88%增加到2013年上半年的61.39%，脱脂大豆成本较低，其使用量的增加可以降低原料的平均采购成本。通过酱油高鲜菌种育种技术的使用，相比于传统菌种，海天的菌种产酶量提高了20%以上，达到国际先进水平，提高了酱油原料利用率及酱油品质。综合运用国际先进的"临界通量"技术和流体力学控制技术有效降低了供料泵和循环泵的功率，减少了膜的清洗次数。运用双向流技术和膜清洗技术，有效控制膜污染和通量恢复，提高了膜过滤设备的运行效率并降低了运行能耗，使膜组件使用寿命提高了50%以上、电耗降低80%、消耗降低24%。公司与高校合作，运用蛋白酶深度酶解技术，实现水产调味品鲜味的提高，解决了水产品传统加工方法原料利用率低、成本高、难以实现产业化的问题，形成具有行业领先地位的核心技术，为开发蚝油等系列高档的水产调味品提供技术基础，增强了公司蚝油及其他水产调味品的市场竞争力。从选种、生产到成品灌装，先进生产工艺不仅提高了产品质量，也降低了生产成本。

海天味业致力于对传统产业的半自动化和自动化改造，近几年海天累计投入40亿元进行更新改造，自2004年起海天陆续开始引入自动化灌装设备，现在企业在从制曲、发酵、压榨、包装实现全自动化生产，拥有10条自动化包装流水线，在行业中堪称翘楚。为了与自动化系统高效对接，海天在自己的生产车间内直接生产酱油瓶，直接对接自动化灌装系统，降低了酱油瓶的采购费用，以及运输费用等成本。高效的生产线提高了企业的效率，使公司员工中生产人员占比远低于同行，人均生产酱油吨数却高于其他同行，从而降低了生产成本。

问题：海天味业实施了何种企业竞争战略，并进行简要分析。

二、实务题

（1）以小组为单位，各小组选择一个合适的企业，利用课余时间对已选择的企业运用SWOT分析法进行企业外部和内部环境分析并形成PPT及报告进行课堂交流和展示。

（2）下面是一位同学对北京乐跑汽车制造有限公司的外部环境所做的分析，请你运用企业外部环境分析基本工具对下面的分析进行评价，指出其分析准确以及不足之处，并针对分析不到位的地方提出改进建议。

北京乐跑汽车制造有限公司是一家以批发零售轮胎、机油为主的公司。该公司负责美国固特异轮胎和英国嘉实多机油在北京地区的销售，以及相关的业务开展和售后服务。

该公司把产品批发到一些汽车轮胎零售店和汽修厂并对零售商提供相关的技术支持服务。其代理的两种产品是世界知名的品牌，主要针对一些中高档轿车。从业务开展方面来看，服务区域以北京北部为主，大部分客户都集中在消费档次较高的地区。同时，产品也根据不同的车型在速度级别、花纹设计上有一定区别。

在今后几年里，不同品牌的竞争、相同品牌跨区域销售的影响等因素使得市场竞争会更加激烈。因为汽车毕竟是消耗品且政府提倡个人购车，有些机构也为个人购车提供了方便，如使用分期付款的方式等，这就意味着车辆会越来越多。随着科技的进步，汽车的性能会越来越好，对轮胎、机油的品质要求也就越来越高。现在北京道路建设不断加快，例如五环路的建设通车、三环路的重新修缮等使交通更加便利，也为汽车行业的发展提供了好的前景。不过，随着产品在市场上份额的不断扩大，不可避免也会产生价格的竞争，销售数量不断增加，但利润的增长并不明显，单位产品的利润在下降。

　　企业目前面临的主要竞争对手有知名品牌米其林轮胎和同地区同品牌的另一家经销商。不管是在北京的办事处还是经销商，米其林公司对其各个职能的分工相当明确。米其林公司在市场开发的过程中和经销商密切配合。例如，在经销商的业务人员开发客户的同时，米其林办事处的区域业务人员也会参与进来及时了解客户的意见并反馈到米其林公司。根据不同的客户类型，辅助经销商业务人员做一些后续工作，如向办事处申请店面的广告招牌，定期有选择地送一些宣传品等，这样会缩短工作周期，提高工作效率，不但可使米其林公司直观地了解市场，而且减轻了经销商的工作压力，能很快解决除销售以外的问题，减少中间环节。米其林轮胎在区域销售和价格的控制方面也比较好。虽然市场占有率不是很高，但仍可以保持一定水平的利润，它进入中国市场的这几年里，市场占有率稳定增长，树立的品牌形象也很好。

　　虽然在国际市场上米其林与固特异等一些品牌是齐名的，但在北京地区，从价位和品牌形象上其给客户的感觉要高一些。米其林轮胎也在根据中国路况不断改进技术，这样能更好地满足客户的要求。虽然从生产能力和新产品的开发来看，米其林较固特异相对较慢，但在长期竞争中因为服务做得好，市场定位较高，使米林其在长期较量中收益也一直保持稳步增长。

　　固特异轮胎的另一家经销商在北京地区的销售量不是很大，原因是其同时代理另一品牌的轮胎，这可以保证该公司有一定的利润，它会首先在这个品牌的一些客户群里展开与固特异轮胎的价格战，因为每家零售店不只销售单一品牌轮胎，就会采取品牌价格战的方式迅速占领市场。但是，同时代理两种品牌的轮胎资金方面的压力很大，如果一个资金雄厚的竞争者来竞争，资金不足的一方就很难支撑下去了。

（资料来源：https：//wenku.baidu.com/view/6dc54a6aa98271fe910ef9d7？）

三、拓展阅读

广汽集团发布"1551"国际化战略，积极拓展海外市场

第三单元 制定企业经营决策

📝 **学习目标**

> ★知识目标
> ◇掌握目标管理的基本思想、过程；理解决策与计划之间的关系。
> ◇掌握决策的概念、决策过程和决策准则；能够区分不同的决策类型。
> ◇掌握活动方案生成方法；能够使用决策树工具评价活动方案。
> ★能力目标
> ◇能熟练运用目标管理法、PDCA循环法对身边的管理问题进行改进，以达到预期结果。
> ◇能够通过科学地制定决策方案来解决身边的决策问题。
> ★素质目标
> ◇提高学生的综合分析能力、解决问题的能力以及培养学生辩证的思维。
> ◇培养学生的创新能力，提升学生以直觉判断为基础的决策或决断能力。

专题一　决策与计划

🔷 **知识引例**

细节决定成败

2003年2月1日，载有7名宇航员的美国"哥伦比亚号"航天飞机在结束了为期16天的太空任务之后返回地球，在着陆前发生意外，由于解体而坠毁。事故发生后，人们曾对事故原因有各种猜测。有人甚至惊呼"哥伦比亚号"的解体是因为遭到了外星人的袭击。

经过长达六年半的调查，美国国家航空和航天局（NASA）于 2009 年 12 月 30 日公布了"哥伦比亚号"航天飞机失事的最终调查报告。根据报告，"哥伦比亚号"在发射时，燃料箱上的一块保温泡沫脱落，以每小时 80 千米的速度击中了左边机翼，造成机翼上陶瓷隔热瓦受损，当时发射中心在监控时发现了这一现象，但是没有引起足够的重视，这为"哥伦比亚号"航天飞机返回时留下了严重隐患。"哥伦比亚号"航天飞机按照预定计划返回大气层时，高温气体侵入机翼，进而造成整个航天飞机失控、最后解体的惨剧。宇航局负责"哥伦比亚号"外部燃料箱工程的首席工程师尼尔·奥特说，宇航局经多次试验确定，泡沫材料安装过程有缺陷是造成事故的主要原因。

与航天飞机中许多精密部件的设计、制造与组装相比，泡沫材料的安装实在不能说有太高的技术含量。然而，正是这不起眼的工作及其细节决定了"哥伦比亚号"及 7 名宇航员的命运。

托尔斯泰曾经说过："尊重细节才能扭转人生，做好细节才能实现梦想。一个人的价值不是以数量而是以他的深度来衡量的，成功者的共同特点，就是能做小事情，能够抓住生活中的细节。"曾为多家企业提供管理咨询的汪中求根据自己的观察指出："细节决定成败。"他指出，中国从不缺少雄韬伟略的战略家，缺少的是精益求精的执行者；不缺少各类管理规章制度，缺少的是对规章条款不折不扣的执行。要提高中国企业竞争力，我们必须注重细节，即把小事做细。马云和孙正义也曾有过类似的观点。他们认为，三流的点子与一流的执行力永远比一流的点子和三流的执行力好。

但也有人认为，细节和执行力都是为战略服务的。再好的细节、再强的执行力，如果你选择的方向不对，那也是徒劳的。有人曾写过《龟兔赛跑新编》，说兔子和乌龟再次比赛时，不是跑了一段就在树荫下休息，而是发令枪一响就埋头猛跑。结果跑了很长时间仍未撞到终点的红线。回过头来一看，才发现方向跑反了，在这种情况下，兔子跑得愈快，离目的地便愈远。

细节或执行力决定成败？还是战略决定成败？你是如何认识这个问题的？

（资料来源：《管理学》（第五版）周三多，高等教育出版社，2018. 汪中求，细节决定成败（第二版），新华出版社，2004.）

【案例解析】

美国"哥伦比亚号"航天飞机解体坠毁是由于燃料箱上的一块技术含量不太高的保温泡沫脱落，以每小时 80 千米的速度击中了左边机翼，造成机翼上陶瓷隔热瓦受损，进而导致了这场灾难的发生。然而，当时发射中心在监控时发现这一现象，但是没有引起足够的重视，这为"哥伦比亚号"航天飞机返回时留下了严重隐患。可见工作中的细节决定了"哥伦比亚号"及七名宇航员的命运。换言之，计划过程是决策的组织落实过程。决策是计划的前提，计划是决策的逻辑延续。计划通过将组织在一定时期内的活动任务分解给组织的每个部门、环节和个人，不仅为这些部门、环节和个人在该时期的工作提供了具体依据，而且为决策目标的实现提供了保证。

知识梳理

一、计划与决策

(一) 计划

计划是组织未来蓝图，是对组织在未来一段时间内的目标和实现目标途径的策划与安排。

(二) 决策

狭义的决策是一种行为，是在几种行动方案中做出选择。

广义的决策是一个过程，包括在做出最后选择之前必须进行的一切活动。

决策的前提，是为了解决某个问题，实现一定的目标。决策的条件，有若干可行方案可供选择。需要对方案进行分析比较，确定每一个方案对目标的贡献程度和可能带来的潜在问题，以明确每一个方案的利弊。最后，是决策的结果即在众多可行方案中选择一个相对满意的行动方案。

(三) 决策与计划的区别

决策和计划是有区别的，因为这两项工作需要解决的问题不同。

决策是对组织活动方向、内容及方式的选择。计划则是对组织内部不同部门和不同成员在一定时期内的行动任务的具体安排，详细规定了不同部门和成员在该时期内从事的活动的具体内容和要求。

(四) 决策与计划的联系

决策是计划的前提，计划是决策的逻辑延续。决策为计划的任务安排提供了依据，计划则为决策所选择的目标活动的实施提供了组织保证。

在实际工作中，决策与计划是相互渗透，有时甚至是不可分割地交织在一起的。决策制定过程中，不论是对内部能力优势或劣势的分析，还是在方案选择时对各方案执行效果或要求的评价，实际上都已经开始孕育决策的实施计划了。反过来，计划的编制过程即决策的组织落实过程，也是对决策更为详细地检查和修订的过程。

案例评析

曾经有人做过这样一个实验：组织三组人，让他们沿着公路步行，分别向 10 公里外的 3 个村子行进。第一组不知道去的村庄叫什么名字，也不知道它有多远，只告诉他们跟着向导走就可以了。第一组刚走了两三公里时就有人叫苦了，走到一半时，有些人几乎愤怒了，他们抱怨为什么要大家走这么远，何时才能走到。有的人甚至坐在路边，不愿再走了。越往后，人的情绪越低，溃不成军。

第二组的人知道村庄的名字和路段，但路边没有里程碑，他们只能凭经验估计行程时间和距离。走到一半的时候，大多数人想知道他们已经走了多远，比较有经验的人说："大概走了一半的路程。"于是，大家又继续向前走，当走到全程的四分之三时，大家情绪低落，觉得疲惫不堪，而路程似乎还很长，当有人说"快到了!"时，大家又振作起来，加快了前进的步伐。

第三组最幸运。他们不仅知道村子的名字、路程，而且公路上每隔 1 千米就有一块里程碑。人们边走边看里程碑，每缩短 1 千米，大家便有一小段快乐时光。在行程中，他们用歌声和笑声来消除疲劳，情绪一直很高涨，所以很快就到达了目的地。

（资料来源：五则哲理故事——三组人的实验（sohu.com））

【考核知识】

围绕计划与确定目标知识点进行考核，确定目标及计划行动方案是计划职能的核心任务。

【解题方法】

首先要让大家知道要做什么，即要有明确的目标（如走向哪个村庄）；其次要指明行动的路线，这条路线应该是清楚的（如里程碑），也就是，要提出实现目标的可行途径，即计划方案。这是有效开展工作的前提。确定目标及计划行动方案是计划职能的核心任务。

二、推进计划的流程和方法

（一）目标管理

1. 目标管理含义

目标管理（Management by Objective，MBO）是一种鼓励组织成员积极参加工作目标的制定，并在工作中实行自我控制、自觉完成工作任务的管理方法或管理制度。其假设所有下属能够积极参加目标的制定，且在实施中能够进行自我控制。

2. 目标管理基本思想

（1）企业的任务必须转化为目标，企业管理人员必须通过这些目标领导下级并以此来保证企业总目标的实现。

（2）目标管理是一种程序，使一个组织中的上下各级管理人员一起制定共同目标。

（3）确定彼此的成果责任，并以此项责任来作为指导业务和衡量个人贡献的准则。

（4）每个企业管理人员或工人的分目标就是企业总目标对个人的要求，也是这个企业管理人员或工人对企业总目标的贡献。

（5）管理人员和工人是靠目标来管理，由所要达到的目标为依据，进行自我指挥、自我控制，而不是由上级来指挥和控制。

（6）企业管理人员对下级进行考核和奖惩也依据这些分目标进行。

3. 目标管理的过程

目标管理是通过一个过程来实现的。这一过程可以分为三个阶段：目标制定与展开、目标实施和成果评价。这三个阶段形成了一个循环过程。

（1）目标制定与展开。

这一阶段的中心任务是上下协调，制定好各级组织的目标。具体工作内容包括调查研究，制定组织目标要研究组织外部影响因素和内部影响因素；目标展开，把总目标逐级分解落实到部门、岗位、个人编写目标管理卡；定责授权，根据目标的大小和难易程度来授权，从而确定奖惩标准，明确职责和奖罚条件。

（2）目标实施。

目标确定之后，组织的各部门要各自围绕自己的目标因地制宜、因时制宜地采取措施，以保证目标的顺利实现。在这一阶段，相关人员应做好咨询指导、跟踪调查、调解平衡的工作。

（3）成果评价。

成果评价是目标管理的最后阶段，根据目标评价完成的成果，并进行奖惩。主要有评价工作、实施奖惩、总结经验。

📖 案例评析

A 制药公司决定在整个公司内实施目标管理，根据目标实施和完成情况，每年进行一次绩效评估。事实上，他们之前在为销售部门制定奖金系统时已经使用了这种方法。A 制药公司通过对比实际销售额与目标销售额，支付给销售人员相应的奖金。这样，销售人员的实际薪资就包括基本工资和一定比例的个人销售奖金两部分。

销售额大幅上涨，却苦了生产部，他们很难完成交货计划。销售部抱怨生产部不能按时交货。总经理和高级管理层决定为所有部门和个人经理以及关键员工建立一个目标设定流程。为了实施这个新的方法他们需要用到绩效评估系统。生产部的目标包括按时交货和库存成本两部分。

生产部请了 B 咨询公司指导管理人员设计新的绩效评估系统，并就现有的薪资结构提出建议。生产部支付给咨询顾问高昂的费用修改基本薪酬结构，包括进行岗位分析和工作描述。另外，还要请咨询顾问参与制定奖金系统，该系统与年度目标的实现程度密切相连。咨询顾问指导经理们如何组织目标设定的讨论和绩效回顾流程。总经理期待着很快能够提高业绩。

然而不幸的是，业绩不但没有提升，反而降低了。部门间的矛盾加剧，尤其是销售部和生产部。生产部埋怨销售部销售预测准确性太差，而销售部则埋怨生产部无法按时交货。每个部门都指责其他部门的问题。得知客户满意度下降，利润也在下滑后，领导非常疑惑，问题到底出在了哪里？为什么设定目标反而导致了矛盾加剧和利润降低？

（资料来源：https：//ishare. iask. sina. com. cn/f/iv45jWwye5. html）

【考核知识】
考核目标管理的基本思想。

【解题方法】
围绕企业制定目标及目标管理的基本思想进行考核。根据题干可知该公司设定的目标不全面，每个部门只专注于对自己非常重要的几个目标。各部门的目标之间没有联系，只和组织内上下级之间有联系。目标管理是通过目标网络，层层分解目标，使任务到人、责任到岗的一种管理方法。在实际应用中，企业目标管理中的具体目标需要上级协助员工、下属部门自行制定并开展实施，规定权限、明确职责；上级通过与员工一起协商制定的目标完成标准来检查、控制目标的完成情况，但在此过程中需要为下级员工提供咨询指导，关注目标进度信息的反馈情况，并保持各部门在组织整体目标运行中的协调、平衡。

（二）PDCA 循环

1. PDCA 循环含义

PDCA 循环又叫戴明环。PDCA 分别代表计划（Plan）、实施（Do）、检查（Check）和改进（Action）四个基本阶段。

2. PDCA 循环的具体步骤

（1）分析现状，找出存在的问题，包括确认问题所在、收集和组织数据、设定目标和测量方法。

（2）分析产生问题的各种原因或影响因素。例如，通过有效的方法寻找可能的影响因素，并进行规范验证。

（3）找出问题所在。这个过程，需要比较并选择主要的、直接的影响因素。

（4）针对问题的主要因素制定措施，提出行动计划。这个过程首先需要寻找出可能的解决方法，然后进行测试并选择，最后提出行动计划和相应的资源。

（5）实施行动计划。也就是按照既定计划执行措施，协调和跟进，并且注意收集数据。

（6）评估结果。在分析数据的基础上，评判结果同目标是否相符，每项措施的有效性如何，哪里还存在差距，可以从中学到什么等问题，以此来确认措施的标准化和新的操作标准。

（7）标准化和进一步推广，既要采取措施以保证长期的有效性，也要注意将新规则文件化，设定程序和衡量方法，进而能够分享成果，交流好的经验，也要总结可以重复运用的解决方法。

（8）提出这一循环尚未解决的问题，把它们转入下一个 PDCA 循环。

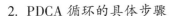

实战训练

一、案例题

【案例 3-1】

A 公司的目标管理

A 公司从 2012 年 7 月开始实行目标管理，当时处于试行阶段。后来，由于人力资源部人员的不断变动，这种试行也就成了不成文的规定并实行至今，到现在已经运行将近 1 年了。然而，执行的过程并不是很顺利的，每个月目标管理卡的填写或制作似乎成了各个部门经理的任务，总感觉占了他们大部分的时间来做这件事，每个月都要由办公室督促大家填写目标管理卡。除此之外，一些部门（如财务部门）每个月工作中的常规项目占据所有工作内容的 90%，目标管理卡的内容重复性特别大。另外，一些行政部门因临时性工作特别多，很难确定目标管理卡。

A 公司的目标管理按如下程序执行。

一、目标的制定

1. 总目标的确定

前一财年年末公司总经理在职工大会上作总结报告，向全体职工讲明下一财年大体的工作目标。在财年年初的部门经理会议上，总经理和副总经理、各部门经理讨论协商确定该财年的目标。

2. 部门目标的制定

每个部门在当月的 25 日之前确定下个月的工作目标，并以目标管理卡的形式报告给总经理，总经理办公室留存一份，本部门留存一份。目标分别为各个工作的权重以及完成的质量与效率，由权重、质量和效率共同决定。最后，总经理负责审批，经批阅以后方可作为部门的工作的最后得分。

3. 目标的分解

各部门的目标确定以后，由部门经理根据部门内部的具体的岗位职责以及内部分工协作情况进行分配。

二、目标的实施

目标的实施过程主要采用监督、督促并协调的方式，每月中旬由总经理办公室主任与人力资源部绩效主管共同或是分别到各个部门询问或是了解目标进行的情况，直接与各部门的负责人沟通，在这个过程中了解哪些项目进行到什么地步，哪些项目没有按规定的时间和质量完成，为什么没有完成，然后督促其完成项目。

三、目标结果的评定与运用

目标管理卡首先由各部门的负责人自评，自评过程受人力资源部与办公室的监督，最后报总经理审批，总经理根据每个月各部门的工作情况，对目标管理卡进行相应的调整。

目标管理卡最后以考评得分的形式作为部门负责人的月考评分数，部门员工月考评分数的一部分来源于部门目标管理卡。这些月考评分数可作为员工月工资发放的主要依据之一。

部门领导人大多数反映不愿意每个月填写目标管理卡，认为这没有必要，还有在最近的一次与部门员工的座谈中了解到有的部门员工对本部门的目标管理卡不是很明确，其中的原因主要就是部门的办公环境不允许把目标管理卡张贴出来（个别的部门），如果领导每个月不对本部门员工解释明白，他们根本就不知道他们的工作目标是什么，只是每个月领导让干什么就干什么，显得很被动……可是，部门领导如今不愿意做目标管理这一块，而且一定数目的员工也不明白目标管理分解到他们那里的是什么内容。目前人力资源部的人数有限，而且各司其职。面对以上问题，人力资源部也显得很无奈。

问题：1. A公司的部门管理者显然不支持目标管理，为什么会出现这样的问题？

2. 如何让各部门的管理者认识到目标管理的重要性和必要性？

【案例3-2】

艾琳·格拉斯纳的化妆品公司

艾琳·格拉斯纳曾在一家全国大公司里当过地区部经理，工作能力是第一流的，管理250多个上门推销的推销员。当她离开这家大公司之后，便开始经营自己的化妆品公司。她从意大利的小型香水厂得到一套化妆品配制流水线，租用了一座旧仓库，并且安装了一套小型的化妆品灌瓶与包装生产线。三年过去了，艾琳化妆品公司初见成效，于是打算拓展产品线，建立分销网络。以下是她所采取的步骤。

第一步：她准备了一份使命报告，上面写着"艾琳化妆品公司准备生产一套化妆品系列，在美国东北部通过百货商店与专业商店分销上市"。她建立的长期目标：一是成为意大利香水在美国市场上的主要代理人；二是只销售高级化妆品；三是以高收入客户为主要销售对象。

第二步：她特别想实现的一个目标是：在美国东部的5座大城市里，开设自己的经销办事处。她巡视了10座城市，寻找最佳落脚点，她选中5座城市，和她的律师与销售部经理一起为那些落脚点办理租约并设立了一套程序，然后确定了最后期限：明年 6 月 1 日，这些办事处开张营业。这个期限没有兑现，他们都强调在开张之前，一切事宜必须协调好，包括签署租约、添置办公设备、安装电话、雇佣办事员、招聘或续聘推销员、通知专用信笺等。

第三步：格拉斯纳为艾琳化妆品公司设计的另一个目标是到下一年度，销售额达到 300 万美元。她的销售部经理说，这个目标不现实。格拉斯纳问公司的生产部经理，如果所有的生产线都启用，当年工厂是否能完成 300 万美元的定单任务。生产部经理表示，这个问题等他核准生产能力的各项数字后才能给她答复。

第四步：面对那么多要完成的目标，格拉斯纳决定把她的一些职权委派给那些主要部门的经理们。她逐一与他们碰头，一一落实要达到的目标。她给生产部经理定下的目标是，提高生产能力，每个月生产 1 万件产品，将破损率降低到 5%，把工薪支出保持在预算的 50 万美元之内。那位经理也提出了异议，认为有的指标不合理。到了年底，生产部经理实现了 2 个目标，可是工薪支出超出预算 10 万美元。

问题：1. 如何才能使"成为一个主要代理人"的目标更加具体化？

2. 你认为格拉斯纳在处理公司主要计划与派生目标之间存在哪些问题？

【案例 3-3】

某毛纺厂的计划

2008 年 10 月，某毛纺厂受金融危机的影响，产品销售不好，资金十分紧张，销售旺季的 11—12 月将会"旺季不旺"。面对这一形势，张厂长的压力很大。该怎样做才能解决这一困境？张厂长认为应该把工作的重点放在营销上。他考虑采取以下几种方案。

第一种方案，国内毛纺织品价格正当居高不下，并且继续酝酿上调之时，降低产品价格，分品种下降 5%~8%，个别品种下降 10% 以上，使产品价格处于较低水平，而用这种方法可以减少产品积压带来的贷款利息和罚息损失。这样做，预计第一季度可收回贷款 2 088 万元，其中 3 月可回收 1 200 万元，但使用这种方式降价，经计算，会减少销售收入 800 万元。

第二种方案，企业过去基本上是做大宗买卖的，现在要改变经营战略，重点改为向中小城市、农村、国家重点工矿组织推销产品，这样大宗和小笔生意可以双管齐下。预计年底销售、回收贷款可达 1 086 万元，约占同期贷款回收额的 42%，2009 年上半年预计销售实现回收贷款 1 250 万元，占同期贷款回收额的 39%。但是，这样做又存在销售人员（商品推销员和售货员）严重缺乏的问题。

第三种方案，为提高市场占有率，首先可以由产品设计人员、经销人员参加的调研队伍，深入市场，走访用户和销售网点，研究消费者习惯及心理变化，筛选和处理产品需求信息，及时开发和生产适销对路的产品，提高市场占有率。其次可以在生产中从原料到产品及售后服务的每道工序把住质量关，做到不合格的半成品不流入下道工序，不合格产品不出厂。这样做可以提高产品在市场上的信誉，从而提升市场占有率，多售产品，回收货款。但是，由于重点技术力量薄弱，迅速开发新产品还存在一定难度。再次，新产品开发到投放市场还需要一个过程。恐怕采取这种方法明年年底才能产生效果，远水解不了近渴。因此，这种做法的资金回收效果并不明显，仍不能很好解决资金紧张的问题。

上述三种方案各有利弊，究竟怎样做才好呢？张厂长要审时度势、权衡利弊做出决策。

问题：1. 制定计划的方法是什么？

2. 计划的备选方案应如何选择？

二、实务题

编制期末学习计划

实训目标：1. 掌握编制计划的方法；

2. 培养学生实践应用能力。

实训内容：当面临即将到来的期末考试时，你是如何制定计划的？当计划发生变化时，你又是如何调整的？试着将具体的方案列出来。

考核标准：根据自身情况，运用计划编制的方法制定符合自身的期末学习计划方案，每位同学需要写出一份书面报告。

三、拓展阅读

星巴克——计划

专题二　决策类型与程序

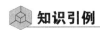 知识引例

格里亨德运输公司

大家都认为格里亨德运输公司遇到了麻烦。这家公司的利润少得可怜，需求却非常旺盛，但格里亨德运输公司却没有钱安排空车或买新车雇佣司机来满足这些需求。

为了削减经营成本，提高客户服务质量，格里亨德运输公司的高层领导制定了一个重组计划。根据该项计划，要大幅度减员，减少服务线路和服务内容，而且从客户订票到车次安排全都实行计算机管理。但是，中层管理人员却反对这项计划。很多中层经理认为，大幅度减员将使本来很差的顾客服务变得更加糟糕。负责计算机项目的经理敦促引进新的计算机系统，以解决高度复杂的软件中存在的一些小问题。

人力资源部门指出总站员工的受教育程度太低，连高中毕业的都为数不多。因此，为使他们能够有效使用这个系统，必须进行大规模的培训。总站经理警告表示，在格里亨德运输公司的乘客中，许多是低收入者，他们没有信用卡或者电话，无法接受公司计算机订票系统的服务。

　　面对这些分歧，该公司高层负责人还是运用了新的系统，他们强调，研究得到的数据表明，新系统将改善客户服务质量，使客户买票更加方便，而且客户还可以为将来的特殊旅行预定位置。灾难降临了，订票的电话剧增，但由于新的接线系统存在机械问题，很多电话根本打不进来。许多客户还像往常一样，到总站直接买票上车，计算机仿佛陷入了泥潭，打印一张车票需要5分钟。这个系统经常瘫痪，售票员不得不经常使用手写票。客户排着长队等候买票。工作人员的减少，导致售票人员不得不穷于应付他们并不熟悉的计算机系统，对客户不礼貌的事情时有发生。乘坐格里亨德运输公司车辆的客户也急剧减少，竞争对手更是趁机抢夺那些对格里亨德运输公司不满意的客户。

（资料来源：https://zhidao.baidu.com/question/145438141.html）

【案例解析】

　　根据上述案例可以看出，格里亨德运输公司管理者面临的是非程序性决策。所谓的非程序性决策是针对例外问题，这类问题偶然发生，或第一次做出决策，无先例可循。非程序性决策往往需考虑内外部条件变动及其他不可量化的因素，这类决策正确与否，决策效果如何，往往取决于决策者的决策方法是否具有科学性。战略决策大多属非程序性决策。

　　科学决策一般需要经过六步。

　　第一步，发现问题，确定目标。问题是决策的起点，所谓问题是指现状和期望之间的差异。即根据问题的现状、要求和解决的可能性提出决策希望达到的结果——目标。目标必须明确、具体和可行。目标往往不仅有一个，利润、时间、质量等都可能是决策所要求的目标。因此，确定决策目标需要有科学分析的过程，且要主次得当，统筹兼顾。然而，再回顾一下格里亨德运输公司管理者的目标"为了削减经营成本提高顾客服务质量"，这并没有具体的年限和短期目标，只是一个很笼统的目标。

　　第二步，制定备选方案。确定目标后，在分析收集资料的基础上制定出备选方案。制定决策方案就是寻找实现决策目标的手段。为了实现目标，人们总是追求使用最佳手段。所以，要拟定出多种可供比较和选择的备选方案。而格里亨德运输公司管理者制定了一个重组计划，而且只此一个计划，没有比较，没有对比，更没有备选方案。可见，格里亨德运输公司管理者在此步骤上有了个多大的漏洞。

　　第三步，评价备选方案。制定完一组备选方案后，要对每一种备选方案的优缺点进行分析和评价。在此环节的基础上，格里亨德运输公司的中层管理者做得很好。

　　第四步，选择最优或次优方案。在对备选方案进行详细的评价之后，根据四项标准对备选方案进行排队，从中选择出最佳方案，或者选择出最满意的方案。对于此步骤，格里亨德运输公司高层管理者在面对中层管理者的质疑时根本没有选择的机会。

　　第五步，实施选定方案。在选择出最佳方案后，需要将其付诸实施。决策方案的实施是决策的延续和具体化，即还要做出许多后续决策。虽然格里亨德运输公司管理者严格地实施了其制定的方案，但由于这个方案本身就存在严重缺陷，所以它的实施必然带来后续严重的结果。

　　第六步，追踪检查。把实施方案与实际执行情况进行对比分析，及时研究未能达到预期效果的原因，并采取相应的对策。对于此环节，格里亨德运输公司管理者虽然意识到了其问题的存在及危害，但并未采取相应的对策，导致"乘坐公司车辆的客户也急剧减少，竞争对手更是趁机抢夺那些对格里亨德运输公司不满意的客户"。

知识梳理

一、决策的类型

（一）从环境可控程度视角分为：确定型决策、风险型决策和不确定型决策

确定型决策：决策者掌握准确、可靠、可衡量的信息，能够确切地知道决策的目标以及每一备选方案的结果，常常可以很容易地迅速对各方案进行合理的判断。例如，在其他条件不变的状态下，比较各个供应商提供的价目表做出购买决策，而此时的决策问题就是确定型的。

风险型决策：决策者虽不能准确地预测出每一备选方案的结果，但却因拥有较充分的信息而能预知各备选方案及其结果发生的可能性。此时的决策问题就是如何对备选方案发生的概率做出合理估计，选出最佳方案。但是无论选择哪个方案，风险都是不可避免的。

不确定型决策：因面对不可预测的外部条件或缺少所需信息而对备选方案或其可能结果难以确切估计，大多数工商企业面临的决策问题都是这种类型。这种不确定性的因素主要包括决策者无法获得关键信息，以及无法对行动方案或其结果做出科学的判断。

（二）从决策问题视角分为：程序化决策和非程序化决策

程序化决策是指在问题重复发生的情况下，决策者通过限制或排除行动方案，按照书面的或不成文的政策、程序或规则所进行的决策。这类决策要解决的具体问题是经常发生的，解决方法是重复的、例行的程序。

非程序化决策旨在处理那些不常发生的或例外的非结构化问题。如果一个问题因其不常发生而没有引起注意，或因其非常重要或复杂而值得特别注意，就有必要将其视为非程序化决策来处理。

（三）从决策主体的视角可以分为：个体决策和群体决策

个体决策是指决策机构的主要领导成员通过个人决定的方式，按照个人的判断力、知识、经验和意志所做出的决策。个体决策一般用于日常工作中程序化的决策和管理者职责范围内的事情的决策。

群体决策是指由一个团体所进行的决策。群体决策是组织中的普遍现象。人们对群体决策的基本信念来自正确、完备、民主、集体利益。

案例评析

情境1：

国庆假期小王带着全家自驾游到北京，家人们一路欢声笑语，甚是欢乐。可是没想到游玩到家后不久，小王就收到了高速公路超速的罚款信息。请问高速公路管理局做出的超速处罚是否有法可依？属于什么类型的决策呢？

情境2：

顺通公司是一家家纺生产企业，生产工艺在同等行业中处于中等水平，生产规模较小，但企业市场竞争水平较高，在中小城市A县占有市场份额35%，居于行业领先地位。近几年来，家纺生产行业市场竞争激烈，虽然顺通公司通过技术改造和加强内部管理大幅降低成本，通过产品质量监督提升了企业的市场竞争力，但也仅能保持已取得的市场份

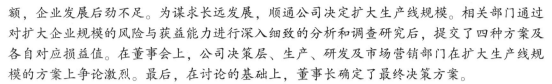

额，企业发展后劲不足。为谋求长远发展，顺通公司决定扩大生产线规模。相关部门通过对扩大企业规模的风险与获益能力进行深入细致的分析和调查研究后，提交了四种方案及各自对应损益值。在董事会上，公司决策层、生产、研发及市场营销部门在扩大生产线规模的方案上争论激烈。最后，在讨论的基础上，董事长确定了最终决策方案。

【考核知识】

上述两种情境主要考核的是决策的类型，从问题视角可以分为程序化决策和非程序化决策。

【解题方法】

根据情境 1 中的内容可知，高速公路管理局做出的超速处罚是有法可依的，该种超速的行为是经常反复发生的，解决方法是重复的、例行的程序，所以属于程序化决策。非程序化决策是为解决不经常重复出现的、非例行的新问题所进行的决策。根据情境 2 中的内容可知，显然有关扩大生产线规模投资的决策是属于非程序化决策。

二、决策的准则

（一）提高决策效率和效果的准则

提高决策效率和效果的准则可以概括为重要性原则、准确性原则和灵活性原则。

（1）重要性原则。组织资源和决策者时间的有限性决定了决策者不可能对组织中出现的所有问题同时进行决策，组织也没有足够的资源来同时解决所有问题。决策者要分清重点，对解决问题的优先次序和应当投入的时间、精力、资金等资源的数量做出判断。

（2）准确性原则。决策者必须建立起明确的决策目标，使确定努力方向，在进行方案抉择时提供参考标准，同时有利于决策者对决策实施的最终效果进行监督和评价。

（3）灵活性原则。复杂的环境中，决策要能适应组织调整或外部变化，即具备灵活性。灵活性还意味着管理者能即时获取所需信息，从而及时采取行动。

📖 案例评析

由于受疫情的影响，曾经地处 A 县繁华路段的一家服装加工厂，因经营业绩不良长期处于亏损状态。该县政府领导研究计划将大型商场改造成一个蔬果生鲜批发市场，这样既能够解决服装加工厂破产后下岗职工的安置问题，又方便了附近居民的日常购买需求。为顺利完成项目改造工程，领导小组进行了一系列前期准备，包括项目审批、征地拆迁、建筑规划设计等。然而，就在距改造项目几公里的地方，一外来开发商已经率先投资兴建了一个大型综合市场，而此综合市场中就含有一个相当规模的蔬果生鲜批发场区，足以满足附近居民和零售商的日常需求。

面对此种情形，A 县政府领导组陷入了两难境地：如果继续进行蔬果生鲜批发市场的建设，大概会面临亏损的状态；如果就此停建，则前期投入的经费、人力、物力等将全部泡汤。在前期决策失误的情况下，A 县政府领导组没有进行充分的市场调研又盲目地做出了另一个决定，将原计划改造地项目蔬果生鲜批发市场所在地由开发商进行开发建设成商品房住宅小区。然而，这两次决策均未能兑现对原服装加工厂职工的承诺，也没能给出有效的赔偿，使该厂职工生活陷入困境。该厂职工长期向上反映不能解决赔偿等问题，对 A 县的稳定造成了隐患，产生了较大的社会矛盾。

【考核知识】

针对决策的灵活性准则进行考核。信息是决策的基础，充分、及时、全面、有效的信息是科学决策的前提。决策要能适应组织调整或外部变化，而管理者需要即时获取所需信息，从而及时采取行动。

【解题方法】

根据案例内容可知 A 县政府领导组解决问题时是出于好心，既要解决原服装加工厂生产不景气的问题，又要为当地居民解决日常购物问题，而且在项目建成后对服装加工厂职工也有一个妥善的安置措施，但做出的最终决策比较仓促，没能充分展开调研考虑清楚问题涉及的各种因素，在决策失误时又再一次决策失误。该案例反映了领导决策违背了灵活性原则。决策要能适应组织调整或外部变化，即具备灵活性。灵活性还意味着管理者能即时获取所需信息，从而及时采取行动。当原有决策方案实施后，主、客观情况发生了重大变化，原有的决策目标无法实现时，要对原决策目标或方案进行根本性修订，这就要求决策应具备灵活性原则。A 县政府领导组在客观情况发生重大变化时没能认真分析，而是仓促做出了新的决策，也反映出他们在追踪决策上存在失误。

（二）不确定性情境下决策方案选择准则

不确定性情境下决策方案选择准则可以概括为乐观准则、悲观准则、等概率准则和最小后悔值准则。

（1）乐观准则。决策者认为，无论他们采取什么措施，无论别人采取何种策略，事情总是朝着对自己最有利的方向发展。因此，每个方案都是最好的结果，要选择结果最好的行动方案。

（2）悲观准则。决策者认为，无论他们采取什么措施，无论别人采取什么策略，环境如何变化，事情总是朝着最坏的方向发展。因此，每个方案都是最坏的结果，要在最坏结果中选择他们认为最好的行动方案。

（3）等概率准则。决策者认为，每个可行方案的各种可能结果发生的概率相同，进而选择期望值最大的行动方案。

（4）最小后悔值准则，决策者认为，总是选择与最好结果偏离不大的行动方案，介于乐观准则和悲观准则之间。

📖 **案例评析**

随着互联网的迅速发展，企业竞争日益激烈。乐家家公司为迎合市场需求，扩大产品竞争力，打算拓宽销售渠道。据预测，产品销路有三种情况：销量好、销量一般和销量差。最终确定销售渠道有三种方案：线上营销；线上与线下混合式营销；线下营销。各种方案在不同情况下的收益见表3-1。请问，乐家家公司应选择哪个方案？

表3-1　各种方案在不同情况下的收益　　　　　　　　单位：万元

销售渠道	销量好	销量一般	销量差
线上营销	180	120	−40
线上与线下混合式营销	240	100	−80
线下营销	100	70	16

【考核知识】

本题主要考核不确定性情境下决策方案选择准则。根据决策者所持态度不同可选择乐观准则、悲观准则、等概率准则、最小后悔值准则来确定最终决策方案。

【解题方法】

1. 乐观准则（大中取大法）

采用这种方法的管理者对未来持乐观的看法，认为未来会出现最好的自然状态，因此不论采取哪种方案，都能获取该方案的最大收益。

采用这种方法进行决策时，首先计算各方案在不同自然状态下的收益，并找出各方案所带来的最大收益，即在最好自然状态下的收益，然后进行比较，选择在最好自然状态下收益最大的方案作为所要的方案。因此，本题的决策结果为线上与线下混合式营销方案。

2. 悲观准则（小中取大法）

采用这种方法的管理者对未来持悲观的看法，认为未来会出现最差的自然状态，因此，不论采取哪种方案，都只能获取该方案的最小收益。

采用小中取大法进行决策时，首先计算各方案在不同自然状态下的收益，并找出各方案所带来的最小收益，即在最差自然状态下的收益，然后进行比较，选择在最差自然状态下收益最大或损失最小的方案作为最终方案。因此，本题的决策结果为线下营销方案。

3. 等概率准则

E1 =（180+120-40）/3＝86.7；

E2 =（240+100-80）/3＝86.7；

E3 =（100+70+16）/3＝62。

根据三个方案的期望值可知 E1 = E2>E3，因此，本题的决策结果为：线上与线下混合式营销或线下营销方案。

4. 最小后悔值准则

管理者在选定某方案后，如果将来发生的自然状态表明其他方案的收益更大，那么他会为自己的选择而后悔。最小后悔值准则是使后悔值最小的方法，采用这种方法进行决策时，要先计算各方案在各自然状态下的后悔值（某方案在某自然状态下的后悔值=该自然状态下的最大收益-该方案在该自然状态下的收益），并找出各方案的最大后悔值，然后进行比较，选择最大后悔值最小的方案作为所要的方案。

第一步：计算各自然状态下的后悔值（表3-2）。

表3-2 各自然状态下的后悔值 单位：万元

销售渠道	销量好	销量一般	销量差
线上营销	60	0	56
线上与线下混合式营销	0	20	96
线下营销	140	50	0

第二步：找出各方案的最大后悔值（表3-3）。

表3-3 各方案的最大后悔值 单位：万元

销售渠道	销量好	销量一般	销量差
线上营销	<u>60</u>	0	56

销售渠道	销量好	销量一般	销量差
线上与线下混合式营销	0	20	96
线下营销	140	50	0

第三步：在最大后悔值中找出最小的后悔值（线上营销：60）。

第四步：确定最大后悔最小的备选方案为线上营销。

三、决策过程的步骤

决策过程共包括六个步骤。

（1）识别问题。识别问题就是要找出现状与预期结果的偏离。管理者所面临的问题是多方面的，有危机型问题（需要立即采取行动的重大问题）、非危机型问题（需要解决但没有危机型问题那么重要和紧迫）、机会型问题（如果适时采取行动能为组织提供获利的机会的问题）。识别问题是决策过程的开始，以后各个阶段的活动都将围绕所识别的问题展开。如果识别问题不当，做出的决策将不利于解决真正的问题，因此将直接影响决策效果。

（2）诊断原因。识别问题不是目的，关键是根据各种现象诊断出问题产生的原因，这样才能考虑采取什么措施，选择哪种行动方案，即可以通过尝试性地询问来发掘问题的原因。

（3）确定目标。找到问题及其原因之后，应该分析问题的各个构成要素，明确各构成要素的相互关系并确定重点，以找到本次决策所要达到的目的。

（4）制定备选方案。明确了解决问题要达到的目标后，决策者要找出约束条件下的多个可行方案，并对每个行动方案的潜在结果进行预测。

（5）评价、选择方案。一是行动方案的可行性。组织是否拥有实施这个方案所要求的资金和其他资源，是否同组织的战略和内部政策保持一致，能否使员工全身心地投入决策的实施中去，等等。二是行动方案的有效性和满意程度。即行动方案能够在多大程度上满足决策目标，是否同组织文化和风险偏好一致，等等。三是行动方案在组织中产生的结果。即方案本身的可能结果及其对组织其他部门或竞争对手现在和未来可能造成的影响。采用统一客观的量化标准进行衡量，有助于提高评估和选择过程的科学性。

（6）实施和监督。决策工作不仅是制定并选择最满意的方案，而且必须将其转化为实际行动，并制定出能够衡量其进展状况的监测指标。

📖 案例评析

田忌赛马

齐国的大将田忌，很喜欢赛马。有一次，他和齐威王约定要进行一场比赛。他们商量好，把各自的马分成上、中、下三等。比赛的时候，要上等马对上等马，中等马对中等马，下等马对下等马。由于齐威王每个等级的马都比田忌的马强得多，比赛了几次之后，田忌都失败了。

田忌觉得很扫兴，比赛还没有结束，就垂头丧气地离开赛马场。这时，他抬头一看，发现人群中有个人，是自己的好朋友孙膑。孙膑招呼田忌过来，拍着他的肩膀说："我刚才看了赛马，齐威王的马比你的马快不了多少呀。"孙膑还没有说完，田忌就瞪了他一眼："想不到你也来挖苦我！"孙膑说："我不是挖苦你，我是说你和他再赛一次，我有办法准能让你赢。"田忌疑惑地看着孙膑："你是说另换一匹马来？"孙膑摇摇头说："一匹马也不需要更换。"田忌毫无信心地说："那还不是照样得输！"孙膑胸有成竹地说："你就按照我的安排办事吧。"齐威王屡战屡胜，正在得意洋洋地夸耀自己马匹的时候，看见田忌陪着孙膑迎面走来，便站起来讥讽地说："怎么，莫非你还不服气？"田忌说："当然不服气，咱们再赛一次！"说着，"哗啦"一声，把一大堆银钱倒在桌子上，作为他下注的钱。齐威王一看，心里暗暗好笑，于是吩咐手下，把前几次赢得的银钱全部抬来，还额外又加了一千两黄金，全放在桌子上。齐威王轻蔑地说："那就开始吧！"一声锣响后，比赛开始了。孙膑先以下等马对齐威王的上等马，田忌输了第一局。齐威王站起来说："想不到赫赫有名的孙膑先生竟然想出这样拙劣的对策。"孙膑不理他，接着进行第二局比赛。孙膑拿上等马对齐威王的中等马，获胜了。齐威王有点慌乱了。第三局比赛，孙膑拿中等马对齐威王的下等马，又获胜了。这下，齐威王目瞪口呆了。比赛的结果是田忌赢了齐威王，三局两胜。还是同样的马匹，只是由于调换一下比赛的出场顺序，就转败为胜。

问题：1. 决策在管理活动中的地位如何？

2. 简述田忌的决策过程。

【考核知识】

本案例主要考核的是决策的定义和决策制定的过程。

【解题方法】

对于在激烈的市场竞争中求胜的组织来说，科学的决策至关重要。对于管理人员来说，不是是否需要做出决策的问题，而是如何使决策做得更好、更合理、更有效的问题。在进行决策时，管理者首先应识别所要解决的问题，明确决策目标，确定评价决策的因子及其权重，然后利用全面而有价值的信息进行分析，比较不同的决策方案，从而做出最终决策。在本案例中，田忌首先考虑了双方各自资源的特点，然后对不同的组合进行分析判断；同时，在至少取得两场胜利的目标下对自身资源进行最优化配置。在对方出场的马的顺序不变的情况下，田忌实际上有六种选择，若加以分析，便可知上述比赛中的选择为最佳决策。

实战训练

一、案例题

【案例3-4】

滴滴：打造出行市场的"淘宝"

作为传统出租车市场的"打劫者"，滴滴出行仅用三年便从白手起家的草根创业公司，迅速发展到估值165亿美元的移动互联网时代的先锋。作为OTO（线上到线下）公司，滴滴的"野蛮生长"背后，有着怎样的市场逻辑？

一直以来，中国的交通领域是一个较为封闭的系统，人们真正可以选择的出行工具很有限，而公交、地铁和出租车的运力，又不能充分满足人们的出行需求。

然而，需求最旺盛的市场，也一定是最激烈的战场。因此可以说，在我国互联网的历史上，没有哪一个行业比打车软件市场的竞争更为"惨烈"。2014年上半年，滴滴和快的两家出行服务商，双方各自"烧"掉十五六亿元来拼市场，其疯狂程度令人咋舌。以占上风的滴滴为例，其日订单从100万做到570万，仅用了不到两个月，而且当时的滴滴只有出租车业务，其他业务还未上线。

滴滴是如何通过"烧钱"保持快速增长的呢？

第一阶段：补贴。当竞争者之间都在用"我总比你多补贴1元"的策略时，滴滴则是在做12～20元的随机补贴。而这个策略，使得用户体验游戏化，同时可以有效控制成本，也让对手无法跟牌。第二阶段：发钱。用户领取打车红包，无论多少钱，都会直接发放到用户的"钱包"里，要使用这笔红包就只能用来打车。第三阶段：发打车券。收到红包不一定去花，但打车券则会更精准，每次打车都可以直接使用。

同时，滴滴在烧钱的市场营销阶段，与异业、同业公司不断合作，各品牌都在帮助滴滴造势，甚至一周就有几十个合作达成。通过前期的营销策略，滴滴在抢占市场份额方面占据了先机。

然而，半年内投入十五六亿元的烧钱速度，对于融资扩张的压力无疑非常大。同时，移动出行领域的鼻祖——来自美国的Uber也开始对中国市场发动"进攻"。"内战"再这么打下去，恐怕谁都别想站稳国内出行市场。

对于陷入了僵持战的滴滴和快的这一对曾经的竞争对手，在2015年的情人节正式"联姻"。而这一合并，滴滴和快的成功占据出行市场大半江山。此举可谓有效制衡了Uber这个外来"野蛮人"，也甩开了其他出行服务商的竞争。

2015年9月9日，滴滴打车在成立三周年之际，正式更名为"滴滴出行"，并启用新标志。此时，滴滴战略目标和定位都十分清晰：要做一站式移动出行平台。旗下业务涵盖出租车、专车、快车、顺风车、代驾及巴士等。合并壮大之后的滴滴，不放过任何与用车相关的生意。

2015年11月24日，滴滴出行战略入股饿了么。饿了么的同城配送体系，将接入来自滴滴出行的汽车运力。滴滴负责为用户配送三公里之外、跨城区的外卖订单，由空间更大、速度更快的汽车进行直送，或者完成干线运输后交由电动骑手进行最后一公里配送。这次战略入股，意味着滴滴要借此打入外卖市场。

从滴滴这几项业务拓展来看，不难发现，滴滴不仅是一步步进攻出行市场，而且将自己的垂直业务不断做细做透。

接下来，滴滴还有更大的野心：不仅是打通出行领域的垂直服务，还要变成智能出行助手，进而预测用户的需求。根据用户附近交通状况，提前安排好合适的出行工具，并打通汽车流通和服务产业链。

面对外界纷纷对滴滴持续烧钱、商业模式不甚清晰的诟病，滴滴创始人程维强调："行业竞争还很激烈，不该赚钱的时候赚钱是灾难。"他坚信：凭借不俗的战略眼光、业务布局和资本、市场的运作能力，滴滴足以在未来真正成为出行市场的"淘宝"。

问题：1. 如何评价滴滴烧钱砸市场的决策？

2. 滴滴为什么做出与快的合并的决策？

二、实务题

金维有限公司为满足消费者需求计划开发一项新的针对年轻群体的减肥产品，根据市场调查估计，该减肥产品预计销路有四种情况，分别为畅销、销量较好、销量较差和滞销。该减肥产品有三种生产方式：大批量生产、中等产量、小规模生产。根据统计投入生产后各种方案得到的损益值如表3-4所示。

问题：试利用乐观准则、悲观准则和最小后悔值准则做出决策，从而帮助企业选择最佳生产方案。

表 3-4　根据统计投入生产后各种方案得到的损益值　　　　单位：万元

生产规模	畅销	销量较好	销量较差	滞销
大批量生产	120	60	−30	−80
中等产量	58	35	−15	−36
小规模生产	32	26	9	−1

三、拓展阅读

如何提高管理者的决策能力

专题三　企业经营决策方法

知识引例

1985年，由马来西亚国营重工业公司和日本"三菱"汽车公司合资2.8亿美元生产的新款汽车"沙格型"隆重上市。马来西亚政府视之为马来西亚工业的"光荣产品"。该产品在推出后，销售量很快跌至低谷。经济学家们经过研究，认为"沙格型"汽车的一切配件都从日本进口，由于日元升值，使它的生产成本急涨，再加上马来西亚本身经济的不景气，所以汽车的销售量很少。此外，最重要的因素是马来西亚政府在决定引进这种车型时，只考虑到满足国内的需要，因此，技术上未达到先进国家的标准，无法出口。由于在目标市场决策中出现失误，"沙格型"汽车为马来西亚工业带来的好梦，只是昙花一现而已。

【案例解析】

科学经营决策的前提是确定决策目标。它作为评价和监测整个决策行动的准则，不断影响、调整和控制决策活动的整个过程，因此，一旦目标不正确，就会导致决策失败。

知识梳理

一、活动方案生成与评价方法

（一）活动方案生成方法

活动方案生成方法包括5W2H法、头脑风暴法、德尔菲法、强迫联系法。

（二）活动方案评价方法

活动方案评价方法包括定量评价方法与定性评价方法、财务评价方法与非财务评价方法、动态评价方法与静态评价方法。

二、选择活动方案的评价方法

（一）确定型决策

对于确定型决策可采用盈亏平衡分析法、微分法、线性规划、非线性规划、排队论等数学方法。

盈亏平衡分析法是通过盈亏平衡点分析项目成本与收益的平衡关系的一种方法。各种不确定因素（如投资、成本、销售量、产品价格、项目寿命期等）的变化会影响投资方案的经济效果，当这些因素的变化达到某一临界值时，就会影响方案的取舍。使用盈亏平衡分析法的目的就是根据产品的销售量、成本和利润三者之间的关系，然后分析各种方案对企业盈亏的影响，找出这种临界值，即盈亏平衡点，从中选出最佳的战略目标。盈亏平衡图如图3-1所示。

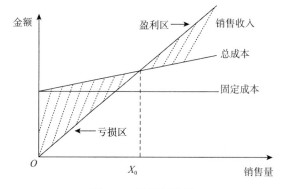

图3-1　盈亏平衡图

盈亏平衡分析法原理：

设固定成本为 F，变动成本为 V，总成本为 TC，单位产品变动成本为 CV，销售量为 X，销售收入为 R，单位产品价格为 P，利润为 E，则

$$R = P \times X$$
$$\text{TC} = F + V$$
$$V = \text{CV} \times X$$
$$E = R - \text{TC}$$

当利润为0时，即 $E = 0$ 时，$P \times X - (F + \text{CV} \times X) = 0$
$$X = F/(P - \text{CV})$$

设此时 X 为 X_0，即盈亏平衡时的销售量，则

$$X_0 = F/(P - CV)$$

当企业的销售量大于 X_0 时，企业盈利；当企业的销售量小于 X_0 时，企业亏损。

公式中（$P - CV$）表示单位产品得到的销售收入在扣除变动成本后的剩余，叫作边际贡献。如果边际贡献大于零，则表示企业生产这种产品除可收回变动费用外，还有一部分收入可用以补偿已经支付的固定费用。因此，产品单价即使低于成本，但是要大于变动成本，企业生产该产品还是有意义的。

（二）风险决策和不确定性决策

对于风险决策和不确定性决策，需要结合决策技术进行选取和应用。

决策树是一种用树枝图形简单明确地说明投资项目及方案的面貌并反映决策过程的方法。它既可以解决相对简单的单阶段决策问题，而且可以解决决策无法表达的多阶段或多序列决策问题。

决策树分析法的基本步骤：

第一，画出决策树，用树状图表示出来，即先画出决策点，再找出方案分枝和方案点，最后画出概率分枝。

第二，由专家估计法或用试验数据推算出概率值，并把概率写在概率分枝的位置上。

第三，计算益损期望值，从树梢开始，由右向左的顺序进行，用期望值法计算。当决策目标是盈利时，比较各分枝，取期望值最大的分枝，对其他分枝进行修剪。

案例评析

顺通公司为扩大市场占有率，满足消费者对新产品的需求，计划建设新的生产厂房。据调查显示买方市场对此种新产品的需求量较大，但也存在销路不景气的可能性。经董事会研究决定公司现有两种可行的扩大生产规模方案：①建设新的大生产厂房，预计需投资 30 万元，销路好的情况下可获利 100 万元，销路不景气时亏损 20 万元；②建设新的小生产厂房，需投资 20 万元，销路好的情况下可获利 40 万元，销路不景气仍可获利 30 万元。假设市场预测结果显示，此种新产品销路好的概率为 0.7，销路不景气的概率为 0.3。请根据这些情况帮公司的决策者运用决策树分析法选择最佳的投资方案。

【考核知识】

本题主要考核的是利用决策树分析法进行决策。

【解题方法】

用决策树分析方法选择最佳决策方案时，具体分析步骤如下。

1. 根据决策备选方案的数目和对未来环境状态的了解，绘出决策树图形（图 3-2）。

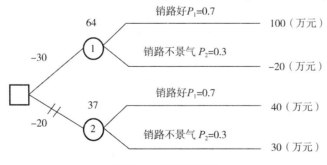

图 3-2　决策树图形

2. 计算各个备选方案的期望收益值。

（1）方案①的期望收益 = 100×0.7 +（-20）×0.3 = 64（万元）。

（2）方案②的期望收益 = 40×0.7 + 30×0.3 = 37（万元）。

3. 方案①的期望收益值高于方案②，所以选择最佳的投资方案为方案①。

实战训练

一、案例题

【案例 3-5】

盖莫里公司是法国一家拥有300人的中小型私人企业，主要生产电器，有许多厂家和它竞争市场。该企业的销售负责人参加了一场关于发挥员工创造力的会议后大有启发，开始在自己公司谋划并成立了一个创造小组。在冲破了来自公司内部的层层阻挠后，他把整个小组（约10人）安排到了农村议价小旅馆里。在以后的3天中，每人都采取了一些措施，以避免外部的电话或其他干扰。

第一天全部用来训练。通过各种训练，组内人员开始相互认识，他们相互之间的关系逐渐融洽，开始还有人感到惊讶，但很快他们都进入了角色。第二天，采用智力激励法以及其他方法对他们进行创造力的训练。他们要解决的问题有两个，在解决了第一个问题，发明一种拥有其他产品没有的新功能电器后，便开始解决第二个问题，并为新产品命名。

两个问题的解决过程都用到了智力激励法，但在为新产品命名这一问题的解决过程中，经过两个多小时的热烈讨论后，共为它取了300多个名字，主管则暂时将这些名字保存起来。第三天一开始，主管便让大家根据记忆，默写出昨天大家提出的名字。在300多个名字中，大家记住了20多个。然后主管又在这20多个名字中筛选出了3个大家认为比较可行的名字。再将这些名字征求客户意见，最终确定了一个。

结果，新产品一上市，便因为其新颖的功能和朗朗上口、让人回味的名字，受到了客户热烈的欢迎，迅速占领了大部分市场，在竞争中击败了对手。

问题：案例中涉及了哪种决策方法？并作简要分析。

【案例 3-6】

美国国际商用机器公司为了从规模上占领市场，大胆决策购买股权。一次是1982年用2.5亿美元从美国英特尔公司手中买下了12%的股权，从而足以对付国内外电脑界的挑战；另一次是1983年，又以2.28亿美元收购了美国一家专门生产电信设备的企业罗姆公司15%的股权，从而维持了办公室自动化设备方面的"霸王"地位。又如，早在1956年，美国的一家公司发明了盒式电视录像装置。可是美国公司只用它来生产一种非常昂贵的广播电台专用设备。而日本索尼的经营者通过分析论证，看到了电视录像装置一旦形成大批量生产，其价格势必降低，许多家庭可以购买得起此种录像装置。这样一来，家用电子产品这个市场就会扩大，如果马上开发研究家用电视录像装置，肯定会获得很好的经济效益和社会效益。由于这一决策的成功，家用电视录像装置的市场一度被日本占去超过90%，而美国则长期处于劣势。

问题：上面案例给我们哪些启示？

【案例 3-7】

1960 年，爱奥库卡升为美国福特公司副总裁兼总经理，他观察到 20 世纪 60 年代开始一股以青年人为代表的社会革新力量正式形成，它将对美国社会、经济产生难以估量的影响。爱奥库卡认为，设计新车型时，应该把青年人的需求放在第一位。在他精心组织下，经过多次改进，1962 年年底这种新车最后定型。它看起来像一辆运动车，鼻子长、尾部短，满足了青年人喜欢运动和刺激的心理。更重要的是，这种车的售价相当便宜，只有 2 500 美元左右，一般青年人都能买得起。最后，福特公司还为这种车取了一个令青年人产生遐想的名字——"野马"。1964 年 4 月纽约世界博览会期间，"野马"正式在市场上露面，在此之前，福特公司为此大造了一番舆论，掀起了一股"野马"热。在第一年的销售活动中，共销售了 41.9 万辆"野马"，创下全美汽车制造业售车量的最高纪录。"野马"的问世和巨大成功显示了爱奥库卡杰出的经营决策才能。从此，他便扬名美国企业界，并荣任福特公司总裁。

问题：上面案例给我们哪些启示？

二、实务题

随着消费能力的提高，人们对新型电子产品的需求逐年增加。强汇电子科技公司为扩大电子产品的生产，预建设新的生产厂房。市场调查结果显示，预测该新型电子产品畅销的概率为 0.6，滞销的概率为 0.4，有三种可供公司选择的方案。

方案 1：新建大厂，需投资 300 万元。据初步估计，畅销时，每年可获利 120 万元；滞销时，每年亏损 20 万元，服务期为 10 年。

方案 2：新建小厂，需投资 140 万。据初步估计，畅销时，每年可获利 40 万元；滞销时，每年仍可获利 30 万元。服务期为 10 年。

方案 3：先建小厂，3 年后畅销时再扩建，需追加投资 200 万元，服务期为 7 年，估计每年可获利 95 万元。

问题：请选择一种恰当的决策分析方法帮助公司管理者选择最佳决策方案。

三、拓展阅读

建立决策商

第四单元 人力资源管理

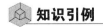 **学习目标**

★知识目标

◇了解人力资源管理的内涵及内容体系。

◇明确工作分析的步骤。

◇掌握员工招录用的程序。

◇掌握绩效考核的程序与步骤。

★技能目标

◇能够使用工作分析、员工招聘、绩效考核的基本方法组织、参与、实施工作分析、招聘、考核等工作。

★素质目标

◇能够使用科学的方法、依据科学的步骤开展人力资源管理的基本工作，从人力资源管理角度提升整个企业管理的水平。

专题一 人力资源规划

知识引例

摩托罗拉的人力资源管理

跨国公司大多实行矩阵式管理，摩托罗拉人力资源部本身就是一个很复杂的矩阵结构。摩托罗拉人力资源部分为两大块：功能部门和业务部门。

功能部门又分为七大职能，分别为：

职能一：组织发展。根据业务发展方向，制定本地区员工的发展计划然后具体实施。

例如，根据公司的长远发展，预计5年以后本地需要哪些层次共多少名管理者？这些管理者从哪里来？公司内部可以供应多少，如何培养他们？还有多少需要从外部招募？与此同时，还要考虑怎样留住人才的内部调动和激励方式等。当公司业务发生变化的时候，如两个部门要合并，或者合并为一家公司，人力资源部就要重新设计组织结构。

职能二：招聘。人力资源专业管理人员在招聘方面有细致的分工：有人专门负责从各自渠道挖掘人才；有人专门负责校园招聘；有人专门关注"平衡"。

职能三：培训。摩托罗拉设有专门的培训机构即摩托罗拉大学，它不但培训内部员工，也对外部客户开设培训课程。培训内容既有管理方面的，也有技术方面的。

职能四：薪资福利。摩托罗拉有一整套非常完备的薪资福利制度，包括固定工资、浮动工资、奖金、保险、福利等。人力资源部每年都要进行市场调研，按工种、职位调查同行业的薪资水平，调查当地经济增长速度，了解有多少大公司将进入当地投资以及整个市场形势如何等方面的信息，从而制定有竞争力的薪资福利体系。

职能五：信息系统。把与人力资源有关的信息放到网上，使一些程序化的行政工作实现电脑网络自动化，员工可以随时查阅他们关心的人力资源政策，以及个人信息资料。这部分工作可以分为主动的和被动的两类。主动的是指弘扬企业文化，提高员工团结合作的工作态度和主人翁精神。人力资源部有定期出版的刊物，而且每季度组织管理层员工的聚会以及每周随机地推选几名员工与高层管理人员进行交流和沟通。被动的是指对于婚丧、纠纷等事情的处理。此外，工会活动工作也放在这一块。

职能六：保安。保安主要是负责保护员工的人身安全以及公司有形和无形财产的安全。

职能七：员工服务。员工服务包括对医务室、班车、餐厅、住房的管理。

也就是说，摩托罗拉的人力资源部，把相当于把我国国有企业中的人事部、组织部、保卫部、后勤部、党委、工会等部门的职能都整合在了一起。

摩托罗拉人力资源部的另一大块职能工作在业务部门。摩托罗拉在主要部门都设有或大或小的人力资源机构，其主要任务是根据本业务部门的发展情况，研究解决相应的人力资源问题，比如将要招聘人员报给招聘部执行、上报考核结果并决定员工薪酬和培养计划等。它们既受该区域人力资源总监的管理，又要向上一级业务部门的人力资源主管汇报，还要服从该区域业务部门的发展需要。

（资料来源：https://www.docin.com/p-1460036575.html）

【案例解析】

人力资源管理的基本工作包括人力资源战略的制定、员工招聘与配置、培训与开发、绩效管理、薪酬管理等，任何一个环节的缺失或失误，都会影响人力资源系统功能的发挥甚至是系统的正常运转，从而影响企业战略的实现，并最终影响企业的绩效。

知识梳理

一、人力资源规划的概念

关于人力资源规划的含义已有不少论述，概括起来有以下三种。

（1）人力资源规划是分析组织在环境变化中的人力资源需求状况并制定必要的政策和措施，以满足需要。

（2）人力资源规划是在组织和员工的目标达成最大一致的情况下，使人力资源的供给和需求达到平衡。

（3）人力资源规划是确保组织在需要的时间和需要的岗位上获得各种所需的人才（包括数量和质量两个方面），使组织和个人得到长期的益处。

人力资源规划是一套确保企业在适当的时间和适当的岗位上获得适当的人员（包括数量、质量、种类和层次等）并促使企业和个人获得长期利益的措施。人力资源管理着眼于未来的生产经营活动做出准备，它考虑的不是某个具体的人员，而是一类人员，个人发展规划隐含在某一类人员的发展规划中。因此，人力资源规划的本质是一种人力资源管理策略，它的制定为企业的人力资源管理活动提供了指导。

二、人力资源规划的分类

人力资源按时间可划分为长期规划、中期规划和短期规划；按用途可划分为战略规划、战术规划和作业规划；按范围可划分为整体规划、部门规划和项目规划。

（一）长期规划、中期规划和短期规划

（1）长期规划一般指5~10年或10年以上具有战略意义的规划，它为企业人力资源发展和使用指明了方向、目标和基本政策。

（2）中期规划的时间跨度一般为1~5年，其目标、任务的明确与清晰程度介于长期规划和短期规划之间，是实现人力资源长期规划过程中的具体环节，是制定人力资源短期规划的指导。

（3）短期规划一般指6个月至1年的计划，这种时间的划分不是绝对的。对有些企业来说，长期规划、中期规划、短期规划的时间比上面所说的时间长，而对于某些企业来说则会短。

（二）战略规划、战术规划和作业规划

战略规划是指与企业长期战略相适应的人力资源规划，其内容是关于未来企业人力资源的大体需求和供给、人力资源的结构和素质层级以及有关的人力资源政策和策略。它的作用是决定组织的基本目标以及基本政策。战略规划一般由公司的人力资源委员会或人力资源部制定，它对战术规划和作业规划有指导作用。

战术规划是指将战略规划的目标和政策转变为确定的目标和政策，并且规定达到各种目标的时间。人力资源战术规划是在战略规划的指导下制定的，期限较短，预测的准确度较高，对社会经济变化趋势的把握较准确。

作业规划是指更为具体的实施方案，主要针对具体任务或项目进行规划。作业规划要

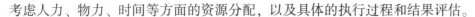

考虑人力、物力、时间等方面的资源分配，以及具体的执行过程和结果评估。

（三）整体规划、部门规划和项目规划

（1）整体规划是指具有多个目标和多内容的计划。从其研究对象来讲，它与整个组织的人力资源管理活动，企业的人员招聘及测评实务、人员培训、人员考核、人员激励等均相关，这些活动都有各自的内容，但又相互联系、相互影响、相互制约。

（2）部门规划是指各业务部门的人力资源管理活动计划，包括各职能部门制定的计划。

（3）项目规划是指针对人力资源管理活动的特定项目所做的规划。项目规划与部门规划不同，部门规划包括单个部门的业务，而项目规划是为某项特定任务而制定的。

三、人力资源规划的内容

人力资源规划的内容可概括为人员补充计划、素质提升计划、人员配备计划、薪资激励计划、接替晋升计划、员工职业计划和退休解聘计划。

（一）人员补充计划

人员补充计划的目的是使企业能够合理地、有目标地填补组织中长期内可能产生的职位空缺。一般来说，需要补充员工的情况有以下几种：一是自然减员，如退休、残疾或丧失劳动能力等；二是随着企业生产技术的改进，需补充相应的专业技术人才；三是离职，如某些员工跳槽而导致职位空缺；四是企业扩大生产经营规模时，需要补充大量员工。

（二）素质提升计划

素质提升计划的目的是为企业中长期发展所需要的职位事先准备人员。随着新技术的不断发展、企业规模的不断扩大，员工原有的知识结构、技术水平和管理能力等已不能满足需要。只有不断培训、更新知识、改善技能，员工才能在激烈的竞争中立于不败之地。企业要树立"全员培训"思想，针对每位员工的情况制定培训计划。

（三）人员配备计划

人员配备计划是根据企业人员配备架构的形态、企业人员配备架构设计的原则以及企业任务和目标，结合企业人力资源管理实际情况制定。人员配备计划一般在以下几种情况下执行：其一，当企业要求某种职务的人员同时具备企业其他职务的经验或知识时，应其有计划地流动，以培养高素质的复合型人才；其二，当上层职位较少而等待提升的人较多时，通过人员配备计划进行人员水平流动，可以缓解不满情绪；其三，当企业人员过剩时，通过人员配备计划可以改变工作分配方式，对企业中相同的工作量进行调整，可以解决工作负荷不均的问题。

（四）薪资激励计划

薪资激励计划对于企业来说，为了保持企业人工成本与企业经营状况的恰当比例，充分发挥薪酬的激励作用。薪酬制度的设计主要包括岗位的薪酬制度、技能的薪酬制度以及绩效的薪酬制度。通过薪资激励计划，对未来的薪资总额进行测算，确定未来一段时期内的激励政策，如激励方式的选择、激励倾斜的重点等内容，以充分调动员工的积极性。

（五）接替晋升计划

接替晋升计划实际上是组织晋升政策的一种表达方式，是根据企业的用人需要和人员

分布状况、层次结构，拟定不同人员的晋升方案。

（六）员工职业计划

员工职业计划是对员工在企业内的职业发展做出系统安排。为防止员工流失，必须有计划地使他们在工作中得到成长和发展。加强员工职业计划管理，除了晋升、激励、培训以外，制定和实施平行调动或岗位轮换等政策也是激励员工成长的手段。通过有计划、阶段性工作调动，可以让员工在各部门的工作中积累经验，了解部门间的工作流程并且提高工作能力，这样不仅可以更好管理员工，也便于企业为员工安排适合的工作岗位。

（七）退休解聘计划

退休解聘计划是指为企业建立淘汰退出机制。

四、人力资源规划制定程序

（一）准备阶段：内外部环境信息采集

调查、收集和整理涉及企业战略决策和经营环境的各种信息。主要包括内部环境信息和外部环境信息。根据企业或部门实际确定人力资源规划的期限、范围和性质，建立企业人力资源信息系统，为预测工作准备精确而详实的资料。

（二）预测阶段：预测人力资源的需求和供给

在预测分析人力资源需求和供给影响因素的基础上采用以定量为主，结合定性分析的各种科学预测方法对企业未来人力资源供求进行预测。

（三）制定规划阶段：确定企业人员的净需求

制定人力资源供求平衡的总计划和各项业务计划，通过具体的业务计划满足未来组织对人力资源的需求。

📖 案例评析

苏澳玻璃公司的人力资源规划

近年来，苏澳玻璃公司常为人员空缺所困惑，特别是经理层人员的空缺常使得公司陷入被动的局面。苏澳玻璃公司最近进行了公司人力资源规划。公司首先由人事部的四名管理人员负责收集和分析目前公司对生产部、市场与销售部、财务部、人事部四个职能部门的管理人员和专业人员的需求情况以及劳动力市场的供给情况，并估计在预测年度，各职能部门内部可能出现的关键职位空缺数量。

上述结果用来作为公司人力资源规划的基础；同时，也作为直线管理人员制定行动方案的基础。但是在这四个职能部门里制定和实施行动方案的过程（如决定技术培训方案、实行工作轮换等）是比较复杂的，因为这一过程会涉及不同的部门，需要各部门的通力合作。例如，生产部经理未制定将本部门 A 员工的工作轮换到市场与销售部的方案，则需要市场与销售部提供合适的职位，人事部做好相应的人事服务（如财务结算、资金调拨等）。职能部门制定和实施行动方案过程的复杂性给人事部门进行人力资源规划也增添了难度，这是因为，有些因素（如职能部门间的合作的可能性与程度）是不可预测的，它们将直接影响预测结果的准确性。

苏澳玻璃公司的四名人事管理人员克服种种困难，对经理层的管理人员的职位空缺做出了比较准确的预测，制定详细的人力资源规划，使该层次上人员空缺减少了50%，跨地区的人员调动也大幅减少。另外，从内部选拔工作任职者人选的时间也减少了50%，并且保证了人选的质量，合格人员的漏选率大幅降低，改进了人员的配备方法。另外，人力资源规划还改进了公司的招聘、培训、员工职业生涯规划与发展等各项业务，节约了人力成本。

苏澳玻璃公司取得上述进步，不仅得益于人力资源规划的制定，还得益于公司对人力资源规划的实施与评价。在每个季度，高层管理人员会同人事咨询专家共同对上述四名人事管理人员的工作进行检查评价。这一过程按照标准方式进行，即这四名人事管理人员均要在以下十四个方面做出书面报告：各职能部门现有人员；人员状况；主要职位空缺及候选人；其他职位空缺及候选人；多余人员的数量；自然减员；人员调入；人员调出；内部变动率；招聘人数；劳动力其他来源；工作中的问题与难点；组织问题及其他方面（如预算情况、职业生涯考察、方针政策的贯彻执行等）。同时，他们必须指出上述十四个方面与预测（规划）的差距，并讨论可行的纠正措施。通过检查，一般能够对下个季度在各职能部门应采取的措施达成一致意见。

（资料来源：https：//wenku.baidu.com/view/71825f07cc1755270722087a）

【考核要点】

针对人力资源规划内容进行考核，人力资源规划主要包括人员补充计划、素质提升计划、人员配备计划、薪资激励计划、接替晋升计划、员工职业计划、退休解聘计划。

【解题方法】

根据上述案例内容，作答题目时要围绕着企业人力资源规划的内容。人力资源规划主要包括人员补充计划、素质提升计划、人员配备计划、薪资激励计划、接替晋升计划、员工职业计划、退休解聘计划。企业要做好人力资源规划：其一，对现有人力资源进行全面清查，即进行人员需求预测和供给预测。通过供给预测可以了解现有人力资源数量、质量、结构、预期可能出现的职位空缺、劳动市场状况、社会有关政策以及本单位在公众中的吸引力等。通过需求预测可以了解产品市场需求、预期生产经营变化、工作时间变化、技术与组织结构、劳动力的稳定性等。只有做好这两种预测，才能切实保证企业未来对人力资源的需求。其二，深入、细致的工作系统研究，本着效率最高原则，建立并调整分工协作体系。其中包括工作评价、工作分析、搞好组织设计和工作设计、工作衡量和方法研究等。其三，做好人员系统研究，本着最经济地使用人力的原则解决人员选拔、人事激励、人力资源培训与开发等管理活动。

五、人力资源需求与供给预测

（一）人力资源需求预测

人力资源需求预测的常用方法是经验预测法、德尔菲法、回归预测法、比率预测法和趋势预测法。

1. 经验预测法

经验预测法是指企业根据以往的经验对人力资源进行预测的方法，简便易行。采用经验预测法是根据以往的经验预测时，预测的效果受经验的影响较大。企业在有人员流动的情况下，如晋升、降职、退休或调出等，可以采用与人力资源现状规划结合的方法来制定规划。这是最简单的一种方法。

2. 德尔菲法

德尔菲法有时也叫专家预测法，一般分几轮进行。第一轮要求专家以书面形式提出各自对企业人力资源需求的预测结果，反复几次直至得出大家都认可的。通过这种方法得出的是专家们对某一问题的看法达成一致的结果。

3. 回归预测法

回归预测法是指根据数学中的回归原理对人力资源需求进行预测。由于人力资源的需求总是受到某些因素的影响，回归预测的基本思路就是找出哪些与人力资源需求密切相关的因素，并依据过去的相关资料确定出他们之间的数量关系建立回归方程，然后根据历史数据，计算出方程系数，确定回归方程。这时，只要得到了相关因素的数值，就可以对人力资源的需求量做出预测。使用回归预测法的关键就是找出那些与人力资源需求高度相关的变量，这样建立起来的回归方程的预测效果才会比较好。

4. 比率预测法

比率预测法是指基于对员工个人生产效率的分析来进行的一种预测方法。当开始预测时，要先计算出人均的生产效率，再根据企业未来的业务量预测出人力资源的需求，即所需的人力资源＝未来的业务量／人均的生产效率。

5. 趋势预测法

趋势预测法是指利用企业的历史资料，根据某些因素的变化趋势，预测相应的某段时期人力资源的需求。趋势预测法在使用时一般都要假设其他的一切因素都保持不变或者变化的幅度保持一致，往往忽略了循环波动、季节波动和随机波动等因素。

（二）人力资源供给预测技术

1. 马尔柯夫模型

这种方法广泛应用于企业人力资源供给预测方面，其基本思想是通过找出过去人力资源变动的规律，来推测未来人力资源变动的趋势。

模型前提为：第一步：马尔柯夫性假定，即 $t+1$ 时刻的员工状态只依赖于 t 时刻的状态，而与 $t-1$、$t-2$ 时刻状态无关；第二步：转移概率稳定性假定，即不受任何外部因素的影响。

马尔柯夫模型的基本表达式为：

$$N_i(t) = \Sigma N_i(t-1)P_{ji} + V_i(t) \ (i, j = 1, 2, 3, \cdots; k, t = 1, 2, 3, \cdots, n)$$

式中，k 为职位类数；$N_i(t)$ 为时刻 t 时 i 类人员数；P_{ji} 为人员从 j 类向 i 类转移的转移率；$V_i(t)$ 为在时间 $(t-1, t)$ 内 i 类所补充的人员数；某类人员的转移率 (P)＝转移出本类人员的数量／本类人员原有总量。

2. 替换单法

根据在现有人员分布状况及绩效评估的资料，在未来理想人员分布和流失率已知的条件下，对各个职位尤其是管理阶层的接班人预做安排，并且记录各职位的接班人预计可以晋升的时间，作为内部人力供给的参考。经过这一规划，由待补充职位空缺所要求的晋升量和人员补充量即可知道人力资源供给量。

案例评析

某企业计划扩大生产规模，现已知条件如下。

（1）该企业在过去10年中的机床操作人员、机床维修人员、基层管理人员的人数比一直是60∶10∶7。

（2）该企业明年计划补充新机床操作人员600人。

（3）该企业生产效率不变。

（4）该企业组织结构不变。

（5）明年该企业将有30名机床维修人员离职。

（6）明年该企业将有8名基层管理人员离职，10名基层管理人员获得晋升。

（7）明年该企业所需的机床维修人员和基层管理人员均由外部补充。

问题：企业明年至少应招收多少名机床维修人员和基层管理人员？

【考核知识】

针对人力资源预测技术进行考核，人力资源管理预测实际上是揭示未来经营活动所需要的各种员工的数量。企业经营活动规模的估计公式为：经营活动＝人力资源管理的数量×人均生产率。其他公式还有：销售收入＝销售员的数量×销售员平均销售量；产出水平＝生产小时数×单位小时产量；运行成本＝员工数量×每位员工的人工成本。使用比率分析法的目的是将企业的业务量转换为对员工的需求，是一种适合短期需求的预测方法。

【解题方法】

根据上述题干内容，围绕着比率分析法作答题目。比率分析法是首先计算出企业历史上关键业务指标的比例，然后根据可预见的变量计算出所需的各类人员数量。比率分析法的精确性有赖于三个因素：关联方之间关系的强度、关系提炼方法的精确性，以及这种关系在将来继续保持的程度。其一，生产效率不变、组织结构不变，说明该企业的机床操作人员、机床维修人员和基层管理人员的人数构成不变，还是60∶10∶7；其二，由扩大生产规模引起的需要补充的机床维修人员数600×10/60＝100（人），明年该企业需要补充的总的机床维修人员数：100＋30＝130（人）；其三，扩大生产规模引起的需要补充的基层管理人员数600×7/60＝70（人），明年该企业需要补充的总的基层管理人员数：70＋10＋8＝88（人）。

答：该企业明年至少应招收130名机床维修人员和88名基层管理人员。

知识衔接

秦昭王五跪得范雎

引才纳贤是国家强盛的根本，而人才，尤其是高才，并不那么容易引得到，纳得住。秦昭王雄心勃勃，欲一统天下，在引才纳贤方面显示了非凡的气度。范雎原为一隐士，熟知兵法，颇有远略。秦昭王驱车前往拜访范雎，见到他便屏退左右，跪而请教："请先生教我。"但范雎支支吾吾，欲言又止。于是，秦昭王第二次跪地请教，且在态度上更加恭敬，可范雎仍不语。秦昭王又跪，说："先生如果可以教我，那我真是太幸运了。"这第三跪打动了范雎，道出自己不愿进言的重重顾虑。秦昭王听后，第四次下跪，说道："先生不要有什么顾虑，更不要对我怀有疑虑，我是真心向您请教。"范雎还是不放心，就试探道："大王的用计也有失败的时候。"秦昭王对此责并没有发怒，并领悟到范雎可能要进言了，于是第五次跪下，说："我愿意听先生说其详。"言辞更加恳切，态度更加恭敬。这一次范雎也觉得时机成熟，便答应辅佐秦昭王，帮他统一六国。后来，范雎鞠躬尽瘁地辅佐秦昭王成就霸业，而"秦昭王五跪得范雎"的典故，千百年来被人们称誉，成为引才纳贤的楷模。

（资料来源：https://wenku.baidu.com/view/6aa066862bea81c758f5f61fb7360b4c2e3f2a29.html）

实战训练

一、案例题

【案例4-1】

一份艰难的人力资源计划

绿色公司的总经理要求人力资源部经理在10天内拟出一份绿色公司的人力资源五年计划。人力资源部经理花了3天时间来收集制定计划所需的资料。

人力资源部的职员向经理提供了下列一些资料：①本公司现状。绿色公司共有生产与维修工人825人，行政和文秘型白领职员143人，基层与中层管理干部79人，工程技术人员38人，销售员23人。②据统计，公司近五年来职工的平均离职率为4%，没理由预计会有什么改变。不过，不同类职工的离职率并不一样，生产工人离职率高达8%，而技术和管理干部离职率则只有3%。

人力资源部经理召开了一个由绿色公司各职能部门负责人参加的小会，会议议题是根据公司既定的发展计划和扩产计划，测算各部门所需下属的人员数的变化情况。会后总结为：白领职员和销售员要增加10%～15%，工程技术人员要增加5%～6%，中、基层干部不增也不减，而生产与维修的蓝领工人要增加5%。

人力资源部经理又向公共关系部经理了解行业和政府的情况，获悉最近本地政府颁行了一项政策，要求当地企业招收新职工时，要优先照顾妇女和下岗职工。人力资源部经理知道本公司的招聘政策一直未曾有意地排斥女性或下岗职工，只要他们申请，就会按同一标准进行选拔，并无歧视，但也未予特别照顾。人力资源部的职员统计了相关的数据：目前公司销售员几乎全是男性，只有1位是女性；中、基层管理干部除2人是女性外，其余也都是男性；工程师里只有3位是女性；蓝领工人中约有11%是女性或下岗职工，而且都集中在最底层的劳动岗位上。

第四天早晨，人力资源部经理又获悉公司刚刚验证通过了几种有吸引力的新产品，所以预计公司的销售额在5年内会翻一番。

人力资源部经理还有7天就要交出计划，其中得包括各类干部和职工的人数，要从外界招收的各类人员的人数以及如何贯彻政府关于照顾女性与下岗人员政策的计划，此外还得提出一份应变计划以应付销售的快速增长。

（资料来源：https：//wenku.baidu.com/view/fa41c0eba88271fe910ef12d2af90242a895ab9e.html）

问题：1. 对于该公司的人力资源计划，你认为还需要哪些信息来支持人事经理的分析与决策？

2. 可以采用哪些分析计算技术来进行该次人力资源需求预测？

【案例4-2】

××电气集团的人力资源规划

××电气集团是由两大集团本着优势互补、资源共享的原则于2018年元月重组而成的。通过整合资源，公司相继建成了集团管控架构下的十多个专业子公司、一个研发中心和遍布全国的营销网络。经过五年的发展，企业规模不断壮大，经济总量持续攀升，综合实力明显增强，股东权益、职工收入、社会贡献协调增长，企业得到了长足发展，已经发展成为以成套输配电、电能传输为主业，电力电子和自动化为辅业，集新能源、环保和船舶配套为一体的综合性企业集团。

2019年，集团公司成功实施了厂区的整体搬迁，实现了集团发展史上的第二次创业。2020年是该集团进入新发展期的第一年，当意识到战略规划对未来发展的重要指导意义时，其委托江苏大学战略规划项目组为其制定2020—2023年战略规划。

集团人力资源管理工作原由党委办负责，管理中心于2019年7月成立，人力资源管理工作由管理中心下的人力资源部负责。人力资源部有三位工作人员，部长助理主要负责招聘、薪酬，一科员负责培训，一科员负责社保与劳动关系。专业公司均无人力资源部，人力资源工作由管理部或办公室负责。较大的专业公司一般有2~3人参与人力资源管理工作，包括该部门的专管领导；较小的专业公司仅有一人负责相关工作。

集团与专业公司均没有做人力资源规划，有关人力资源规划的内容，仅在一些报告中体现（如管理中心主任的报告中会提及）。××电气集团没有进行真正的人力资源规划，也不重视人力资源规划。其已有的一些与人力资源规划相关的工作，主要是凭经验完成，没有专业人员用科学的方法进行预测。××电气集团推行的事业计划，其中包含了部分人力资源规划工作，如《××电气集团子公司2019年度事业计划》中，包含了人力资源目标分解表、公司组织机构图、人员运用计划表、2019年度人员需求计划表、2019年度培训计划表、关键人才培训计划表、两保办理计划表、绩效考核计划表。

项目组在人力资源管理诊断的基础上，制定了五年人力资源规划。原人力资源管理存在的三大核心问题是：现有人员与企业发展所需人员相匹配问题（人员结构性失衡，且缺乏预警机制）；制度建立与管理执行相统一问题（制度缺失，执行力弱）；员工职业发展与企业发展相适应问题（未关注员工与企业长远和谐的发展）。针对这三大核心问题，制定了三大人力资源子规划：人力资源获取规划（组织重构、人才库建立、招聘吸引）；人力资源保留规划（绩效考核、薪酬管理）；人力资源发展规划（职业生涯规划、培训与开发、长期激励）。为了支持人力资源战略规划得以实现；同时，建议集团人力资源部进行战略重组，着重从岗位重构、职责重定、人员重选三个方面展开。

人力资源规划总目标是为整个集团的顺利运行及战略实现提供保障，提升人力资源利用效率，保证人力资本持续增值，从而实现员工与企业共同和谐发展的最终目标。为了支持总目标实现，三大HR规划也设立了相应的分目标：HR获取规划的目标是"能岗匹配，人尽其才";HR 保留规划的目标是"体制改革,激发活力";HR 发展规划的目标是"提升素质,和谐共赢"。

（资料来源：https：//power. in-en. com/html/power-2434946. shtml）

问题：1. ××电气集团进入第二次创业,此时制定战略规划有何重要意义？人力资源规划为何是企业战略规划的重要组成？

2. 原人力资源部门及岗位设置存在什么问题？

3. 原人力资源规划工作薄弱,主要存在什么问题？

4. 请从新人力资源规划的框架上,评价××电气集团的2020—2023 年人力资源规划。

【案例4-3】

高速成长公司如何进行人力资源规划

规范的人员招聘需要借助企业内部详细的人力资源规划来进行,但在实践中,很多企业明确提出这样的问题：与一般成长型和成熟型公司相比,高速成长公司更多地面对未来的不确定性、市场的不确定性以及战略定位的模糊性等一系列复杂的、需要摸着石头过河的新问题,在这种模糊和不确定性支配下,公司若想继续保持高速成长,必然时刻处于未知造成的对知识和信息的饥渴状态,转到员工个体身上,就呈现出一贯的人才短缺现象,因此公司根本无法赶上对人员需求变化的进程与多样性,从而制定规范的人力资源规划是力不从心的,而未来的不确定性还会导致规则即便做出来也是毫无意义的,公司本身是高速成长的,市场和公司自身的发展还处于不规范和不可预测的阶段,企业的管理模式尚未定型,更不用说岗位分析和确定职位的具体需求了,人力资源规划本身也很难跟上高速成长公司的发展。处于高速成长阶段的企业是否需要进行人力资源规划呢？在这样的企业中怎样来进行人力资源规划才是实际而有效的呢？

对于高速成长公司的人力资源部来说,要做好人力资源规划,就要从其他方式或角度对人力资源状况进行前瞻性的战略思考。高速成长公司看重的是职业精神和发展潜力,往往更加注重员工的品格和能力,因此有效的人力资源规划可以从以下几方面入手：①不断提高管理者的管理技能,抓住给公司带来80%利润的20%关键技术人才。②持续强化对人力资源的培训与开发,提高工作效率。③从流程入手进行设计,发挥协同效应解决公司内部的人才短缺问题。④设计价值评价与价值分配体系,实现待遇留人;同时给员工自由施展才能的空间,通过认同实现机会留人,提高公司员工的留任率,减少人才流失及由流失引发的一系列连锁反应。⑤通过短期、临时、季节性、弹性等用工方式,缓解由于人才短缺等造成的压力。

（资料来源：https：//wenku. baidu. com/view/ad158009ab956bec0975f46527d3240c8547a169. html？）

问题：1. 高速成长公司与一般企业相比,面临的环境有什么不同？

2. 高速成长公司要进行人力资源规划吗？

3. 高速成长公司在进行人力资源规划时,应特别注意哪些问题？

二、实务题

"人力资源规划方案设计" 训练

技能1：人力资源需求预测技能。

技能 2：人力资源供给预测技能。

技能 3：人力资源供需不平衡所采取的调整政策。

技能 4："人力资源规划方案"撰写技能。

要求：

（1）能够全面把握人力资源规划的相关理论与实务知识。

（2）能够运用所学理论与实务知识，分析企业人力资源规划存在问题。

（3）能够结合实际提出人力资源供需不平衡的调整政策。

（4）能够正确设计、撰写人力资源管理规划的实训报告。

步骤：将学生分成若干小组，各小组可以任选一题。每个小组结合所选题目，通过实地考察或自行收集的资料，运用"人力资源规划"理论与实务相关知识分析存在问题与不足，初步设计具有一定针对性、创新性和实效性的人力资源规划的改进方案，并撰写相关的报告。

三、拓展阅读

四步教会你如何做好人力资源规划

专题二　工作分析

知识引例

中宏大酒店厨师工作分析

1. 中宏大酒店厨师工作职位的内容及任务

● 按照食谱和客人的口味，准备和烹饪食物。

● 确保食品的卫生和安全。

● 维护厨房的清洁和卫生。

● 执行厨房的日常任务，如采购、清洁以及调配工作计划等。

2. 中宏大酒店厨师工作职位的目标和意义

● 为客人提供高品质的烹饪食品。

● 维持厨房的高效率和卫生。

● 支持组织的营利性质。

3. 中宏大酒店厨师工作职位所需的技能和知识

● 熟悉食品和食谱的知识。

● 具备各种烹饪技术。

● 具备高强度的体力和耐力。

● 具备团队合作精神和压力处理能力。

4. 中宏大酒店厨师工作职位的工作环境和文化
- 厨师们需要在热和吵闹的厨房环境中工作。
- 厨师们需要在有压力的环境中保持高效率。
- 厨师们通常需要在夜间和周末工作。

5. 中宏大酒店厨师工作职位的安全问题
- 厨师们可能会在厨房环境中受到伤害。
- 厨师们必须采取有关食品和设备的保护措施。

【案例解析】

对厨师工作职位的内容及任务进行说明的目的在于：其一，使得厨师明确工作目标和职责。工作分析可以帮助企业明确工作目标和职责，使员工清楚自己的工作职责和目标，从而更有针对性地开展工作；其二，优化工作流程。工作分析可以帮助企业了解工作流程中的瓶颈和问题，从而优化工作流程，提高工作效率；其三，提高厨师的工作效率。通过工作分析，企业可以了解员工的工作内容和工作方式，从而帮助员工更好地完成工作任务，提高工作效率；其四，制定培训计划和绩效评估标准。工作分析可以为企业制定培训计划和绩效评估标准提供依据，帮助企业更好地培养和评估员工。

知识梳理

一、工作分析的定义

工作分析是对组织中某个特定职务的设置目的、任务或职责、权力和隶属关系、工作条件和环境、任职资格等相关信息进行收集与分析，并对该职务的工作做出明确的规定，且确定完成该工作所需的行为、条件、人员的过程，也叫"职位分析"，是指对一个人所从事的某项工作或任务所进行的全面分析。工作分析是人力资源管理工作的基础，其分析质量对其他人力资源管理模块具有举足轻重的影响。

📖 案例评析

某餐厅服务员工作分析在某餐厅招聘服务员的过程中，需要进行服务员工作分析以确定招聘的服务员应具备的技能、能力和素质。于是，负责筛选和招聘服务员的 HR 团队对服务员这一职位进行了详细的工作分析。

工作任务：接待客人：热情友善地接待客人，引导客人就餐并耐心解答客人的问题。

点餐服务：熟悉餐品种类、价格、口味等信息，准确接收客人的点餐要求，并根据情况进行推荐。

服务餐饮：随时关注客人用餐体验，收集反馈信息并及时处理客人的不满意情况，给客人留下良好印象。

工作场景：餐厅宴会：需要服务员在短时间内为不同桌的客人提供满意的服务，要求服务员具有较高的服务效率和人际交往能力。

早餐时段：早高峰时段流量较大，需要服务员做好必要的准备与配合，提高服务速度快，服务质量高。

特殊庆典活动：如儿童节、春节等节日的庆祝活动需要配合餐厅进行相关的节礼安

排，要求服务员具有创意且灵活与亲和力。

工作要求：至少有两年的相关餐厅服务经验。

具有较强语言表达能力和沟通能力。

具有良好的服务质量控制能力，能够维护良好的餐厅环境。

【考核知识】

本案例针对工作分析对企业管理资源管理的重要性进行考核。工作分析是一项重要的人力资源管理技术，其目的是通过对工作任务、工作场景和工作要求的分析来确定出适合该职位的人员需求以及绩效标准。工作分析的结果不仅可以为选聘员工提供决策支持，还可以帮助组织设计人员发掘并改进工作流程。

【解题方法】

根据上述案例中的内容，应围绕工作分析对企业管理资源的重要性作答。对餐厅服务员工作进行系统化分析后可知，HR团队可以更准确地以招聘对象的背景、技能和经验为基础，对符合人才标准的合格的服务员进行筛选。同时，餐厅管理层可以更清楚地了解服务员在不同场景下工作的特点和要求，有效建立培训体系和提高服务质量。总之，工作分析是人力资源管理中至关重要的一环，可以为人才招聘和人力资源管理提供宝贵的思路。

二、工作分析的方法

工作分析的方法有访谈法、问卷调查法、观察法、工作日志法、资料分析法、任务调查表法、关键事件法和工作实践法。

（一）访谈法

访谈法是指工作分析人员就某一职务或者职位面对面地询问任职者、主管、专家等人对工作的意见和看法。在一般情况下，应用访谈法时可以以标准化访谈格式记录，目的是便于控制访谈内容及对同一职务不同任职者的回答相互比较。

（二）问卷调查法

问卷调查法是指由有关人员事先设计出一份职务分析的问卷，由工作分析人员填写，最后再将问卷加以归纳分析，做好详细的记录，并据此写出工作职务描述。

（三）观察法

观察法是指工作分析人员直接到工作现场观察，特定对象（一个或多个任职者）的作业活动，收集、记录有关工作的内容、工作间的相互关系、人与工作的关系以及工作环境、条件等信息，并用文字或图标形式将这些记录下来，然后进行分析与归纳总结的方法。

（四）工作日志法

工作日志法是指任职者按时间顺序详细记录自己的工作内容与工作过程，然后经过归纳、分析，达到工作分析的目的的一种方法。

（五）资料分析法

资料分析法是指为降低工作分析的成本，应当尽量利用原始资料，如责任制文本等人事文件，以对每个项工作任务、责任、权利、工作负荷、任职资格等有一个大致的了解，为进一步调查、分析奠定基础。

（六）任务调查表法

任务调查表法是指通过发放任务调查表获得的与工作相关的数据和信息进行分析的方法。任务调查表法是用来收集工作信息或职业信息的调查表，该调查表上列明了每条检查项目或评定项目，形成了任务或工作活动一览表，其内容包括所要完成的任务、判断的难易程度、学习时间、与整体绩效的关系等。

（七）关键事件法

关键事件法是指要求分析人员、管理人员、本岗位员工，将工作过程中的"关键事件"详细记录下来，可以在大量收集信息后，对岗位的特征要求进行分析研究的方法（关键事件是使工作成功或失败的行为特征或事件，如成功与失败、盈利或与亏损、高效与低产等）。

（八）工作实践法

工作实践法是指分析人员亲自从事所要分析的工作，并根据其所掌握的第一手资料进行分析的方法。

三、工作分析的步骤

（1）初步调查各类职务信息。

（2）初步视察工作现场。

（3）进行深入访谈。

（4）深入观察工作现场。

（5）职务信息的综合处理。

（6）完成工作说明书的撰写。

案例评析

中宏股份有限公司的人力资源部门希望招聘一名客户服务代表。相关负责人希望确定这一职位的职责和岗位描述，以便能够进行有目的的招聘和培训。下面是可能用于工作分析的岗位描述。

岗位描述：客户服务代表与中宏股份有限公司的客户联系，以解决他们对产品和服务的问题和疑虑。客户服务代表需要有以下职责：

（1）回答客户的查询：客户服务代表需要接听来自客户的电话和电子邮件，了解他们的问题和疑虑，提供详细的解答和帮助，或将客户转到适当的部门或员工。

（2）处理订单和退货请求：客户服务代表也需要能够处理客户的订单和退货请求。如果有问题，他们需要知道如何解决，如何安排退货并跟踪商品的收货。

（3）解决复杂问题：有些客户可能有比较复杂的问题。客户服务代表需要对应的能力和积极的心态去处理这些问题，并提供令客户满意的解决方案。

（4）注册新客户和维护客户档案：客户服务代表需要搜集并记录客户相关信息并定期

更新。

（5）参与售前售后服务工作：客户服务代表也需要参与售前售后服务工作。他们需要参与并支持公司的市场拓展和营销计划，通过电话、电子邮件等渠道为客户提供咨询和支持。

岗位要求：

（1）优秀的沟通能力：客户服务代表需要通过电话和电子邮件与客户有效地沟通，需要言简意赅地解释产品以及指导客户使用和维护它们。

（2）强大的客户心态：发生错误或混淆疑虑时，客户服务代表需要保持镇定，并以耐心和理解的态度回答客户的问题或疑虑。

（3）高度的组织能力：客户服务代表需要密切关注订单和退货请求的细节，及时跟踪相关工作进展并记录这些信息。

（4）熟练的计算机技能：客户服务代表需要能够熟练使用计算机，并熟悉基本办公软件的操作。

（5）有相关经验：有客户服务相关行业经验。

（资料来源 https://wenku.baidu.com/view/2a36571f32b765ce0508763231126edb6f1a76dc.html）

【考核知识】

针对工作分析的步骤进行考核，步骤一：初步调查各类职务信息；步骤二：初步视察工作现场；步骤三：进行深入访谈；步骤四：深入视察工作现场；步骤五：职务信息的综合处理；步骤六：完成工作说明书的撰写。

【解题方法】

请根据上述案例中的内容，围绕工作分析的步骤作答：其一，岗位描述的概括，包括该工作的主要职责及有关的岗位要求；其二，客户服务代表最重要的技能和素质，以及他们在工作中需要展示这些素质的方式；其三，该工作的职责，包括所有与顾客接触的方面，例如回答查询和处理退货请求；其四，职位的特殊要求。例如，该员工需要一定的计算机技能，并且需要能够以良好的组织任务以及有完善的客户团队协作技巧；其五，在招募阶段，所要制定的面试问题、培训和发展计划等。HR在面试时应询问应聘者是否具备上述要求，以判断其是否适合该职位。

四、职位评价方法与程序

（一）职位评价方法

职位评价方法可分为非量化和量化评价方法。

（1）非量化评价方法有两种：排序法和分类法。

①排序法是指职位评价者首先对职位说明书进行审查，然后根据它们对公司的价值排序。

②分类法是通过界定职位的等级来对一组职位进行描述和分类的评价方法。

（2）量化评价方法也有两种：要素比较法和要素计点法。

①要素比较法：评价者首先要获得基准职位的市场薪酬水平，将其分解到各个报酬要素上去；其次通过对被评价职位的各个方面与基准职位的各个方面分别进行比较，试图估计出被评价职位在每一方面的货币价值；最后以货币为单位直接确定不同职位之间的相对价值顺序。

②要素计点法：评价者首先要给职位的每一构成要素赋予等级不同的量化价值，然后将某一职位在不同要素上的分数加起来，从而确定不同职位之间的量化价值差距。

（二）职位评价的程序

（1）建立评估委员会。组织需要成立一个评估委员会，该委员会应该包括各个职能部门和员工的代表，以确保评估过程是全面和公平的。

（2）确定工作内容。在开始评估之前，要确保对工作内容进行透彻理解。这可以通过梳理工作职责来实现。

（3）确定评估标准。组织应该确定一套标准，以便评估员工的相对价值。这些标准可以包括技能、经验、工作条件等因素。

（4）收集数据。组织需要收集有关每个职位的数据，包括使用调查表格、面试和观察员工作。

（5）评估工作价值。评估委员会应该根据收集的数据，使用一套标准来评估每个职位的价值。这将有助于确定哪些工作职责必须为高级职位才有资格，哪些是中级或低级职位。

（6）决定薪资水平。根据评估结果，组织应该决定每个职位的薪资水平。高价值职位应该获得更高的薪水，而低价值职位则应该获得相对较少的薪水。

（7）审查和更新。评估委员会应该定期审查职位评估结果，以确保薪资水平与员工的价值和组织需求相匹配。如果发现需要修改，要及时更新。

> **三　知识衔接**
>
> ### 於芳：尽责担当、热心公益的资深HR
>
> 有着21年党龄、33年企业人事管理工作经验，工作一丝不苟，热心公益事业，她就是江苏江阴石油分公司人力资源部人事管理干事於芳。她工作严谨细致履职尽责、不畏困难勇挑重担、创新形式尽心服务。工作之余，连续多年为安徽定远县贫困学生进行捐资助学，受她帮助的孩子中的一位已经参加工作，还有两位在校学习。此外，於芳还热心参加地方志愿者协会组织的各类活动。2022年5月疫情肆虐，於芳主动报名社区志愿者，每天上午在社区协助做好全员核酸检测工作。同年12月，部门同事相继感染，於芳自掏腰包购买防疫物资、防疫中药包等送给同事，鼓励他们安心养病，坚守岗位至全员复岗。尽责担当、热心公益，临近退休不褪色，坚守岗位践初心，於芳用行动诠释共产党员应有的样子。
>
> （资料来源：http://www.sinopecnews.com.cn/xnews/content/2023-08/30/content_7073034.html）

实战训练

一、案例题

【案例4-4】

中宏股份有限公司的工作分析

当李教授到中宏股份有限公司参观访问时，一位年轻的向导给他留下了深刻的印象。该向导是中宏股份有限公司的人力资源部经理助理，主要负责分析各部门工作状况。中宏股份有限公司专门指派了一名工业工程师到人力资源部门来协助人力资源经理助理的分析工作。李教授也曾被人力资源经理请来研究该公司的工作分析体系，并提出改进意见。他曾在人力资源办公室与人力资源经理助理一起浏览了工作说明的所有文件，发现总体上是完整的，而且与所完成的工作是直接相关的。

参观访问的第一站是焊接工厂基层主管的办公室。这是一间10平方米的房间，位于厂房一楼，四周装上了玻璃窗。当人力资源经理助理走近时，张主管正站在办公室外，二人先相互打招呼并进行了自我介绍。人力资源经理助理说："这是李教授，我们能看一下你的工作说明并能和你聊一会儿吗？""当然，人力资源经理助理。"张杰说着打开了门："进来吧，请坐。我现在就把它们拿来。"从他们坐的地方恰好能看到工作现场的工人。在他们查阅每项工作说明时，都有可能观察到工人实际中的工作。张杰很熟悉每项工作，他一直就从事工作说明的准备和修订工作。"工作说明是怎样与业绩评价相联系的呢？"李教授问道。"是这样。"张杰答道，"我是根据工作说明中的项目来评估工人业绩，而这些项目是由具体的工作分析来决定的。在工作发生变化、以前的说明不再能够准确反映现有的工作情况时，就及时修改工作说明。人力资源经理助理已经为所有主管制定了培训计划，通过计划我们可以了解工作分析、工作说明和业绩评价之间的关系。我认为这是一个很好的系统。"人力资源经理助理和李教授继续参观了工厂的其他几个生产区，发现了类似的情况。人力资源经理助理似乎与每个主管、工厂厂长，以及他们拜访的三位中层管理者的关系都很好。当他们回到办公室时，李教授正考虑应向厂长提出什么建议。

问题：1. 阐述工作分析与其他人力资源管理和开发的联系。

2. 如果你是李教授，你会向厂长提出什么建议？为什么？

【案例4-5】

陷入困境的经理

王先生作为中宏股份有限公司一名有能力的工程师，开创了一家小型生产企业。他的朋友帮他获得了一些印刷电路板的订货。这家公司位于平房厂房中，大约有50名员工，公司是一人管理体制，王先生几乎处理他公司的所有业务，包括从计划、采购、市场、人事到生产监督的每一项工作。由于已经完全投入企业，王先生自然想全盘掌握他的公司。王先生对公司每一部门的参与如图4-1所示。

图4-1　王先生对公司每一部门的参与

王先生制定所有的决策。其他人开展日常工作并随时向他汇报。王先生处理以下问题：①企业计划；②建立和保持与现有和潜在顾客的联系；③安排财务筹资并处理日常的财务问题；④招聘新员工；⑤解决生产中的问题；⑥监管库存、货物接收和发运；⑦在秘书的帮助下管理日常的办公事务。他在公司投入相当多的时间，指导工人该做什么和不该做什么，一旦他发现自己看不惯的事情，他就会让附近的员工来处理。体检时，医生告诉他："王先生，如果你再消瘦下去，你的心脏病可能会很快发作。"听到这些话，王先生开始考虑他的健康和公司的生存。

问题：1. 请简要对该公司的组织结构形式进行分析？

2. 王先生所面临的问题是什么？如何能得到解决？

3. 应该怎样帮助王先生呢？请提出建议方案。

【案例 4-6】

中宏股份有限公司的工作分析方案

一、企业背景

中宏股份有限公司主要从事进出口贸易，其年进出口总额在全行业中排名靠前，享有很高的知名度。随着中国加入 WTO，进出口贸易的状况有了很大的变化，该公司也面临越来越大的经营压力。目前，该公司的平均营业收益率仅为 5%，而且还存在较大的交易风险。从该公司的经营状况看，公司的销售收入逐年大幅下降，收益率越来越低，而且近年来投资失误接连不断，法律纠纷也时时发生，银行信用大打折扣，几乎降到零点。企业经营出现问题，员工的收益自然也受到影响，个人收入年年下降。员工收入下降便导致情绪低落、人心涣散，有传言称公司即将破产，员工纷纷暗中寻找"退路"。

为了应对企业出现的这些情况，以及中国加入 WTO 后对该公司的冲击，中宏股份有限公司特地聘请了某知名咨询公司进驻，以对公司的组织结构进行诊断，并对组织职务进行重新设计。公司期望通过外部专家的介入和工作，促使该公司形成新的组织结构、职能权限体系和业务工作流程。通过调查和分析，咨询公司认为，中宏股份有限公司存在以下问题。

（1）公司高级管理人员定位失误，片面理解集中管理的优点，过分纠缠于操作管理和管理决策，必然造成管理的战略性薄弱，决策失误的风险加大。授权的失效也限制了多数中低层管理者和员工工作积极性和创造性。

（2）管理纵向太深，造成组织效率低下，信息渠道严重受阻。高层管理者代行中层管理者的职能，出现权责混乱，进一步加深了组织效率的恶化。

（3）因人设岗，造成机构臃肿。全公司副经理级别人员 39 人，接近全体员工的 40%。非生产型人员过度膨胀，已经超过 50%。

（4）职能部门，包括经理办公室、行政办、人事部、财务部等未尽其责，致使高层管理者在决策过程中缺乏政策参考、统计支持和相关信息基础。

（5）职能部门人员的绩效没有考核标准，而且工作得不到其他部门人员的认可，被视为吃"闲饭"的，且相关员工没有工作积极性。

（6）忽视人力资源综合开发。由于职责划分模糊，组织功能不健全，员工的操作失去专业化，效率不太理想。

（7）以人为控制为主要内容的财务制度、人事制度、考勤制度、奖励制度等随意性，无"制"可依，有"制"不严，导致基层员工失望、不满。

（8）激励敏感点的观念淡薄，保持着原始的极端激励观念和方式。经济责任制考核到个人，与所在部门整体效益挂钩，仍然不能解决大锅饭的弊病。

总之，中宏股份有限公司主要是组织的职能机构功能不清，岗位职责不明。需要进行工作分析以重新划分职能部门，确定工作流程。

二、中宏股份有限公司人力资源状况和工作分析计划

在制定工作分析的计划之前，我们先来看看该公司的人力资源状况。该公司现有员工总数107人。其中，16人服务于7个国内外机构，4个直属专业分公司共有经理人员及业务员42人、储运部4人、财务部11人、房地产公司6人、后勤5人、总经理办公室8人、人事部2人、行政部5人、企业部4人、副总经理3人、总经理1人。全体员工65%以上具有大专以上文凭，主要集中在业务部门和管理层，很少进行在职培训，主要有招聘筛选。

该企业在各外部机构设经理1名，3个分公司各设总经理及副总经理2人，下属有关分支机构各设负责人1人。其他部门各设经理1名。3名副总经理中的1人由党委书记兼任，实行总经理法人代表负责制。通过调查分析，咨询公司希望通过工作分析使中宏股份有限公司组织结构设计得到进一步深入和细化，将部门的工作职能分解到各个职位，明确界定各个职位的职责和权限，确定各个职位主要的工作绩效指标和任职者基础要求，为各项人力资源管理工作提供基础。

经过仔细研究，确定工作分析将要完成以下内容。

（1）了解各职位的主要职责与任务。

（2）根据新的组织机构运行的要求，合理清晰地界定职位的职责权限以及职位与组织内外的密切关系。

（3）确定各职位的关键绩效指标。

（4）确定对工作任职者的基本要求。

工作分析的最终成果形成了具体的工作说明书。

在工作分析过程中，将使用的方法有资料调研、工作日志法、访谈法、职位调查表和现场观察法。工作分析由咨询公司团队与中宏股份有限公司有关人员一起组成工作分析项目组。

本次工作分析主要分为三个阶段进行，即准备阶段、实施阶段和整合阶段。

第一阶段：准备阶段。

（1）成立工作分析领导小组（中宏股份有限公司领导任组长，咨询公司派人参加）。

（2）成立工作分析工作小组（由中宏股份有限公司员工和咨询公司员工组成）。

（3）对现有资料进行研究。

（4）选定分析的职位。

（5）设计调研用的工具。

第二阶段：实施阶段。

（1）召开员工会议，进行宣传动员。

（2）对参加工作分析工作小组的中宏股份有限公司员工进行培训。

（3）制定具体的调研计划。

（4）记录工作日志。

（5）实施访谈和现场观察。

（6）发放调查表。

第三阶段：整合阶段。

（1）对收集来的信息进行整理。

（2）向有关人员确认信息，并进行适当的调整。

（3）编写工作岗位说明书（表4-1）。

表4-1　工作岗位说明书

职位名称	薪资福利主管	职位代码		所属部门	人力资源部
职系		职等职级		直属上级	人力资源经理
薪金标准		填写日期		核准人	

职位概要：协助上级完成薪酬、福利的各项工日常工作

工作内容：
- 起草公司年度薪酬规划及福利计划
- 参与制定、调整薪酬福利政策
- 定期收集市场薪酬信息和数据
- 根据公司业务发展情况和市场水平，制定合理薪酬调整实施办法
- 按时完成人工成本人工费用的分析报告并及时更新维护员工资料库
- 制作公司每月的工资报表，按时发放工资
- 办理养老保险、医疗保险、失业保险、工伤保险、住房公积金等社会保险
- 考勤、管理休假
- 其他与薪酬相关的工作

任职资格：
教育背景：
- 人力资源、劳动经济、心理学、管理学等相关专业本科以上学历
培训经历：
- 受过现代人力资源管理技术、劳动法律法规和财务会计知识等方面的培训
经验：
- 2年以上薪资管理工作经验
技能技巧：
- 熟悉国家人事政策和法律法规
- 熟悉与薪酬相关的法律法规
- 熟悉薪酬福利管理流程
- 人力资源管理理论基础扎实
- 熟练使用相关办公软件
态度：
- 良好的职业操守，细致、耐心、谨慎、踏实、稳重
- 强烈的敬业精神与责任感，工作原则性强，人际沟通、协调能力强

工作条件：
工作场所：办公室
环境状况：舒适
危险性：基本无危险，无职业病危险

问题：1. 应该如何改进中宏股份有限公司在管理上存在的问题？

2. 你认为中宏股份有限公司的这一工作分析计划可行吗？它还存在哪些问题？

3. 如果你是该工作分析工作小组成员，会怎么做？

二、实务题

"职位分析方案设计"训练

技能1：职位分析计划制定技能。

技能2：职位信息收集与分析技能。

技能3：职位说明书撰写技能。

要求：

（1）能够全面把握"职位分析和职位评价"理论与实务知识。

（2）能够运用"职位分析"理论与实务相关知识，收集、归纳并整理职位信息。

（3）能够初步设计具有一定针对性、创新性和实效性的职位分析方案和职位评价体系。

（4）能够正确设计、撰写训练报告。

步骤：将学生分成若干小组，各小组可以任选一题，每个小组结合所选题目，通过实地考察或自行收集的资料，分别选择不同企业中的一个部门，运用"职位分析和职位评价"理论与实务相关知识分析其存在的问题与不足，初步设计具有一定针对性、创新性和实效性的职位说明书和职位评价体系，撰写关于该企业职位分析和职位评价的报告。

三、拓展阅读

规避科研单位岗位评价"硬伤"

专题三　人员招聘

知识引例

NLC 化学有限公司是一家跨国企业，主要以研制、生产、销售医药和农药为主，而耐顿公司是 NLC 化学有限公司在中国的子公司，主要生产、销售医疗药品，随着生产业务的扩大，为了对生产部门的人力资源进行更为有效的管理。2019 年，分公司总经理把生产部门的经理于欣和人力资源部门经理口建华叫到办公室，商量在生产部门设立一个处理人事事务的职位，工作主要是生产部与人力资源部的协调工作。总经理希望通过外部招聘的方式寻找人才。于是，人力资源部经理口建华便开始刊登招聘广告进行外部招聘。

在一周内，人力资源部收到了 800 多份简历。口建华和人力资源部的人员在 800 份简历中筛选出 70 份有效简历，经筛选后，留下 5 人。于是他来到生产部门经理于欣的办公室，将这 5 人的简历交给了于欣，并让他直接约见面试。部门经理于欣经过筛选后认为可从两人中做出选择：李楚和王智勇。他们将所了解的两人资料对比如下：

李楚，男，企业管理学士学位，32岁，有一般人事管理及生产经验8年，在之前的两份工作中均有良好的表现，可以录用。

王智勇，男，企业管理学士学位，32岁，有人事管理和生产经验7年，以前曾在两家单位工作过，第一位主管对其评价很好，没有第二位主管对其的评价资料，可以录用。

从以上的资料可以看出，李楚和王智勇的基本资料相当。但值得注意的是：王智勇在招聘过程中，没有上一个公司主管的评价。公司让两人等待一周后通知录用结果。在此期间，李楚在静待佳音；而王智勇打过几次给人力资源部经理建华，第一次表示感谢，第二次表示非常想得到这份工作。生产部门经理于欣在反复考虑后，来到人力资源部经理室，与口建华商谈何人可录用，口建华说："两位候选人看来似乎都不错，你认为哪一位更合适呢？"于欣说："两位候选人的资格审查都合格了，唯一存在的问题是王智勇的第二家公司主管给的资料太少，但是虽然如此，我也看不出他有何不好的背景，你的意见呢？"口建华说："很好，于经理，显然你我对王智勇的面谈表现都有很好的印象，人嘛，有点圆滑，但我想我会很容易与他共事，相信在以后的工作中不会出现大的问题。"于欣："既然他将与你共事，当然由你做出最后的决定。"于是，最后决定录用王智勇。王智勇来到公司工作了六个月，经观察发现，在工作期间，王智勇的工作情况不如期望得好，指定的工作他经常不能按时完成，有时甚至表现出不胜任其工作的行为，所以引起了管理层的不满，显然他对此职位不适合，必须加以处理。然而，王智勇也很委屈：自己工作的一段时间里，招聘广告中所描述的公司环境和各方面情况与实际情况并不一样。原来谈好的薪酬待遇在进入公司后又降低了。工作的性质和面试时所描述的也有所区别，且没有正规的工作说明书作为岗位工作的基础依据。

【案例解析】

招聘失败的原因主要体现在缺少招聘规划、缺少工作分析环节、缺少背景调查这三方面。而对于重要的管理类岗位，背景调查是必须的步骤。招聘过程中对于待遇和工作环境的描述有夸大嫌疑，导致求职者上岗后与期望不符合。实现有效的招聘管理方法：其一，招聘活动要进行规划，不能随意增设或减少岗位；增设岗位需要进行论证；其二，对于招聘岗位必须进行工作分析，建立岗位胜任力模型。为甄选以及日后的评估做准备；其三，对于重要的管理类岗位必须进行背景调查，进一步了解应聘者的实际工作表现；其四，在面试中要避免出现首因效应、近因效应、晕轮效应等；其五，对于工作环境和待遇应该实事求是地加以描述，以免造成面试者就职以后失望。招聘工作直接关系到企业人力资源的形成，有效的招聘工作不仅可以提高员工素质、改善人员结构，也可以为组织注入新的管理思想，为组织增添新的活力，甚至可能给企业带来技术、管理上的重大变革。

知识梳理

一、员工招聘程序

第一步：确定岗位需求和招聘计划。

在招聘员工之前，企业首先需要明确自身的岗位需求和招聘计划。这包括确定需要招

聘的岗位、岗位职责和要求，以及招聘的数量和时间节点等。

第二步：发布招聘信息。

发布招聘信息是吸引人才的第一步。企业可以通过多种渠道发布招聘信息，如公司官网、招聘平台、社交媒体等。招聘信息包括岗位名称、岗位职责、任职要求、薪资待遇、工作地点等详细信息，旨在吸引符合条件的候选人。

第三步：简历筛选。

收到求职者的简历后，企业需要进行简历筛选。简历筛选的标准可以根据岗位要求和候选人的教育背景、工作经验、技能等进行评估。通过简历筛选，将符合条件的简历筛选出来，进入下一轮面试。

第四步：电话面试。

电话面试是初步了解候选人的一种方式。企业可以通过电话面试来评估候选人的沟通能力、表达能力、岗位匹配度等。电话面试可以帮助企业初步筛选出合适的候选人，进一步减少面试时间和成本。

第五步：组织面试。

面试是招聘过程中最重要的环节之一。面试可以分为多个环节，如初试、复试、技术面试等。面试的目的是通过与候选人的面对面交流，进一步了解其能力、经验和个人素质。面试可以通过个人面试、群面试、小组讨论等形式进行。

第六步：背景调查。

在确定候选人合适后，企业可以进行背景调查。背景调查可以了解候选人的工作经历、学历、职业资格等信息的真实性。通过背景调查，可以确保候选人提供的信息真实可靠。

第七步：录用决策。

在完成面试和背景调查后，企业需要进行录用决策。录用决策是根据候选人在面试过程中的表现、背景调查结果等综合评估来决定是否录用该候选人。企业需要根据岗位需求、候选人的能力和潜力等因素进行权衡，最终确定是否录用该候选人。

第八步：录用通知和劳动合同签订。

一旦确定录用某候选人，企业需要发出录用通知并与候选人签订劳动合同。录用通知包括薪资待遇、工作地点、入职日期等具体信息。劳动合同是明确双方权益和责任的法律文件，可以保障雇佣关系的正常进行。

第九步：入职准备。

在候选人入职之前，企业需要做好入职准备工作。包括为候选人安排入职培训、准备办公设备和工作场所等。企业还需要与其他部门进行沟通，确保候选人的入职顺利进行。

第十步：员工培训和发展。

一旦员工入职，企业需要提供员工培训和发展机会。培训可以帮助员工适应新岗位，提升工作技能和知识水平。发展机会可以激励员工的积极性和创造力，促进员工和企业共同成长。

二、招聘需求分析

第一步：岗位信息的采集搜集。

现有的岗位说明书、组织机构、团队结构、用人机制等资料是岗位信息的重要来源，实地考察、任职者访谈、绩优者分析等是采集搜集岗位信息的有效方法。

第二步：岗位信息的整理提炼。

所有与岗位相关的信息可以被整合成四个方面：岗位职责要求：岗位的关键产出是什么？岗位对人的行为要求是什么？这些要求哪些是对人的，哪些是对事的？工作环境特点：是否要求承担较大的工作压力？工作节奏快慢如何？岗位在公司中的地位如何？任职人所在团队氛围如何？公司文化要求：公司倡导什么样的价值观？公司体现什么样的精神风貌？公司需要体现什么样的工作风格？公司发展需要：公司未来的业务方向是什么？在可预见的未来，业务发展对人的要求将发生什么样的变化？

第三步：汇总岗位的用人要求。

从"知识""技能""经验""能力""动机/价值观"五个维度，对上述信息加以汇总，形成岗位用人要求。

第四步：有效招聘要素的选择。

考察点的衡量标准主要培养成本、人群区分度、环境约束度和可衡量度。

1. 培养成本

某项考察点在短期内进行培养的难易程度。易于培养的，作为考察的次要标准或不予考察；不易培养的，则作为主要考察点。

2. 人群区分度

某项考察点在应聘者群体中的差异度和区分度。区分度小的，作为次要标准或不予考察；区分度大的，则作为主要考察点。

3. 环境约束度

某项考察点因环境因素对职责发挥的影响程度。环境约束度高的，作为次要标准或不予考察；约束度低的，则作为主要考察点。

4. 可衡量度

某项考察点能用现有方式进行衡量的程度。不能或不易衡量的，作为次要标准或不予考察；易于衡量的，则作为主要考察点。

三、招聘渠道分析与选择

（一）内部招聘与外部招聘

内部招聘是指在组织内公布空缺职位，发布招聘启事，在职位所需技能和现有员工的技能库中搜索，从内部寻找聘用者并从内部招聘员工。

外部招聘是指在报纸和杂志等媒体上刊登招聘广告，从外部寻找人员来填补职位的空缺。

📖 案例评析

内部竞聘选拔产品经理，怎么做？

某公司是软件研发类民营高新技术企业，近几年发展速度较快，市场占有率节节攀升。

2021年年初，按照发展的需求，公司组建了市场部，主要负责市场活动策划，产品上

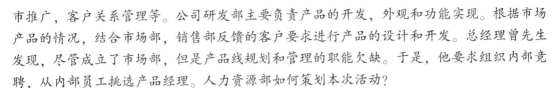

市推广，客户关系管理等。公司研发部主要负责产品的开发，外观和功能实现。根据市场产品的情况，结合市场部，销售部反馈的客户要求进行产品的设计和开发。总经理曾先生发现，尽管成立了市场部，但是产品线规划和管理的职能欠缺。于是，他要求组织内部竞聘，从内部员工挑选产品经理。人力资源部如何策划本次活动？

【考核知识】

针对内部招聘进行考核，内部竞聘是内部招聘的一种模式。主要是公司针对特定岗位，从相关的备选人员，通过进行统一测评，优选符合岗位要求人员的一种方式。注意，在挑选候选人时，候选人与目标岗位有一定的关联性。

【解题方法】

根据上述案例内容，要围绕着企业内部招聘的模式作答题目。案例中产品经理的候选人主要从市场部，研发部，销售部，这三个部门来选择。其一，确定产品经理主要职责和任职资格要求。其二，用内部通知的形式发布内部竞聘活动的目的，竞聘活动的流程，并确定竞聘报名提交资料：设计竞聘人员个人信息表并确定申报材料提交的开始、结束时间。最后，筛选符合要求的人员即可。其三，注意候选人员素质能力方面的要求，即沟通能力、问题分析能力，协调能力等与岗位的匹配程度。

（二）招聘渠道分析

主要招聘渠道有以下几种。

1. 员工推荐

员工推荐介绍就是通过公司自身员工举荐新员工的招聘方式。公司门口招聘仍是普工招聘的主要渠道，但它的来源较复杂，有本厂熟人介绍的，有慕名而来的，有路过此地看到招聘广告的，有劳务中介机构推荐到本厂的等，但本厂员工介绍为主要来源。其优点是员工介绍的人员比较有效，招聘成本低，应聘人员准确性和可靠性高，方法快捷有效，不用花很长的时间去发现和筛选那些不知名的求职者。

2. 劳务中介机构

劳务中介机构对公司的招聘只是一种辅助推荐和宣传公司招聘信息的单位，但它直接影响了求职者的选择意向。劳务中介机构在向求职者推荐职位时，其实就是在推荐某一公司的企业形象。普工中介主要是本地城镇劳力中介机构为主，优点是范围广、层次较多。而不足之处求职者的数量和质量难以保证，效率很低。

3. 招聘会

招聘会是通过参加社会举办的供需见面会达到招聘人员目的的招聘方式，是一种被动式的招聘方式。优点在招聘会上进行面对面的交流，公司将大量的应聘者信息带回去，做进一步的筛选。不足在于求职者的数量和质量难以保证，操作起来也多了几道程序，成本偏高。

4. 网络招聘

网络招聘就是通过公司网站或专业招聘网站发布招聘信息进行招聘的方式之一。公司的人力资源管理部门通过互联网或内部网发布招聘信息，并通过电子邮件或简历库收集应聘信息，经过信息处理后，初步确定所需岗位人选的一种招聘方法。网络招聘是一种被动式招聘方式。

四、员工甄选的方法和步骤

(一) 员工甄选的方法

员工甄选的方法包括配对比较法、强制分布法、360 度绩效考核法、关键事件法和行为观察法。

1. 配对比较法

配对比较法是评价者根据某一标准将每名员工与其他员工进行逐一比较，两两比较，并将每次比较中的优胜者选出。

2. 强制分布法

强制分布法实际上也是将员工进行相互比较的一种员工排序方法，它根据数理统计中的正态分布概念，认为员工的业绩水平遵从类似正态分布，因此，可以将所有员工分为优秀、良好、一般、合格和不合格的五种情况，对所有员工进行上述五种考核的排序，强制将其列入其中的某一等级。

3. 360 度绩效考核法

360 度绩效考核法，也称为全方位考核法或立体考核法。

4. 关键事件法

关键事件法是客观评价体系中最简单的一种形式。在绩效考核过程中，关键事件法往往要与其他考核方法配合使用才能发挥效用。

5. 行为观察法

行为观察法又称行为锚定法，实施步骤包括：其一，选定绩效考核要素；其二，获取关键事件进行行为描述；其三，对关键事件进行评定，建立行为性评定量表。

(二) 甄选的内容

甄选的内容包括知识、能力、个性和动力等因素。

1. 知识

知识是系统化的信息，可分为普通知识和专业知识。普通知识也就是我们所说的常识，而专业知识是指特定职位所要求的特定的知识。在人员甄选过程中，专业知识通常占主要地位。

2. 能力

能力是引起个体绩效差异的持久性个人心理特征。通常我们将能力分为一般能力与特殊能力。一般能力是指在不同活动中表现出来的一些共同能力，如记忆力、想象力、观察力、注意力、思维能力、操作能力等。

3. 个性

每个人为人处世总有自己独特的风格，这就是个性的体现。个性是指人的一组相对稳定的特征，这些特征决定着特定的个人在各种不同情况下的行为表现。个性与工作绩效密切相关。个性特征通常采用自陈式量表或投射量方式来衡量。

4. 动力

员工若要取得良好的工作成绩，不仅取决于他的知识、能力水平，还取决于做好这项工作的意愿是否强烈，即是否有足够的动力来努力工作。

（三）员工甄选的基本流程

员工甄选的基本流程如下。

（1）制定甄选标准。甄选工作是在一群人中挑选，选中的人员就是被认为最符合组织需要的人员。

（2）选择甄选方法。甄选方法是甄选标准的实践体现，甄选方法有很多种，其不断地在发展，并已有很多种方法用于实践。选择甄选方法时，主要考虑甄选的目的和标准，具体甄选方法的选择要依据甄选标准、招聘类型和企业实际来确定。

（3）甄选准备。甄选准备工作主要包括人员准备和物质准备。人员准备主要是指选择适宜的甄选人员；物质准备主要是指准备需要的场地、工具、资料。各种测试需要的物资不同，必须事先准备好，如有的需要小零件、有的需要电子仪器、有的需要各种公文等。

（4）审查应聘者资料。应聘者资料主要有申请表和简历两种类型，两种可选其一，也可并用。审查应聘者资料主要是根据岗位要求，选出符合基本条件的候选者，同时还要注意审查应聘者材料的真实性。

（5）测试。测试是通过一系列的方法，评价申请人各方面情况，预测申请人将来在特定岗位上的工作表现。

（6）面试。面试其实也是测试的一部分，只不过多数企业均把通过各项测试作为参加面试的前提，也可以说面试是最后一项测试。

五、面试的方法和提升技巧

（一）面试官须知

（1）面试前，对面试人员简历进行研读，对其中特殊的工作经验和成就进行标注，待正式面试时提问使用。提前熟悉该岗位的岗位说明书内容，了解职位的工作职责、胜任能力和特殊素质要求。提前设计提问的问题。

（2）初期要给候选人留下好感，让自己具有亲和力，这样才能够很快地引导对方敞开心扉交流。

（3）任何候选人没有优劣之分，只有适不适合应聘岗位之分。不论应聘者的出身、背景的高低，尊重候选人所表现出来的人格、才能和品质。

（4）面试官需对整个公司组织情况、各部门功能、部门与部门间的协调情形、人事政策、薪酬制度、员工福利政策有深入的了解，才能从容应对候选人随时提出问题。

（5）倾听多于发问，观察之后再发问。

（6）面试需在单独的房间，只留面试官和候选人，尽量不要在面试的过程中接打电话或浏览手机。

（7）面试观察候选人的穿着、形态、举止、语音、语气，候选人是否积极主动，性格是否随和，性格特征偏外向或内向。

（8）必须客观理智判断事务，不因某些点放大对应聘者整体客观评价。

（二）正式面试

开场技巧："×××先生/女士，欢迎你参加今天的面试。我是人力资源部的×××，这位是我们公司××部的负责人×××。"

暖场话："今天你从烟台/青岛驱车来到海阳，路途顺利吗?"，得到回复后可以说："你今天过来辛苦了，咱们开始吧。"

（三）正式提问

正式提问步骤如下。

第一步：提问候选人的工作经历内容。

问题1：请你作一个自我介绍，谈一谈以前的工作经历（待回答完毕后提问问题2）。

问题2：如果候选人工作更换频繁，则提问："您的工作经历非常丰富，那么我想了解一下，您更换工作的理由是什么呢?"如果候选人工作更换频率正常，则提问："您是因为什么原因考虑更换目前这一份工作的呢?"

第二步：结构化面试——STAR面试法（S——Situation（事情是在什么情况下发生的）；T——Task（你是如何明确你的任务的）；A——Action（针对这样的情况分析，你采用了什么行动方式）；R——Result（结果怎样，在这样的情况下你学习到了什么））。

问题1：请举例说明一个你在之前工作中比较成功的案例。

问题2：请举例说明一个你在之前工作中比较失败的案例。

问题3：结合招聘岗位特点，从执行力/亲和力/创新力/细致力/沟通力/抗压力/踏实力/服务力等词语中任意挑选三个，让候选人按照与其自身匹配情况，对三个词进行排序。回答后，对排序最靠前的词让其举一到两个例子证明。

第三步：候选人回答后，如果觉得不满意，可继续追问，追问问题示例如下。

问题1：针对情况（Situation）提问：领导为什么要你来管理销售部门? 销售部门有哪些职责? 你当时为做好销售部的工作做好哪些准备?

问题2：针对任务（Task）提问：你当时具体的任务是什么? 谁给你定目标或任务? 为什么给你定这样的目标? 你当时是怎么想的?

问题3：针对行动（Action）提问：你在这个项目中担当什么角色? 其他人做了哪些事情? 你当时最关键的行动目标是什么? 在这个过程中遇到最难处理的问题是什么? 你是如何处理的?

问题4：针对结果（Result）提问：团队的哪些行为表现比以前有了很大的改观? 请讲出一个事例? 公司对你工作结果的评价是怎样的? 这是在什么情况下做出的评价? 如何评价的? 你又是如何知道的?

问题5：针对过程中取得成功或失败之处进行提问；你认为在这个过程取得成功靠的因素是什么? 如果重新做这个项目，你会在哪些方面改进?

◆求职意向

问题1：上一家公司在哪些方面没有满足您的期望呢?

问题2：您在选择工作中最看重的是什么呢?

问题3：您未来三到五年的规划是什么（判断他的发展的潜力、可塑性等），等待回答后，紧接着提问："您都做了哪些准备工作?"

◆忠诚度

问题：就您的工作待遇和工作内容您满意吗？（不管回答的是满意还是不满意，关键是看他的在工作中的成长经历，是否能怀有感恩的心态。）

◆学习力

问题1：您对所属岗位的行业趋势是怎么看？

问题2：您平时参加各种学习课程了吗？

问题3：您都爱看什么类型的书？

问题4：您平时关注哪方面的信息呢？

◆团队管理

问题1：如果下属由于未完成任务而被上司责怪，您认为是谁的责任呢？

问题2：团队中有个人业绩很棒，但是不服从管理，您将怎么办？

问题3：对于团队管理，您有什么心得体会？

问题4：您和下属的业务沟通频次？

◆合作能力

问题1：请告诉我一件您最近在工作中与其他人共同解决问题的事情。

问题2："如果有一个工作需要前置部门给你提供成果，但是到了预期时间，他仍然没有给你工作成果，您该怎么办呢？"候选人回答结束后，继续问："如果效果仍然不理想，您该继续怎么做呢？"

问题3：您认为比较理想的领导/同事/下属和工作环境是怎样的？

◆沟通能力

问题1：在您和公司高层管理者或同事在解决某问题上存在不同看法时，您是如何处理分歧的？

问题2：为了完成某项工作，您的部门需要另一个部门提供支持，但那个部门认为配合你们部门进行这项工作并非其工作重点，您是怎样应对这个问题的？

问题3：您发现某位同事/下属难以正确地做好某项工作，分析问题后，您是怎样说怎样做的？当时员工有怎样的反应？你所做的对其行为有何影响？

◆解决问题能力

问题1：在之前的工作中遇到一个棘手问题时，您当时是怎样解决的？

问题2：您目前工作中最大的挑战是什么？

问题3：当你的下属带着问题来找你的时候，你是怎么帮助他们的呢？

问题4：你与关系不好的同事是怎么处理关系的？

问题5：假设给您分配一个项目，这个项目除了完成期限外，既没有历史，也没有操作说明，您该怎么开始这个项目？

◆抗压能力

问题1：之前工作状态不好的时候，你是怎么处理的？

问题2：说说最近一次工作压力很大的经历吧。

问题3：您应聘的这个岗位，是否让你感觉到有压力？为什么？（候选人回答说无，则反问：您说没有，那么我是不是可以这么理解，您觉得这个岗位对您没有挑战性，对吗？候选人回答"有"，就问：如有挑战性，那么一定会有压力，您的压力在哪里？候选人回答"没有"，可以问：如果没有挑战性了，您还应聘我们这个岗位干什么？我们想找

一个能够有压力感的人）

◆执行力

问题1：日常工作中，你是怎么安排重要紧急、重要不紧急、紧急不重要、不紧急不重要这四类工作的？

问题2：您的领导给您布置了一项您以前从未触及过的任务，您打算如何完成它？（如果有类似的经历说说完成的经历）

◆领导力

问题：您觉得什么样的人才能担任部门主管和领导的职位？

◆创新力

问题：请举一个您创造性解决问题的例子。

◆工作激情

问题1：您觉得您目前工作最有意思或最吸引你的是什么。

问题2：您是如何理解成功的。

第四步：考查候选人专业素质。（根据候选人应聘岗位，从以下方面选取）

营销、招商人员（特质：积极主动）——可选问题：请讲一个你最难沟通的客户，你是怎么沟通的，结果如何？

行政人员（特质：耐心细致）——可选问题："在我面前有四个盒子（红、黄、白、黑），红色盒子里面装的是一些行政类常用资料，如公司通信录、库存登记表、档案借阅表、办公用品领用登记表，这些资料要注意及时登记；黄色盒子里面装的是公司一些行政办公文件资料，包括会议纪要、集团收文、值班记录等，这些资料需要建立收发登记；白色盒子里面装的是普通合同，主要是与外部单位签订的各类合同，要妥善保管避免丢失；最后黑色盒子里面装的是重要资料，包括公司营业执照、集团加密文件等。请答复我，这四个盒子都分别是干什么用的，需要有哪些注意事项？"

第五步：请用人需求部门负责人提问专业类问题。

……

第六步：压力面试。

其一，岗位需要候选人需要有良好的抗压能力和心理素质，则需要进行压力面试，否则不推荐使用压力面试。其二，时间不能太长（5~10分钟）达到考察目的即可。其三，如果出现候选人情绪明显变化，则立刻停止提问。

引导语：您好，接下来的提问多少可能让你不舒服，但我没有不尊重你的意思，您可以选择接受，也可以选择拒绝，请问您是接受还是拒绝，如果接受，那么提问题，如果不接受，跳过该流程，进入下一环节。

方法：找出候选人一个明显的短板，不断就这个短板发问，可以打断、可以反问。压力面试的问题不能散。

第七步：收尾提问。

"下面我想问一下您的个人家庭及其他情况等几个问题，因涉及个人隐私，您可以选择不回答"。

第八步：请对方提问。

（1）要强调信息：公司平台大、项目前景佳、福利待遇优、工作强度小、工资待遇好。

（2）要具体薪酬进行单聊，如对方没有主动问，且前面的面试中感觉候选人一般，则不主动向对方告知薪酬待遇情况。

第九步：与用人部门负责人沟通。

如果需要，则联系分管领导，并带领候选人与分管领导见面。如不需要，则礼貌送别候选人："今天我们就先谈到这里，感谢您的到来。请等待通知，最迟×××时间向您回复邀约复试，如果没回复，可能这个机会就不是很适合了，也请你慎重考虑这个工作机会，如果您有想法或疑问，可随时联系我们。"

（四）面试结束后工作

其一，面试后，一般隔3~5天回复信息。

其二，背景调查。重要岗位的候选人考虑进行背景调查。

其三，面试成功人员，提报集团组织部审批，审批通过，在党委会上汇报。

其四，领导层通过后，通知候选人进行入职体检。

案例评析

招聘人力资源部经理，面试程序怎么设计？

中宏集团是研发技术型企业，总经理张先生分管公司财务部、技术部日常工作。副总经理王先生负责人力资源部、销售部工作。人力资源部经理离职后，人力资源部工作就由王先生直接管理。王先生经常会出差去外地洽谈生意，一般出差就是3~4天，工作用电话和电子邮件来处理。张先生逐步意识到，人力资源管理工作对公司的重要性，需要招聘1名专职的资深人力资源经理，要求人力资源部必须尽快招聘到位。如果你是招聘主管，会怎么做？

【考核知识】

针对面试流程设计内容进行考核。面试流程包括简历筛选、人员初试、人员复试、人员确定、背景调查、录用通知书发放等环节。根据公司发展阶段，管理要求的不同，会进行调整。

【解题方法】

根据上述案例内容，要围绕着面试流程设计内容作答。案例中招聘流程设计，要注意到总经理张先生对人力资源部经理岗位的重视，而分管人力资源部的是副总经理王先生，需要让总经理参与到面试并根据面试情况给出意见。因此，人力资源部主管可以首先筛选合格的简历进行面谈，初试合格的，应提前预约安排王先生复试（考虑王先生经常出差）。然后，提供2~3名候选人员让张先生面试，确定最终人选。最后，考虑到本岗位的是中层管理岗位，人力资源部可以做背景调查，如果没有问题，便可以正式沟通入职事宜，并发放录用通知书。

知识衔接

合乎道德的招聘政策

合乎道德的招聘政策应注重以下方面。

一是平等机会：招聘过程中应遵循公正公平的原则，不歧视任何应聘者，包括年龄、性别、种族、宗教、国籍以及婚姻状况等方面。招聘流程应公开透明，确保每位应聘者都有公平的竞争机会。

二是透明沟通：在招聘过程中，应提供充分和准确的信息，确保应聘者了解自己所申请的职位的要求、待遇、福利以及工作条件等。同时，还要及时回应应聘者的疑问和提供反馈，确保沟通的透明和及时。

三是专业能力和资质优先：招聘决策应以应聘者的专业能力和相关资质为主要依据。根据职位的要求，评估应聘者是否具备足够的技能和经验来胜任该工作，避免主观歧视或偏见对招聘决策的影响。

四是考虑多样性和包容性：鼓励多样性和包容性是一个道德招聘政策的关键。在招聘过程中，应积极寻找不同背景、性别、文化背景、社会经历和才能的候选人。人员多样化的团队能够带来创新、不同的观点和思维方式，从而提升企业的绩效和发展。

五是保护隐私和保密：在招聘过程中，应严格遵守法律法规，保护应聘者的个人隐私。收集、处理和保护个人数据时应获得应聘者的明确同意，并且只用于招聘目的。同时，保持对落选应聘者的信息保密，避免不当的信息泄露或滥用。

六是职业道德和诚信：招聘过程中的所有人员都应遵守职业道德和诚信准则。不得故意误导应聘者，提供虚假信息或承诺，不得通过不正当手段获取内部信息或利用职务之便更改招聘决策。

合乎道德的招聘政策旨在确保公正、透明、平等和包容的招聘过程。通过遵守职业道德和法律法规来平衡各方利益，企业能够吸引并留住最合适的人才，这样才能实现长期可持续发展。

（资料来源：https：//wenku. baidu. com/view/c3afc7f48462caaedd3383c4bb4cf7ec4afeb6cb. html）

实战训练

一、案例题

【案例4-7】

天洪公司是一家发展中的公司，它在15年前创立，现在拥有10多家连锁店，经过几年发展，从公司外部招聘来的中高层管理人员，大约有50%的人已不符合岗位的要求，工作绩效明显低于公司内部提拔起来的人员。在过去的两年中，从公司外部招聘的中高层管理人员中有9名不是自动离职就是被解雇。

从外部招聘来的商业二部经理因年度考评不合格而被免职之后，终于促使董事长召开一个由行政副总裁、人力资源部经理出席的专题会议，分析这些外聘的中高层管理人员频繁离职的原因，并试图得出一个全面的解决方案。

首先，人力资源部经理就招聘和录用的过程进行了回顾，发现公司是通过职业介绍所或报纸上刊登招聘广告来获得职位候选人的。人员挑选的工具包括一份申请表，三份测试卷（一份智力测试和两份性格测试），有限的个人资历检查以及必要的面试。

行政副总裁认为，他们在录用某些职员时犯了判断方面的错误，那些人的履历表看起来不错，说起工作来也头头是道，但是工作几个星期之后，不足之处就暴露出来了。

董事长则认为，根本的问题在于没有根据工作岗位的要求来选择适用的人才。"从离职人员的情况来看，几乎我们录用的人都能够完成领导交办的工作，但他们很少在工作上有所作为，有所创新。"人力资源部经理提出了自己的观点，他认为公司在招聘中过分强调了人员的性格和能力，而并不重视应聘者过去在零售业方面的记录，例如，在7名被录用的部门经理中，有4名来自与其任职无关的行业。

行政副总裁指出，大部分被录用的职员都有共同的特征，如他们大都在30岁左右，而且经常跳槽，曾多次变换自己的工作；他们雄心勃勃，并不十分安于现状；在加入本公司后，他们中的大部分人与同事关系不是很融洽，与直属下级的关系尤为不佳。

会议结束后，董事长要求人力资源部经理："彻底解决公司目前在人员招聘中存在的问题，采取有效措施从根本上提高公司人才招聘的质量。"

（资料来源：https：//www.educity.cn/souti/HSUHH5ET.html）

问题：1. 天洪公司在人员招聘中存在什么问题？

2. 你对解决这些问题有什么更好的建议？

【案例4-8】

小王是人力资源部的人事主管，由于工厂业务发展迅速，各部门都将需要的人员报了上来，小王根据部门提出的条件，统计到需要技术人员10名，管理人员5名，小王在报纸上刊登了一则招聘启事。应聘人员有的寄资料，有的发传真，一时间收到了上千份简历。由于报名人数多，小王开始从简历中筛选。有些简历字迹潦草、没贴照片，还有些资料不全，把这些筛选掉后还剩300多人。小王决定进行一次笔试。他从计算机中找到了一份以前进行过的职工入厂考试题，复印后，由这些应聘者来做，随后，参照标准答案给每位考试者打分，这样又选出了30名进入面试。面试中小王单刀直入，问了几个难以回答的问题，一些应聘者紧张、反应慢的人员被小王筛选掉了，最终招到了部门需要的人员。

（资料来源：https：//easylearn.baidu.com/edu-page/tiangong/exercisedetail?）

问题：1. 小王在招聘中有没有什么不对的地方？

2. 假如你是小王，你应当如何进行操作？

【案例4-9】

神通公司是一家业务蒸蒸日上的咨询公司，但其部分咨询师素质较低，已严重影响了公司的发展。该公司人力资源部经理李先生决定采用内外结合的方式选拔人才，他先从基层业务人员中提拔了一位具有可靠资料的人员王某，又请职业介绍所为其介绍咨询师。后来，没有理想的人选，他又到某校园开展招聘工作。大学生丁某面试合格后，因其知识丰富、反应敏捷，深受李先生喜爱，他决定让经验丰富的咨询师赵某亲自带丁某，传授经验，以将丁某提拔上来。两个月后，正当丁某可以独当一面工作时，收到了其报考的国外学校的录取通知，丁某提出辞职，李先生很生气，但也无计可施，只好让丁某离职。而王某却始终不能独立工作，李先生此时又陷入困境。

（资料来源：https：//www.12tiku.com/newtiku/10082/19804924.html）

问题：1. 李先生在招聘中选择了哪种渠道？

2. 李先生在招聘中运用了哪些招聘方法？

3. 假如你是李先生，应该如何组织招聘活动？

二、实务题

员工招聘管理训练

技能1：人员招聘需求分析技能。

技能2：招聘渠道分析与选择技能。

技能3：员工招聘计划的制定。

技能4：使用各种甄选技术的技能。

要求：

（1）能够全面把握员工招聘管理的相关理论与实务知识；

（2）能够运用所学的理论与实务相关知识，分析企业在员工招聘工作中存在的问题；

（3）能够结合实际利用各种甄选技术为企业选拔合格的人才；

（4）能够正确设计、撰写员工招聘管理报告。

步骤：将学生分成若干小组，各小组可以任选一个企业案例。每个小组结合所选案例，运用员工招聘管理的相关理论知识分析存在的问题与不足，初步设计具有一定针对性、创新性和实效性的员工招聘改进方案，并撰写报告。

三、拓展阅读

HR一定要知道的10个招聘策略

专题四　员工绩效考核

🔷 知识引例

　　为了激励员工，中宏集团决定实施绩效管理。总经理决定采用很多企业广泛使用的月度绩效考核法。三个月后，员工工作的积极性却未见提高，反而之前工作中表现积极的员工也不再积极。每个部门上交的考核结果也日趋平均，甚至有的部门给每个员工都打了相同的分数。整个公司的人际关系也变得有些微妙，没有以前和谐了；同时，员工的离职率也开始攀升……总经理觉得很困惑：不是说实施绩效管理很好吗？为什么我的月度绩效考核得不到好的结果，反而产生了那么多负面影响？

【案例解析】

　　月度绩效考核只是企业绩效管理的一个环节，只对前期工作的总结和结果进行评价，远非绩效管理的全部。很多企业进行频繁的月度绩效考核，非但不能起到激励的作用，加剧了上下级之间的矛盾，反而会给企业发展带来诸多负面影响。从公平理论的角度看，员工喜欢将自己的投入和所得相比较，也喜欢将自己的投入所得与周围其他员工进行比较。

不论是前者还是后者在比较过程中只要出现不平衡，就会滋生不公平感。因此，积极性受挫，心生不满，甚至离职。

知识梳理

一、绩效考核的定义

绩效考核是企业绩效管理中的一个环节，是指考核主体对照工作目标和绩效标准，采用科学的考核方式，评定员工的工作任务完成情况、员工的工作职责履行程度和员工的发展情况，并将评定结果反馈给员工的过程。常见绩效考核方法包括 BSC（平衡计分卡）、KPI（关键绩效指标）及 360 度考核等。绩效考核是一项系统工程，也是绩效管理过程中的一种手段。

二、绩效考核的程序

绩效考核的程序分为几个步骤。

第一步：设定考核指标。绩效考核的第一步是设定明确的目标。企业需要根据自身的发展需要和员工的职责进行目标设定，确保目标能够具体、可衡量且与企业战略一致。同时，目标设定应该考虑员工的能力和资源限制，确保目标的合理性和可实现性。

第二步：制定评估计划。评估计划是衡量员工绩效的重要依据，企业需要根据不同岗位的特点和工作内容，确定相应的评估指标。评估指标应该能够客观反映出员工在工作中的表现，还应该具备可操作性，即员工能够理解并掌握如何完成评估计划。

第三步：收集考核数据。数据收集是绩效考核的关键环节，企业可以通过多种方式收集数据，包括定期的工作报告、客户反馈、同事评价等。同时，企业还可以利用现代化的信息技术手段，如绩效管理系统等，实现数据的自动收集和分析，以提高数据的准确性和可靠性。

第四步：评估与反馈。评估与反馈是绩效考核的核心环节，企业需要根据收集到的数据对员工的工作表现进行评估。评估可以采用定量评分和定性评价相结合的方式，综合考虑员工的工作结果和工作态度。评估结果应该及时向员工反馈；同时，给予员工适当的奖励，以提高员工的工作动力和满意度。

第五步：改进与发展。绩效考核的最终目的是促进员工的个人成长和组织的发展。企业应该根据评估结果，针对员工的不足之处提供相应的培训和发展机会，帮助员工提升自己的能力和素质。同时，企业也应该总结和分析绩效考核的经验教训，不断改进和完善绩效考核制度，以适应企业的发展需要。

案例评析

中宏股份有限公司绩效考核案例分析

中宏股份有限公司是一家拥有 400 多名员工的生产型企业。近几年来，因受原料采购价格上涨、国内同类生产企业增加、海外市场竞争格局改变等种种因素影响，使该企业面临着重新调整企业发展战略、进行产品工艺和技术改造、增强企业核心竞争力等多种问题。在日趋激烈的市场竞争中，企业越来越意识到，提升现有人员的素质使之与公司发展战略及目标相匹配，调动员工的积极性以更好地实现工作目标，已越来越重要。

为此，该企业从2022年开始在全公司推行绩效考核工作。该企业的绩效考核采用直属主管考核、二级主管评定的模式，将考核结果与员工月奖金、年终奖挂钩。在考核过程中，由直属总管制定考核办法，即直属主管按照预先规定的考核指标给下属打分，先交二级主管评定，再送财务部作为计算考核工资的依据。

企业的发展和成长最终是以企业的绩效来体现的。该企业实施绩效考核后，企业销售额增加了，产品的成本有所降低，产品利润空间得到明显提升。加强了员工对工作目标的认识，从而实现自我约束、自我发展。而管理人员通过给员工考核，在发现员工优点和不足的同时，也间接提升了自己的管理能力和管理水平。因此可以说，绩效考核实施后，取得了一定的成果，并成为该企业完成目标的动力。但是，中宏股份有限公司的绩效考核整体目标并没有实现，绩效考核效果不如其他公司明显。随着时间的推移，绩效考核越来越流于形式，员工的怨气也越来越大。

【考核知识】

针对绩效考核的程序和绩效考核方法考核绩效，第一步：设定考核指标；第二步：制定评估计划；第三步：收集考核数据；第四步：评估与反馈；第五步：改进与发展。

【解题方法】

根据上述案例内容，围绕绩效考核的步骤进行作答。案例中中宏股份有限公司绩效考核存在如下问题：其一，绩效考核定位存在模糊与偏差；其二，绩效目标不明确；其三，绩效考核标准设计不科学、方法单一；其四，绩效考核结果没有沟通，结果没有合适利用。解决办法：其一，明确企业的真正需求；其二，目标责任应得到一致认可；其三，以岗位为中心，建立适合的评价标准；其四，要重视考核结果的反馈；其五，绩效考核与利益紧密挂钩；其六，做好时时改进的准备。对该企业实施绩效考核的建议：其一，对考核者和被考核者进行绩效管理培训，认识考核实质，明确考核的定位和目标；其二，对考核者和被考核者进行绩效管理培训，认识考核实质，明确考核的定位和目标。

三、绩效考核的方法

绩效考核的一般方法包括简单排序法、强制分配法、要素评定法、工作记录法、目标管理法和360度考核法。

（一）简单排序法

简单排序法也称序列法或序列评定法，即对一批考核对象按照一定标准安排"1，2，3，4，…"的顺序。

简单排序法的操作分为以下几步：第一步，拟定考核的项目；第二步，就每项内容对被考核人进行评定，并排出序列；第三步，把各自考核项目的序数相加，得出各自的排序总分数与名次。

（二）强制分配法

强制分配法是按预先规定的比例将被评价者分配到各个绩效类别上的方法。这种方法根据统计学正态分布原理进行，其特点是两边的最高分、最低分者很少，处于中间者居多。

（三）要素评定法

要素评定法也称功能测评法或测评量表法，是指把定性考核和定量考核结合起来的方法。

（四）工作记录法

工作记录法一般用于对生产工人操作性工作的考核。

（五）目标管理法

目标管理法（MBO）是一种综合性的绩效管理方法，由美国著名管理学大师彼得·德鲁克提出。目标管理法是一种领导者与下属之间的双向互动过程。彼得·德鲁克认为，并不是有了工作才有目标，恰恰相反，是有了目标才能确定具体工作。组织最高层确定组织目标后，必须对其进行有效合理的分解，转变为各部门以及每位员工的分目标，管理者根据分目标完成情况对下级进行考核、评价、奖惩。

（六）360度考核法

360度考核法是指多角度进行比较全面绩效考核方法，也称全方位考核法或全面评价法。

案例评析

当中宏股份有限公司项目经理老郭把最后12张绩效评价表格放在一边时，他想："现在，最终完成了。"对老郭来说，这是十分繁忙的一周，他负责管理某高速公路的一组养路工。几天前，市长途经老郭的管区时，向该地区的总监抱怨说几条高速公路都需要维修。于是，总监分配给老郭管理的养路工们一个不寻常的任务。

本周老郭接到人事办公室的一个电话，称他的绩效评价工作已经有些延误了。老郭解释了他的困境，但人事专员坚持必须立即完成绩效评价表。老郭又浏览了一遍绩效评价表，准备对所属的工人进行评价。该绩效评价表中表明了工作数量、工作质量和合作态度等考评项目。每一项目将工人评为杰出、良好、一般、一般偏下或较差。由于老郭管理的养路工在本周已超额完成了工作，他将每位工人的工作量项目都记为"杰出"。

小李对老郭的一个决定提出过异议，老郭决定修补一处路上的破损，而小李认为这一小段路面应当被起掉重新铺，他给小李在合作态度方面记为"一般"。

但老郭在表格的评价栏中没有记录这一点，事实上，他在其他的表现上也没有做出评论。每当老郭想起小梁就有一种负罪感。他知道小梁表现不好，但他又觉得如果小梁发现他的分数比其他工人都低，将会很难过。因此，他为了避免面临尴尬，便给小梁记了同样的分数。老郭想："无论如何，这些事情都很头痛，而我真的不应该使他们烦忧。"当把绩效评价表叠起来并放入信封里准备发出时，老郭脸上露出了笑容，他已经完成了绩效评价任务。

【考核知识】

以上案例，针对绩效考核方法和绩效考核公平性问题考核。绩效考核是指考核主体对照工作目标和绩效标准，采用科学的考核方式，评定员工的工作任务完成情况、员工的工作职责履行程度和员工的发展情况并将评定结果反馈给员工的过程。绩效考核办法通常称为业绩考评或"考绩"，是针对企业中每个职工所承担的工作，应用各种科学的定性和定量的方法对员工行为的实际效果及其对企业的贡献或价值进行考核和评价。

【解题方法】

案例围绕着绩效考核方法和绩效考核公平性问题进行作答，其一，老郭的绩效评价是典型的平均主义；团队绩效的高低不能作为衡量个人绩效的依据；没有明确的考核标准；对于自己的评价没有及时收集证据资料；其二，将考核中的各类项目及标准制定出来；平时做好各类绩效及表现数据的收集工作；其三，增加考评的公正性，可以多加同事考评和自我批评；其四，公司要对老郭考核进行反馈，针对老郭业务中存在不足进行培训，提高老郭的工作效率。

知识衔接

诚信案例——以诚取信以信取誉

福建省古陆人力资源有限公司成立于 2019 年。公司领导始终把做好"守合同、重信用"工作作为一项促进企业经济发展的重要工作来抓。公司成立了以黄志明副总经理为组长，行政部经理余运兰具体负责管理，法务部、业务部、财务部等部门负责人参加的合同管理领导小组，做到了分工明确，监管人员落实到位，把规范合同管理作为"守合同、重信用"的一个重要的环节，把合同管理视为企业的生命和财富，把诚实守信作为企业的发展之本。诚信可以说是立业之本。诚信作为一项普遍适用的道德规范和行为准则，是建立行业之间、单位之间以及人与人之间互信、互利的良性互动关系的道德杠杆。诚信的原则和精神，是促进社会主义市场经济健康发展的道德基石；它不仅对促进社会稳定繁荣、美化社会风俗具有重要作用，而且对提升全社会成员的个人道德涵养，以及培养有知识、有作为、讲道德、守法纪的一代公民具有重要意义。

（资料来源：http：//www.fjjn.gov.cn/ztzl/xyxxztzl/202212/t20221219_1864091.htm）

实战训练

一、案例题

【案例 4-10】

中宏集团又到了年终绩效考核的时候了，从主管到员工每个人都忐忑不安。公司采用强制分布式的末位淘汰法，到年底，根据大家的表现将每个部门的员工划分为 A、B、C、D、E 五个等级，分别占总人数的 10%、20%、40%、20%、10%。如果员工有一次被排在最后一级，工资就降一级。如果有两次排在最后一级，则下岗进行培训，培训后根据考察的结果再决定是否上岗。如果上岗后再被排在最后一级，则被淘汰。员工在培训期间只领取基本生活费。主管人员与员工对这种绩效考核方法都很有意见。财务部主管老高每年都为此煞费苦心，该部门是职能部门，大家没有犯什么错误，工作都完成得很好，把谁评为

E档都不合适。去年，小田因家里有事请了几天假，还迟到了几次，但是也没耽误工作。老高没办法只好把小田报上去了。为此，小田到现在还耿耿于怀。今年，他们又该把谁报上去呢？

问题：财务部是否适合采用硬性分配法进行绩效考核？为什么？

【案例4-11】

中宏集团下有若干子公司，分别从事不同的业务。绩效考评由人事部制定和实施。人事部在原有的考评基础上制定了《中层干部考评办法》。而每年年底正式进行考评之前，人事部又会出台当年的具体考评方案。考评小组由公司高层和各相关职能部门组成考评小组。考评的方式和程序通常包括被考评者写述职报告，在自己单位内召开全体员工大会进行述职、民意测评（范围涵盖全体员工）向科级员工甚至全体员工征求意见、考评小组写出评价意见并征求主管副总的意见后报公司总经理。考评的内容有：被考评单位的经营管理情况，包括该单位的财务情况、经营情况、管理目标的实现等方面；被考评者的德、能、勤、绩及管理工作情况；下一步的打算。具体的考评细目侧重经营指标的完成、政治思想品德。对于中层干部的考评完成后，公司领导在年终总结会上进行说明，并将具体的情况反馈给个人。尽管考评方案中明确说明考评与人事升迁、工资的升降等方面挂钩，但是最后的结果总是不了了之。

对于中层干部的考评细则由各部门的领导掌握。子公司领导对于下属业务人员的考评通常是从经营指标的完成情况来进行的；对于非业务人员的考评，无论总公司还是子公司均由各部门的领导自由进行。至于被考评的人员，很难从主管处获得自己业绩优劣的反馈，只是到了年度奖金分配时，部门领导才会给自己的下属做一次简单的排序。

问题：1. 中宏股份有限公司绩效管理存在哪些问题？

2. 如何才能克服绩效管理过程中存在的问题？

【案例4-12】

张某是中宏集团下属××公司生产部门的主管，生产部门有20多名员工，其中既有生产人员又有管理人员。该部门采用的考评方法是排序法，每年对员工考评一次。具体做法是：根据员工的实际表现给其打分，每位员工最高分为100分，上级打分占比30%，同事打分占比为70%。在考评时，20多人互相打分，以此确定员工的位置。李某平时很少与下属就工作中的问题进行交流，只是到了年度奖金分配时，才对他们进行打分和排序。

问题：1. 生产部门在考评中存在哪些问题？

2. 造成生产部门员工考核错误的原因是什么？

二、实务题

"绩效管理"训练

技能1：企业绩效诊断分析技能。

技能2：绩效管理流程设计与实施技能。

技能3：绩效考核结果反馈及使用技能。

技能4："企业绩效管理体系设计方案"（实训报告）的撰写技能。

要求：

（1）能够全面掌握"绩效管理"的理论与实务知识。

（2）能够运用"绩效管理"理论与实务的相关知识，发现并解决企业中存在的绩效管理问题。

（3）能够初步设计具有一定针对性、创新性和实效性的企业绩效管理和改进方案。

（4）能够正确设计、撰写实训报告。

步骤：将学生分成若干组，各个小组可以任选一题。每个小组结合所选题目，通过实地考察或自行收集的资料分别选择不同的企业，运用"绩效管理"的理论与实务的相关知识分析存在的问题，初步设计具有一定针对性、创新性和实效性的绩效管理改进方案，撰写"绩效管理体系设计方案"报告。

三、拓展阅读

企业绩效管理的三个基本常识

第五单元　市场营销管理

学习目标

★知识目标
◇掌握市场营销的基本理论和方法。
◇熟悉市场定位的理论与程序。
◇掌握市场营销组合的构成及相关关系。

★能力目标
◇能运用所学知识分析某类产品或企业的市场营销组合，并可以设计某一产品的市场营销方案。

★素质目标
◇树立正确的市场营销理念，灵活运用市场营销方法提升市场营销管理水平。

专题一　初识市场营销功能

知识引例

美国花生酱打入俄罗斯市场

美国的生活方式正在潜移默化地影响俄罗斯的生活方式。蓝色斜纹布裤子、摇滚乐、可口可乐、汉堡包、馅饼、计算机、增氧健身法、旅游鞋乃至福音派教义近年来都传入俄罗斯，并流行起来。难怪不少俄罗斯人不断惊呼："美国人来啦！美国人来啦！"

现在，一种美国花生酱又成功地打入俄罗斯的市场，这使越来越多的俄罗斯人喜欢这种正宗美国食品。

美国花生主产于佐治亚等洲，民主党前总统杰米·卡特就是靠在佐治亚种植花生起家的。几十年前，一位美国科学家经过多次试验，研制出了具有特殊风味的花生酱，一下子风行全美。这种花生酱的加工技术独特，营养丰富，据说蛋白质含量超过了牛肉。当时，美国经济不景气，这种价格便宜的花生酱很快在美国南部成为畅销品。美国全国花生理事会依靠四种促销手段，很快便使美国花生酱在俄罗斯市场上站稳了脚跟。

首先是免费奉送。苏联解体之后，俄罗斯出现了严重的经济危机，食品匮乏。美国布什政府同意向俄罗斯提供援助。美国的花生种植和加工者看准了这一机会，主动向俄罗斯提供60吨花生酱，分配给俄罗斯人。食物不足的俄罗斯人一吃到这种味道鲜美的花生酱，就有些舍不得放下了。

其次是大搞宣传活动。现在，美国花生酱的宣传活动已在莫斯科和圣彼得堡两大城市开展起来，美国人希望俄罗斯这两座"领导新潮流"的城市能首先"热爱花生酱，然后把花生酱传到俄罗斯各地"。

再次是投俄罗斯政府所好。俄罗斯目前外汇短缺，用珍贵的硬通货进口花生酱可能性不大。美国的花生大亨们于是对美国政府和俄罗斯政府开展游说活动，以期实施由美国现款援助向俄罗斯出售美国花生酱的计划。美国全国花生理事会负责人说，以俄罗斯政府来说，牛肉短缺现象严重，用价廉的花生酱替代牛肉既可满足老百姓需要又能省钱，因此，俄罗斯政府赞同这一计划是很有可能的。

最后是抓住青少年。美国花生商的目标客户群体是俄罗斯青少年。为此，美国的一个代表团在莫斯科和圣彼得堡的学校里东跑西溜，促使各学校同意把美国花生酱列入学生午餐食谱。为了笼络人心，该代表团携带了大批美国花生酱纪念章，在俄罗斯青少年中散发。

（资料来源：https：//wenku. baidu. com/view/10ad705c312b3169a451a47a. html）

【案例解析】

成功的营销要建立在对环境、消费群体的充分了解之上。了解顾客的需求是营销的核心。市场营销在求得社会生产与社会需求之间的平衡方面发挥着重要的意义。

知识梳理

一、认识市场营销管理

市场营销管理是由市场营销活动的社会化所引起的。随着市场营销活动的深入发展，市场营销活动的领域越来越广，并不断涌现出许多新的理论、技术和方法，涉及更多的营销人员、机构、商品和信息等。市场营销是以环境为中心的一系列活动，但交换并不是市场营销的全部内容，而知识营销活动的一个环节。

进行市场营销管理的目的是更好地达到市场营销目的，帮助企业树立正确的经营指导思想，掌握科学而有效的营销方法。

二、市场营销观念

市场营销观念大致可以归纳为五种，即生产观念、产品观念、推销观念、市场营销观念和社会市场销售观念。

（一）生产观念

生产观念产生在20世纪20年代之前。在这段时间，西方经济处于卖方市场状态。

市场产品供不应求，选择甚少，只要价格合理，消费者就会购买。市场营销的重心在于大量生产，解决供不应求的问题，消费者的需求和欲望并不受重视。其主要表现是"我生产什么，就卖什么"。消费者喜欢那些可以随处买得到而且价格低廉的产品。生产经营的重点是也放在努力提高生产效率，增加产量、降低成本，生产出让消费者买得到和买得起的产品。因此，生产观念也称为"生产中心论"，这显然是一种重生产、轻市场的商业哲学。生产观念是在卖方市场条件下产生的，目前许多发展中国家仍处在这一阶段。生产观念虽然是卖方市场的产物，却时常成为某些企业选择的策略。

📖 案例评析

清一色的黑色汽车

美国福特汽车公司的创办人亨利·福特曾经说过："不管客户的需求是什么，我们的汽车就是黑色的。"因为在那个时代，福特汽车公司通过采用大量流水生产组织形式，大幅提高了福特汽车的生产效率，大幅降低了生产成本，从而大幅降低了福特汽车的售价。这使福特汽车供不应求，不必讲究市场需求特点和推销方法。显然，整个市场的需求基本上是被动的，消费者没有太多选择余地。

（资料来源：https://www.diyifanwen.com/lizhi/chenggonglizhi/1032273.html）

【考核知识】

本案例针对生产观念考核。生产观念是在卖方市场条件下产生的，虽然生产观念是卖方市场的产物，但它却时常成为某些企业的策略选择。

【解题方法】

主要围绕着生产观念进行作答。生产观念决定消费者的需求。市场营销的重心在于大量生产是用来解决供不应求的问题最佳方式，这时消费者的需求和欲望并不受重视。其主要表现为"我生产什么，就卖什么"。消费者喜欢那些可以随处买得到而且价格低廉的产品。生产经营的重点是也放在努力提高生产效率，增加产量、降低成本，生产出让消费者买得到和买得起的产品。

（二）产品观念

产品观念与生产观念一样，产品观念也是产生于产品市场供不应求"卖方市场"形势下。产品观念认为：消费者最喜欢高质量、多功能和具有某种特色的产品，企业应致力于生产高质量的产品，并不断加以改进。产品观念是一种与生产观念相类似的经营思想，它们的共同特点是重生产、轻营销，把市场视为生产终点而不是起点，只有从生产者角度出发，而忽视了市场续期的多样性和动态性，二者的区别在于，面对消费者，生产观念的口号是"生产能生产的东西，我有你买"，产品观念的口号是"生产高质量和特色的产品，我好你买"。

📖 案例评析

美国爱尔琴钟表公司为何失宠？

美国爱尔琴钟表公司自1869年创立，一直到20世纪50年代都被公认为是美国最好的钟表制造公司之一。该公司在市场营销管理中强调生产优质产品，并通过由著名珠宝商店、百货公司等构成的市场营销网络分销产品，在1958年之前，该公司的销售额始终呈上升趋势。在这一时期，许多消费者对于名贵手表已经不感兴趣，而愿意购买那些经济、方便、新颖的手表，而且许多制造商迎合消费者的需求，已经开始生产低档产品，并通过廉价商品，超级市场等大中分销渠道积极推销，从而夺得了爱尔琴钟表公司的大部分市场份额。爱尔琴钟表公司竟没有注意市场的变化，依然迷恋于生产精美的传统样式手表，还是借助传统渠道销售，认为只要自己的产品质量好，客户必然会找上门。结果，该公司遭受了大挫折。

【考核知识】

本案例针对生产观念考核，大家要理解"生产高质量和特色的产品，我好你买"的含义。

【解题方法】

应围绕生产观念作答，从消费者、竞争者和销售渠道方面展开论述。在消费者方面，消费者希望能买到走时基本准确、造型优美的手表，即追求方便性、耐用性和经济性；在竞争者方面，许多同行业制造商迎合消费者，纷纷增加产品线或延长生产线大量生产中低档手表；消费渠道方面，看到廉价手表时，常常会产生冲动购买，众多手表制造商开始通过大众销售渠道（超级市场、廉价商店、折扣商店、方便点）等进行大力推销。爱尔琴公司的产品在市场上受挫的根本原因在于公司迷恋于生产精美、优质而式样传统的手表，并仍用传统的渠道推销产品，以至于根本没有注意到手表市场上发生的各种重大变化。在复杂多变、竞争激烈的市场环境下，爱尔琴公司"理应朝着窗外眺，却只对着镜子照"，而目光短浅就是其遭受挫折的根本原因。

（三）推销观念

推销观念是生产观念的发展和延伸。在 20 世纪 20 年代末至 50 年代初，其是为许多企业采用的另一种观念，表现为"我卖什么，客户就买什么"。它认为，消费者通常表现出一种购买惰性和抗衡心理，如果顺其自然的话，消费者一般不会足量购买某一企业的产品，企业必须要积极推销和大力促销，刺激消费者大量购买本企业的产品。推销观念在现代市场经济条件下常被人们用于推销那些非渴求产品，而消费者一般不会想到去购买相关产品或服务。

（四）市场营销观念

市场营销观念亦称"新观念"。在商品生产发达时期，以消费者需求和企业优势的有机结合为中心的营销指导思想，是营销观念与生态—营销观念的总称。它是一种全面的、先进的指导思想，随着商品生产发展，市场营销兴旺，竞争加剧的营销环境出现而产生，从根本上改变了企业的营销态度和思维方式，把营销活动推进到一个崭新的阶段。

（五）社会市场营销观念

社会市场营销观念是企业提供产品或服务，要从消费者需要和企业自身的条件出发，既满足消费者的需要和欲望，又符合消费者利益、企业自身利益和社会长远利益，并以此作为企业的经营目标和责任。社会市场营销观念考虑的是消费者和整个社会的长远利益，形成的一种具有普遍意义的工商哲学。它是由生产观念→推销观念→市场营销观念→社会市场营销观念→大市场营销观念→全球营销观念演变而来的。

三、市场营销功能

市场营销功能主要有以下几点。

（一）了解消费者的需求

现代市场营销观念强调市场营销应以消费者为中心，企业也只有通过满足消费者的需求，才可能实现企业的目标，因此，发现与了解消费者的需求就是市场营销的首要功能。

（二）指导企业决策

企业决策正确与否就是企业成败的关键，企业要谋得生存与发展，很重要的就是做好经营决策。企业通过市场营销活动，分析外部环境的动向，了解消费者的需求与欲望，了解竞争者的现状与发展趋势，结合自身的资源情况，指导企业在产品、定价、分销、促销与服务等方面做出相应的、科学的决策。

（三）开拓市场

企业市场营销活动的另一个功能就是通过对消费者现在需求与潜在需求的调查、了解与分析，充分把握与捕捉市场机会，积极开发产品，建立更多的分销渠道并采用多种促销形式来开拓市场、增加产品销量。

（四）满足消费者的需要

满足消费者的需求与欲望就是企业市场营销的出发点与中心，也就是市场营销的基本功能。企业通过市场营销活动，从消费者的需求出发，并根据不同目标市场的顾客，采取不同的市场营销策略，合理地组织企业的人力、财力、物力等资源，为消费者提供适销对路的产品，做好销售后的各种服务，让消费者满意。

> **知识衔接**
>
> **营销人员职业道德**
>
> 一、通晓业务，优质服务
>
> 营销人员要博学多才，业务娴熟；要牢固树立服务至上的营销理念；要善于收集信息、把握市场行情；要灵活运用各种促销手段，拉近与客户的距离，成功进行沟通；要熟悉经销商品的性能，主动准确地传达商品信息；要为顾客排忧解难，满足他们的特殊要求。
>
> 二、平等互惠，诚信无欺
>
> 营销工作者最基本的行为准则。营销工作者在工作中不要耍手腕，不坑蒙消费者，不擅自压价或变相提价；要恪守营销承诺，不能为了图一时之利，损害企业信誉。
>
> 三、当好参谋，指导消费
>
> 营销是生产者与消费者之间的媒介和桥梁，营销工作者要在与消费者的沟通中，了解不同对象的不同需求，引导消费者接受新的消费观念。同时，又将消费者的需求信息传达给生产者，以帮助企业改进和调整生产节奏。
>
> 四、公私分明，廉洁奉公
>
> 生产者往往赋予营销工作者一定的职权，营销人员应经得起利益的诱惑，不赚规定之外的私利，不进行转手倒卖等各种谋私活动。
>
> （资料来源：https://wenku.baidu.com/view/efd4dceea900b52acfc789eb172ded630b1c9814.html）

实战训练

一、案例题

【案例 5-1】

与奥运共振

2004 年，雅典奥运圣火于 6 月 8 日抵达北京。作为雅典奥运火炬传递的主管赞助商可口可乐公司，已于数月前就启动了"雅典 2004 奥运火炬传递——中国火炬接力选手、护跑手选拔"活动，在中国的 20 多个城市里选拔火炬接力选手和护跑选手。因此，很多的普通消费者得以通过可口可乐和奥运零距离互动。

6 月 9 日奥运圣火在北京城传递，此时，准备充分的可口可乐公司成功地在北京城掀起了一场声势浩大的红色旋风。可口可乐公司在 6 月 5 日推出的 240 万罐奥运火炬接力纪念装在很多地方销售一空。

8 月 4 日下午，可口可乐（中国）公司在北京组织了一场以"为奥运喝彩，为中国加油"为主题的大型新闻发布会。即将出征的刘翔、滕海滨、马琳三位体育明星，成为雅典奥运会期间可口可乐新的形象代言人，以他们为主角拍摄的可口可乐新的广告片在奥运期间反复播放，同时，分别以这三位体育明星的形象设计的"要爽由自己"可口可乐奥运包装，也开始在全国市场限量销售。

奥运会过后，可口可乐还通过中央电视台展开了"后奥运营销"，在 8 月 31 日的"奥运特别节目"和 9 月 4 日的"庆祝奥运健儿凯旋"两个特别节目中签订贴片广告，抓住了难得的品牌传播机会。

借着奥运的热潮，可口可乐公司 2004 可口可乐"奥运中国行"大型巡回路演活动也在全国范围内举行。与此同时，可口可乐公司在奥运期间还将其麾下的可口可乐、雪碧、芬达、醒目、酷儿作为促销产品，以 100% 中奖率的形式回报消费者。

上述营销活动的开展，使可口可乐公司销售大升的同时，在 2004 年夏天占领了品牌宣传的战略高地，成功地遏制了老对手百事可乐的追赶风头。可口可乐公司是世界上最早认识到体育营销的巨大价值，并实现体育营销长期性和系统性的企业之一。

从赞助 1928 年阿姆斯特丹奥运会开始，可口可乐公司和奥运会已经成为一对合作密切的伙伴。奥林匹克运动的精神是"更快、更高、更强"，这正好符合可口可乐"乐观奔放、积极向上、勇于面对困难"的核心品牌价值。

作为大众消费品，可口可乐奥运营销的原则就是将"奥运精神、品牌内涵、消费者联系"三点连成一线，如何将营销活动、品牌和消费者达成契合，这是企业赞助奥运会成败的关键。"可口可乐奥运营销的定位不是在运动和赛事本身，这些都是次要的，它的宗旨是让普通的消费者来分享奥运会。"

体育营销最基本的功能就是成为卖方（企业）和卖方（消费者）改善或重建彼此关系的重要工具，双方借体育运动产生共振，共同的焦点是让人热血沸腾的体育运动。然而，与消费者的联系成为体育营销中最难把握，也最易忽略的重点。业内专家称："赞助失败的原因之一就是过度以品牌为中心，而不是以消费者为中心。"

可口可乐公司在奥运营销的各项活动中，将与消费者的"分享"理念奉为原则，从奥运火炬手的选拔、奥运中国行的路演到迷你奥运会的街头活动等，无不强调消费者的参与。成熟的战略加上人性化的战术，让可口可乐公司的营销得到消费者的深度认同。预先签下奥运最热门的冠军刘翔，可口可乐利用"时间差"，用最少的投入获得了巨大的传播效应在奥运营销启动之前，可口可乐公司的竞争对手百事可乐公司已经先发制人，找到了新的广告主题"突破渴望"，除了很好地继承了 2003 年"渴望无限"的主题外，启用风靡港台的八大明星阵容，演绎传奇故事，在广告争夺上略占上风。

对此，2004 年，可口可乐推出了"要爽由自己"的品牌主题，而且两位品牌代言人传奇般的夺取金牌经历，令世人更为瞩目。当刘翔终于以 12.91 秒的成绩完成奥运传奇，当滕海斌失利后重新赢得一块体操金牌时，可口可乐公司在这次奥运宣传战中彻底胜出。

刘翔和滕海滨广告中"去雅典奥运"，并且实现了金牌梦想这样的事实，已经很好地诠释了"要爽由自己"的内涵，体现了"用自信赢得成功"的品牌精神，而百事可乐公司因为没有推出与奥运相关的广告，自然败下阵来。可口可乐公司在这次奥运会中抓住机会，大幅提升了品牌影响力并促进了终端销售。刘翔夺得奥运冠军后，以刘翔名字命名的"刘翔特别版"可口可乐在各地几近脱销。可口可乐公司在雅典奥运期间是被公认的广告策略最大赢家。被业内人士最为称颂的是，可口可乐公司在选择体育明星作为广告代言人时的独到眼光，它"恰好"选择了刘翔、马琳和滕海滨三位年轻运动明星作为代言人，并且他们都夺取奥运会金牌。

虽然也含有运气的成分，但这与可口可乐公司事前周密的调查和客观的评估密不可分。"早在一年多以前，可口可乐公司就开始布置奥运战术策略，然后跟相关的政府机构了解信息。我们当时选出了 20 多个最有希望夺冠的领域，从这里又要选择出合适的运动员，同时也要考虑到一些在国际上被关注，而中国现在还没有突破的项目，比如田径。拿不到金牌或比赛失败的可能性我们也考虑过，我们不仅考虑这一环节，还展望了未来。他们都很年轻，滕海滨才 18 岁，刘翔 21 岁，这是放长线，不光是 2004 年雅典奥运会这一次，还有 2008 年的北京奥运会。"

（资料来源：http：//www.cnbin.com/bencandy.php？fid＝144&id＝5046）

问题：1. 可口可乐公司的经营理念属于哪种市场营销观念？

2. 结合实际谈谈企业应该如何运用正确的市场营销观念开展市场营销活动？

【案例 5-2】

三个业务员：寻找市场

美国一家制鞋公司要寻找国外市场。公司派出一名业务员去非洲某岛国调研，让他了解能否将公司的鞋销售给当地人。这名业务员到非洲后待了一天，也发回一封电报："这里的人不穿鞋，没有市场。我即刻返回。"公司又派出了另一名业务员，第二名业务员在非洲待了一个星期，发回一封电报："这里的人不穿鞋，我认为鞋的市场很大，准备把本公司生产的鞋卖给他们。"公司总裁得到两种不同的结果后，为了了解更真实的情况，又派出了第三名业务员。该业务员到非洲后待了三个星期，发回一封电报："这里的人不穿鞋，原因是他们有脚疾，虽然也想穿鞋，但不需要我们公司生产的鞋，因为我们的鞋太窄。如果想卖鞋，我们必须生产宽鞋，这才能满足他们对鞋的需求。这里的部落首领不让我们做买卖，除非我们借助政府的力量和公共活动做大市场营销。我们打开这个市场需要投入大约 1.5 万美元。这样，每年大约能卖出 2 万双鞋。在这里卖鞋可以赚钱，投资收益率约为 15%。"

（资料来源：https：//blog.sina.com.cn/s/blog_6247d1340100osmo.html）

问题：1. 如果你是本案例中的公司总裁，你将采纳哪一名业务员的建议？为什么？

2. 在现实生活中，有新功能、新作用或款式的商品层出不穷，这些商品既源于消费者的需求，又高于消费者的需求，它们改变着人们的生活方式。请你以一种自己熟知的商品为例，分析这种商品是进入市场并被广大消费者所接受的原因。

【案例 5-3】

TCL 的营销管理哲学

1998 年，TCL 集团以其总资产 58 亿元，销售额 108 亿元，实现利润 8.2 亿元的业绩，在全国电子行业排行榜上跃居前五名。回顾 17 年前由 5 000 元财政贷款起家的成长历程，这个地方国有企业集团的高层决策者体会到建立并贯彻一套适应市场经济要求的经管理念，是公司生存和发展的关键。

TCL 的经管理念包括两个核心观念和四个支持性观念。这两个核心观念是：

第一，为客户创造价值的观念。他们认为，客户（消费者）就是市场，只有为客户创造价值，赢得客户的信赖和拥戴，企业才有生存和发展的空间。为此，公司明确提出"为客户创造价值，为员工创造机会，为社会创造效益"的宗旨，将客户利益摆在首位。每上一个项目，都要求准确把握消费者需求特征及其变化趋势，紧紧抓住四个环节：不断推出适合客户需要的新款式产品；严格为客户把好每个部件、每种产品的质量关；建立覆盖全国市场的销售服务网络，为客户提供产品终身保修；坚持薄利多销，让利给消费者。

第二，不断变革、创新的观念。他们认为，市场永远在变化，市场面前人人平等，唯有不断变革经营、创新管理、革新技术的企业，才能在竞争中发展壮大。为此，他们根据市场发展变化不断调整企业的发展战略和产品质量与服务标准，改革经营体制，提高管理水平。近几年来，集团除推出 TCL 致福电脑、手提电话机、锂系列电池、健康型洗衣机和环保型电冰箱等新产品外，对电视机、电话机等老产品每年也有各近 20 种不同型号新产品投放市场，并几乎都受到青睐。

在具体的营销管理工作中，TCL 重点培育和贯彻了四个支持性观念。

一是品牌形象观念。TCL 将品牌视之为企业的形象和旗帜、对消费者服务和质量的象征。花大力气创品牌、保品牌，不断使品牌资产增值。

二是先进质量观念。TCL 以追求世界先进水平为目标，实施产品、工艺、技术和管理高水平综合的全面质量管理，保证消费者利益。

三是捕捉商机贵在神速的观念。TCL 认为，挑战在市场，商机也在市场，谁及时发现并迅速捕捉了它，谁比竞争对手更好地满足消费者需要，谁就拥有发展的先机。

四是低成本扩张观念。TCL 认为，在现阶段，我国家电领域生产能力严重过剩，有条件实行兼并的情况下，企业应以低成本兼并扩大规模，为薄利多销奠定坚实基础。1996 年，TCL 以 L5 亿元港元兼并香港陆氏集团彩电项目；出资 6 000 万元与美乐电子公司实现强强联合。仅凭借此两项，TCL就获得需投资6亿元才能实现的200万台彩电生产能力，年新增利润近2亿元。

（资料来源：https：//www.yunliebian.com/yingxiao/article-39442-1.html）

问题：1. TCL的经营理念是否适应我国当代市场环境的要求？

2. 近年来，TCL可以成长、发展的原因是什么？

二、实务题

【训练项目】

市场营销观念的理解与案例分析。

【训练目标】

通过训练要求学生收集大量的案例资料，通过对案例资料的分析，认识营销观念对企业发展的重要性及营销观念的新发展；现代营销观念与传统营销观念的区别；现代营销观念在企业中的应用。

【训练程序】

1. 案例收集可以采用两种方式：一种方式是在近期的报刊、相关网站上查阅案例；另一种方式是通过各种途径访问有关的企业管理人员，收集案例。

2. 案例应形成文字资料。可以是成功的案例，也可以是失败的案例。

3. 学生还要对案例进行分析，写出书面分析意见。

4. 教师除对学生收集的案例进行评阅外，还可以组织交流，选择某些较有代表性的案例让学生讲评。

【训练组织】

1. 把全班学生分为两大组，第一组在近期的报刊、相关网站上查阅案例；第二组学生开展访问收集案例。

2. 第一大组和第二大组分别以5~6人为一组，每组选出一名组长，并采取组长负责制查阅资料或走访企业。各组在查阅资料或走访企业前做好登记记录，以免重复。

3. 教师要跟踪访问进行指导，学校应为访问活动提供方便。同时，还要在访问前对学生在访问过程中可能发生的问题进行预防教育。

4. 每位学生应写出案例分析，在班内进行交流展示。

【训练考核】

每位学生填写好报告：训练者自评，小组同学互评，教师给出综合评价。

三、拓展阅读

如何破解碎片化时代的营销困境

专题二　目标市场营销

知识引例

屈臣氏的全称是屈臣氏个人护理用品商店，其是现阶段亚洲地区最具规模的个人护理用品连锁店，是目前全球最大的保健及美容产品零售商和香水及化妆品零售商之一。屈臣氏在"个人立体养护和护理用品"领域，不仅聚集了众多世界顶级品牌，还开发生产了 600 余种自有品牌。屈臣氏目前在亚洲以及欧洲的 36 个市场、1 800 个城市共拥有 18 个零售品牌，超过 7 300 间零售店铺，每星期都为全球超过 2 500 万人提供着个人护理用品服务。

屈臣氏成立于 1828 年，原是广州的一个小药房，经过二十多年的发展，于 1841 年将业务拓展到香港。到了 20 世纪初叶，屈臣氏已经在中国香港地区、中国内地等奠定了雄厚的业务根基，旗下有一百多家零售店与药房。百年多的沉淀后，其于 1981 年被华人首富李嘉诚名下的和记黄埔收购，之后通过李氏团队出神入化的缔造，屈臣氏变成了全球首屈一指的个人护理用品、美容、护肤商业业态的巨擘。发展到今天，屈臣氏在全球门店数已超 5 000 家，销售额逾百亿港元，业务遍及 40 多个国家和地区。

1989 年 4 月，屈臣氏在北京开设内地第一家店。此后的 16 年，屈臣氏一直是"闲庭信步"般的发展模式。但是，最近一段时间，却"大步流星"似的向前迈进：屈臣氏用了 16 年时间才在中国大陆建了 100 家分店，现在竟然宣布要在未来 5 年时间再建 900 家！同时，屈臣氏还与北京同仁堂合作，提供传统中药产品，加快本土化进程。

（资料来源：https：//wenku. baidu. com/view/bf4f92053269a45177232f60ddccda38376be16e. html）

【案例解析】

本案例首先分析了屈臣氏自创立至今在全球与中国大陆的发展情况，然后通过分析其在目标市场战略与围绕其目标消费群所展开的一系列经营策略，来揭示其成功之道。本案例的分析重点是目标市场战略。屈臣氏所经营的产品以及一直秉承的经营理念是吸引顾客的最大法宝，作为屈臣氏的忠实顾客，屈臣氏总让我感受到的无处不在的新奇推销方式和手段是吸引我最有效的工具。屈臣氏每个月都会印制大量的宣传册放在店中供大家参考，进行针对性很强的宣传加上持之以恒的优惠最让人心动，而丰富多彩的活动，关注个人护理的浓郁氛围，以及贴心服务都是屈臣氏的金字招牌。屈臣氏的自有产品是高质低价的，因此，消费者的忠诚度在这些自有品牌的消费中逐渐建立，并且完善了其品牌形象。各种经营促销战略的运用使消费者对其品牌和所经营产品的关注度大幅提高。因此，在销售的过程中，进行充分的市场分析并合理运用各种策略才是成功的关键所在。

知识梳理

一、市场细分

（一）市场细分的含义

市场细分是企业按照某种标准将市场上的客户划分成若干个客户群，每个客户群构成一个子市场，不同子市场之间，需求存在着明显的差别。市场营销在企业的活动包括细分一个市场并把它作为公司的目标市场，设计正确的产品、服务、价格、促销和分销系统"组合"，从而满足细分市场内顾客的需要和欲望。市场细分包括完全市场细分与无市场细分。

（1）完全市场细分就是市场中的每位消费者都单独构成一个独立的子市场，企业根据每位消费者的不同需求为其生产不同的产品。从理论上说，只有一些小规模的、消费者数量极少的市场才能进行完全市场细分，这种做法对企业而言是不经济的。尽管如此，完全市场细分在某些行业，如飞机制造业等行业还是大有市场，而现在流行的"订制营销"就是企业对市场进行完全市场细分的结果。

（2）无市场细分是指市场中的每位消费者的需求都是完全相同的，或者是企业有意忽略消费者彼此之间需求的差异性，而不对市场进行细分。就消费者市场而言，细分变量归纳起来主要有地理环境因素、人口统计因素、消费心理因素、消费行为因素、消费受益因素等。

（二）市场细分的作用

（1）有利于企业发掘和开拓新的市场机会。
（2）有利于企业将各种资源合理利用到目标市场。
（3）有利于制定适用的经销策略。
（4）有利于调整市场的营销策略。

案例评析

儿童计算机：在学习中娱乐

2005年年初，方正推出的一款儿童计算机引起了多方关注。这款计算机采用独特的成人/儿童双模式转换设计，通过儿童锁，不必开关机，便可以在成人和儿童两种模式下进行切换。在儿童模式下，计算机还配备了学习软件为孩子创建一个健康的学习乐园，使他们能够尽情享受学习的乐趣。此外，其独特的液晶触摸显示屏设计，还可以让孩子以手写的方式输入文字。

儿童手机：中联情感

2004年，东方通信曾推出一款儿童手机——贝贝通。贝贝通专为儿童与家人之间的情感联络而设计，外观采用卡通风格，看上去像一只可爱的卡通猫，上市价格为800元左右。贝贝通针对儿童的特点，采用简单的按键设计，如限定呼入、呼出和限制短信接发，这样既可以防止孩子误拨电话造成话费负担；同时，也可以给手机定位，而且误差一般不超过20米，十分方便家长寻找孩子。

儿童冰箱：追求时尚

2002年，儿童冰箱的概念就已经被提出，并成为当时家电市场的新亮点。其中容声推出的儿童冰箱主要针对15岁以下的少儿，它们引入小熊、企鹅、小狗、知了、熊猫、鹦鹉、太空超人、独眼侠等10款卡通彩色造型，全部容积限定在90升以下。容声儿童冰箱目前零售价为1 500元左右。

【考核知识】

主要围绕市场细分的作用的知识进行考核，市场细分的作用有助于企业认识市场和寻找机会，有利于企业有针对性地开展营销活动，有利于企业开发适销对路的新产品。

【解题方法】

应根据上述案例内容，围绕市场细分作用作答，一个企业的产品不可能满足所有消费者的需求，尤其是在激烈的市场竞争中，企业更应集中力量，有效地选择市场，从而取得竞争优势。

（三）市场细分程序

市场细分程序可以概括为以下几点。

（1）选定产品范围。明确自身在行业中产品市场范围，并作为制定市场开拓战略的依据。

（2）列举客户的需求，可从地理、人口、心理等方面列出影响产品市场需求和客户购买行为的各个变量。

（3）分析潜在客户的不同需求，应对不同的潜在客户进行抽样调查，并对所列出的需求变量进行评价，了解客户的共同需求。

（4）制定相应的营销策略：调查、分析、评估各细分市场，最终确定进入细分市场，并制定相应的营销策略。

二、市场选择

（一）确定目标市场

确定目标市场是在分析市场细分和企业优势的基础上，为产品或服务选择一个具有潜力和竞争优势的细分市场。以下是确定目标市场的步骤。

1. 市场细分

将整个市场划分为具有相似需求、偏好和行为特征的消费者群体。常用的市场细分方法包括地理细分、人口统计细分、心理细分和行为细分。

2. 细分市场评估

对每个细分市场进行评估，了解其市场规模、增长潜力、竞争程度等因素，以确定哪些市场具有发展潜力。

3. 企业优势分析

分析企业的资源、能力和核心竞争力，找出相对于竞争对手的优势和特点。

4. 匹配细分市场与企业优势

根据企业优势和市场需求，选择一个或多个与企业优势相匹配的细分市场。

5. 优先级排序

若有多个符合条件的目标市场，可以根据市场潜力、竞争程度、资源投入等因素对它们进行优先级排序，以确定首要关注的目标市场。

确定目标市场时，可以考虑与具有丰富经验和专业知识的市场调研机构合作，它能够帮助企业更全面地了解市场需求、竞争格局和自身优势并提供有针对性的目标市场建议，从而提高企业的市场竞争力。

(二) 目标市场策略

1. 市场集中化

企业选择一个细分市场，集中力量为之服务。较小的企业一般这样专门填补市场的某一部分。集中营销使企业深刻了解该细分市场的需求特点，采用针对的产品、价格、渠道和促销策略，从而获得强有力的市场地位和良好的声誉，但同时，其中也隐含着较大的经营风险。

2. 产品专业化

企业集中生产一种产品，并向所有客户销售这种产品。例如，服装厂商向青年、中年和老年消费者销售高档服装，企业为不同的客户提供不同种类的高档服装产品和服务，而不生产消费者需要的其他档次的服装。这样，企业在高档服装产品方面声誉很好，可一旦出现其他品牌的替代品或消费者流行的偏好转移，企业将面临巨大的威胁。

3. 市场专业化

企业专门服务某一特定顾客群，尽力满足他们的各种需求。例如，企业专门为老年消费者提供各种档次的服装。企业专门为这个客户群服务，能建立良好的声誉。但一旦这个顾客群的需求潜量和特点发生突然变化，企业要承担较大风险。

4. 有选择的专业化

企业选择几个细分市场，每一个对企业的目标和资源利用都有一定的吸引力。但各细分市场彼此之间很少或根本没有任何联系。这种策略能分散企业经营风险，即使其中某个细分市场失去了吸引力，企业还能在其他细分市场盈利。

5. 完全市场覆盖

企业力图用各种产品满足各种客户群体的需求，即以所有的细分市场作为目标市场，例如上例中的服装厂商为不同年龄层次的顾客提供各种档次的服装。一般只有实力强大的大企业才能采用这种策略。例如，IBM 公司在计算机市场、可口可乐公司在饮料市场开发众多的产品，从而满足各种消费需求。

案例评析

雅玛哈公司是日本一家有名的钢琴制造公司，经过多年艰苦努力，该公司控制了整个世界钢琴市场40%的份额。但与此同时，市场对钢琴的需求量却以每年10%的速度下降，钢琴行业面临危机。雅玛哈公司该采用什么样的策略来应对这个严峻的现实？是退出钢琴行业，还是从钢琴的质量与价格上与同行进一步展开竞争？或是另寻良方？

雅玛哈公司经过冷静思考和深入调查后发现，从莫扎特时期到现在，钢琴的结构和功能几乎没有任何变化，学弹钢琴太费时间，现代人的时间又太有限，以致学弹钢琴的人越来越少。世界上现有的近 4 000 万架钢琴中，大部分闲置在家庭或音乐厅里，上面布满了灰尘。

雅玛哈公司的经理们终于认识到，此时再埋头竞争以进一步扩大钢琴市场占有率已意义不大，因为市场需求已趋于饱和，生产质量再好、成本再低的钢琴也不一定能解决多大问题，因为市场需求急骤下降的原因不在于钢琴的质量和价格。那么，该公司唯一的出路就是从根本上改变钢琴的功能。

于是，雅玛哈公司把数控技术和光学技术相结合，将原来的钢琴改造成为一种新型钢琴，这种新型钢琴既可作为普通钢琴供人们弹奏，又具有许多特殊的功能。它可以精确地区分和记录92种不同强度和速度的击键方式，具有录放功能，可以把在其上演奏的乐曲准确地录制在计算机软盘上，录制的软盘又可使钢琴做无人自动弹奏，其效果和钢琴家的弹奏几乎一样。这样，人们就可以把自己喜爱的钢琴家请到家中，让他在钢琴上演奏乐曲，并录制下来供以后欣赏。当然，人们也可以从专门商店购买钢琴录音盘片拿回家使用。由于把已有的老式钢琴改造成这种新型钢琴只需支付2 500美元，不少客户认为值得，乐于接受雅玛哈公司的这项服务，光这一项服务就使雅玛哈公司再次焕发出勃勃生机。

（资料来源：https：//zhuanlan. zhihu. com/p/647734366）

【考核知识】

针对确定目标市场知识进行考核，确定目标市场，应从三方面进行分析和评估细化市场，其一，细分市场的规模及成长潜力；其二，细分市场的吸引力，细分市场吸引力是衡量指标成本和利润的；其三，企业的市场营销战略目标和资源，企业必须要结合其市场营销战略目标和资源来综合评估。

【解题方法】

应围绕目标确定市场考核，即对企业吸引力的、有可能成为企业目标市场的细分市场进行分析和评估，然后根据企业的市场营销战略目标和资源条件，选择企业最佳的细分市场。企业如果确实能在该细分市场取得成功，它还需要发挥其经营优势，以压倒竞争者。企业如果无法在细化市场创造某种优势地位，就不应贸然进入。

三、市场定位

（一）认识市场定位

市场定位是为使产品在目标消费者心目中相对于竞争产品而言占据清晰、特别和理想的位置而进行的安排。营销人员设计的位置必须使他们的产品有别于竞争品牌，并取得在目标市场中的最大战略优势。市场定位是企业及产品确定在目标市场上所处的位置。市场定位是由美国营销学家艾·里斯和杰克·特劳特在1972年提出的，其含义是指企业根据竞争者现有产品在市场上所处的位置，针对顾客对该类产品某些特征或属性的重视程度，为此企业产品塑造与众不同的，给人印象鲜明的形象，并将这种形象生动地传递给顾客，从而使该产品在市场上确定适当的位置。

（二）市场定位流程

市场定位流程步骤如下。

第一步，确定目标市场。市场定位的第一步是明确目标市场，即产品或服务将面向哪些消费者。这个过程涉及目标客户的细分、行为和需求的分析。

第二步，定义市场竞争（市场格局）。该步骤涉及确定市场的规模、竞争对手的身份，他们的位置和他们如何竞争。这有助于公司了解它的竞争优势和独特性。

第三步，定位分析和筛选。这一阶段的目的是分析和筛选出目标市场的细分，并选择最适合公司的细分市场。

第四步，制定市场定位战略。基于选定的细分市场和竞争情况，公司需要确定如何最好地定位自己的产品或服务，以获得市场份额。

第五步，实施市场定位战略：一旦制定了市场定位战略，就需要通过市场营销活动将其付诸实践。

第六步,监测和修正市场定位战略。定期评估市场定位战略成功,并在必要时进行修正。

总之,市场定位的程序是一个连续的过程,需要公司的不断努力和关注,以确保其与目标市场保持紧密联系,满足客户需求并抓住市场机遇。

(三) 市场定位依据

第一,产品特色定位:需要突出产品的特色,面对不同的客户推出不同的产品。

第二,客户利益定位:突出的产品能给客户带来更多方面的需求和利益。

第三,使用者的定位:把产品推送给一个特定的客户群,使客户认同这个产品。

第四,使用场合定位:对于一些产品可以作为不同的用法给推送出去。

第五,竞争定位:通过评估选择来确定对本企业最有利的竞争优势并对其进行开发。

知识衔接

社会主义市场营销的企业范例

范例一:中国石化集团有限公司

一、公平竞争与消费者权益保护

反垄断执法:中国石化集团有限公司积极参与公平竞争,遵守反垄断法规,并将其融入企业市场营销策略中,确保市场竞争的公平和自由。同时,还要保护消费者权益,提供合理的价格和高质量的产品和服务。

二、低碳环保与可持续发展

绿色能源建设:中国石化集团有限公司致力于低碳环保和可持续发展战略,投资建设清洁能源项目,减少碳排放,推动能源结构转型升级。

三、社会责任与公益事业

扶贫帮困:中国石化集团有限公司积极履行社会责任,联合政府和其他合作伙伴,开展扶贫帮困的公益活动,为贫困地区提供资金、技术和培训支持。

范例二:贵州茅台酒股份有限公司

一、品牌建设与文化传承

贵州茅台酒股份有限公司通过将社会主义核心价值观融入品牌建设传承中华传统文化,成为具有社会主义特色的国际知名品牌。

二、市场辐射与区域发展

贵州茅台酒股份有限公司以茅台镇为中心,通过市场营销策略,推动茅台镇及周边地区产业的发展,为当地经济增长和就业创造机会。

三、精准扶贫与农民收入增加

贵州茅台酒股份有限公司与当地农民合作组建合作社,通过技术支持、资金投入和市场销售等渠道帮助农民增加收入,实现共同发展。

社会主义市场营销是中国企业发展的重要战略方向,强调的是市场经济基础下的社会主义核心价值观的践行和推广,可以提升企业的社会形象和品牌价值。通过社会主义市场营销,企业可以实现自身的可持续发展,促进与全社会的共同发展,塑造和谐的社会关系。未来,随着社会主义核心价值观的不断深化和市场经济的持续发展,社会主义市场营销将进一步发展壮大,为中国企业的国际竞争提供有力的支持。

(资料来源 https://wenku.baidu.com/view/2adce64f80c4bb4cf7ec4afe04a1b0717fd5b3be.html?)

实战训练

一、案例题

【案例 5-4】

天美时钟表公司是怎样发现其市场机会

美国天美时钟表公司在第二次世界大战前还是一家不大起眼的公司，极力想在美国市场上撕开一条口子，大干一番。当时，著名的钟表公司几乎都以生产名贵手表为目标，而且主要通过大百货商店、珠宝商店推销。但是，天美时钟表公司通过市场营销研究发现，实际上市场可以进行划分，把市场上的购买者分为三类：第一类消费者希望能以尽量低的价格购买能计时的手表，他们追求的是低价位的实用品，这类消费者占 23%。第二类消费者希望能以较高的价格购买计时准确、更耐用或式样好的手表。他们既重实用又重美观，这类消费者占 46%。第三类消费者想买名贵的手表，主要是用它作为礼物，他们占整个市场的 31%。

由此天美时钟表公司发现，以往提供的产品仅是以第三类消费者为对象。公司高兴地意识到，一个潜在的充满生机的大市场即在眼前。于是根据第一、第二类消费者的需要，制造了一种叫作"天美时"的物美价廉的手表，一年内保修，而且利用新的销售渠道，广泛通过商店、超级市场、廉价商店、药房等各种类型的商店大力推销，结果很快就提高了市场占有率，成为世界上规模较大的钟表公司之一。

（资料来源：https：//max.book118.com/html/2021/1123/6124230100004055.shtm）

问题：1. 该公司是怎样发现市场机会的？

2. 该公司是依据什么因素进行市场细分的？

3. 该公司采用了何种目标市场营销策略？

【案例 5-5】

红桃 K 集团的目标市场营销

红桃 K 集团是武汉著名的企业。红桃 K 生血剂的年销售额到数十亿元。总销售额中有 70% 的份额在农村市场。

红桃 K 集团根据消费者市场细分中的地理区域细分的方法，对农村市场进行了深入的调查研究，了解到农村存在高比例的贫血人口，对生血剂有巨大的潜在需求。通过市场调查，公司还进一步了解到农村消费者对产品功效要求更迫切，能快速见效的产品容易占领农村市场。而红桃 K 集团正是符合这一要求的生血剂。红桃 K 集团决定把农村市场作为目标市场，并为其设计了一整套的营销策略。

农村消费者的求廉心理比城市的消费者更重，这是因为农村者的经济条件决定了其购买力水平。红桃 K 集团经过对农村市场的研究后制定了正确的价格策略：每盒 30 元的售价是可以得到农村消费者认可的价格。红桃 K 集团在深入进行市场调查后发现，农村中经济条件好的消费者，较多地将红桃 K 生血剂作为保健品购买；而在经济条件一般的消费者中，部分人作为保健品购买；部分人作为药品购买；经济条件差的消费者较多地是作为药品购买。红桃 K 生血剂在农村的市场是巨大的，这也说明为它确定的价位是合理的。

红桃 K 作为生血剂的命名，不仅含义吉利，寓意着补血增寿这一特点，还寓意产品和企业追求第一的定位。红桃 K 在农村消费者心目中有着特殊的亲切感，因此，也就提高了生血剂的知名度和传播性。

广告促销对红桃 K 集团的市场开拓作用很大。农村市场开拓之初号角式的广告语"呼儿嗨哟，中国出了红桃 K"让农村消费者产生一种探求欲望，红桃 K 到底是什么？此后，红桃 K 集团又推出"红桃 K 补血快，疗效客观可测"这一功效性广告词，及时消除了农村消费者心中的疑问。另外，在早期开拓农村市场时，借用"王婆"这个历史人物形象，制作了"王婆"电视专题片。新王婆不卖瓜，而是卖红桃 K；过去是王婆卖瓜，自卖自夸，现在不用自夸了。另外，红桃 K 还在农村制作墙体标语，宣传效果很好。这样持久地、反复地将产品功效的信息向农村消费者传递，使他们无论是主动还是被动都要接受宣传的信息。

红桃 K 集团开拓农村市场，组建了深入到县乡村的营销队伍，不论是地域辽阔，还是人居分散，只要有县城、乡镇、村庄，红桃 K 集团的营销队伍都要深入下去，进行宣传工作。红桃 K 集团还十分重视售后服务，赢得了广大农村消费者的信赖。

（资料来源：https：//wenku.baidu.com/view/c9d35b941b2e453610661ed9ad51f01dc38157fb.html）

问题：1. 红桃 K 集团选择农村作为自己的目标市场是否恰当？

2. 红桃 K 集团采取的是哪种目标营销策略？对红桃 K 集团的营销策略你有何建议？

【案例 5-6】

"斯航"成为明星

斯堪的那维亚航空公司（斯航）是由挪威、瑞典和丹麦三国合资经营的公司。由于价格竞争、折扣优惠及许多小公司的崛起，斯航在其国内和国际航线上都处于亏损状况。

1982 年年初，斯航首先创设了一种新的、单独的商务舱位等级。这种商务舱是根据工商界乘客不喜欢与那些寻欢作乐的旅游者同舱的特点设立的。工商界乘客常常因为一些紧急情况必须改变日程，因此需要灵活性；他们在旅途中关心的是把工作赶出来，这意味着他们需要读、写，为会议或谈判作准备，或睡觉——以便到达目的地后，能够有充足的精力投入工作。换句话说，他们不需要分散注意力或娱乐。而旅游者没有这种压力。对他们来说，旅途就是假期的一个局部，而机票价格那么则是一个敏感的决定因素。设置紧凑的座位和长期预留的机票，使航空公司有可能出售打折扣的机票，因此使一些人获得了旅行的时机，另一些人能把省下的机票钱，更多地花在异国情调的度假生活中。商务旅行者与此不同，最重视的是时间和日程表。在斯航以前，没有一家航空公司懂得怎样在同一架飞机上，满足这两类乘客的不同要求。

斯航的商务舱机票价低于传统的头等舱，高于大多数经济舱，但给予乘客更多的方便。在每个机场，斯航都为商务舱的乘客设置了单独的作息室并免费提供饮料，有时还可以看电影。斯航还在旅馆里为他们准备了有会议室和电传设备的专门房间，并提供免费使用的打字机，使他们能够完成自己的工作，还可以保留这些房间，而且不受起程时间、时刻表变动及最低住宿时间的限制，且价格经济实惠。另外，斯航还在机场为商务舱乘客设置了单独的行李检查处，让他们不必和普通乘客一起排队。在飞机上，商务舱乘客享有单独的宽大的座椅，还可以看到一些传统头等舱中才有的装饰品，如玻璃器皿、瓷器、台布等。

斯航开辟了一个独特的市场，并正在赋予它更多的价值。对工商界乘客来说，头等舱太贵，经济舱又太嘈杂，不太舒服。此时，商务舱便成为工商界乘客及航空公司双方都很适宜的较好方法。

（资料来源：https：//wenku. baidu. com/view/8545f3b1b107e87101f69e3143323968001cf408）

问题：1. "斯航"是怎样进行市场细分的？它的目标市场是什么？

2. 针对目标市场，"斯航"采取了哪些营销对策？

3. 根据本例谈一谈你对市场细分作用的认识。

二、实务题

【训练项目】

以小组为单位，为某企业的产品选择目标市场并进行市场定位。

【训练目标】

训练要求学生学会对整体市场进行调研、分析，在此基础上根据不同的细分标准对市场进行细分，从而为企业选定一个目标市场，最后根据产品的特点及该市场上的竞争情况给产品定位。本次训练可以提高学生的综合分析能力及思考、解决问题的能力，培养其敏锐的市场触角，检验其对知识的掌握情况，为将来走上工作岗位进行实际操作打下基础。

【训练程序】

1. 本次必须以牢固地掌握市场细分、目标市场的选择及市场定位的相关理论为前提。

2. 目标企业应选择本地企业为宜，这样有利于进行详细的调查研究。

3. 训练应按照以下步骤进行：市场调研→根据企业实际及产品特点选择合适的细分依据进行市场细分→选择目标市场及制定目标市场策略→进行产品定位。

4. 实训结束后应形成书面报告，把相关分析结果撰写出来。

5. 教师要跟踪访问进行指导，学校应为访问活动提供方便。并在访问前对学生在访问过程中可能发生的问题进行教育。

【训练组织】

1. 把全班分为若干小组（一般以6~8人为一组），各组选出一名组长，带领本小组成员收集资料（可亲身到企业收集，也可通过网上、图书馆及相关书籍收集）。

2. 全组成员集中在一起，对收集回来的资料进行整理、分析、归纳，按照上述步骤形成书面报告，并制作5分钟的汇报演讲稿，以PPT形式呈现。

3. 集中全班同学进行一次汇报演讲，由各组代表上台将其分析结果告知全体同学，然后由老师进行点评，评选出最优秀的小组。

【训练考核】

每位学生应填写报告，评价中要包括实训报告和汇报演讲两部分的成绩。

三、拓展阅读

酱香拿铁"刷圈"，茅台与瑞幸这波联名营销秀"赢"在哪里？

专题三　市场营销组合策略

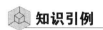 **知识引例**

北京电线厂调整营销组合

北京电线厂（以下简称"北电"）是一家具有 40 多年历史的老厂，现有职工 1 470 余人，其中工程技术人员 63 人，管理人员 127 人，均有较丰富的生产经验和较高的管理水平。

北电是生产塑料绝缘电线电缆的专业厂。其生产的"天坛"牌电线广泛应用在电力、通信、交通、石油、化工、农业等部门，由于产品质量优良，曾多次被评为北京市机电部优质产品，在国内市场享有一定的声誉。

北电的管理人员盲目认为，国内优质产品在国际市场大概也可以畅销。自产品 1990 年进入香港市场后，竟出人意料地遭遇挫折。当时，英国、日本、新加坡等国家的电线电缆充斥中国香港市场，北电的产品从结构、性能到价格、成本都无法与它们竞争。在激烈的竞争角逐中，北电产品竟无立足之地，用最低廉的价格也卖不出去。

国内的优质产品在中国香港市场一败涂地，原因何在？北电组织了专门调查小组，到香港进行市场调查分析。他们访问港商，征询用户意见，分析香港市场畅销产品的特点，特别是用市场营销学的方法来研究北电产品失败的原因。

1. 电线表面太过光亮

在国外，表面光亮的电线并不受欢迎。英国电线产品表面为乳白色或浅灰色的细麻，而且铺设安装在建筑物上色泽协调，浑然一体。北电的电线过分光亮，显得刺眼，内地客户喜欢，但在香港和国外的用户中不受欢迎。

2. 塑料护套太"结实"

电线外面有一层塑料护套。英国电线的塑料护套可以用手撕开，安装接线很方便，节省工时。香港地区实行计件包工，"时间就是金钱"，电器安装人员当然喜欢使用这种电线。北电的电线由于过分注重产品的坚固度，认为保护层越结实越好，导致电线的塑料护套无法用手撕开，必须使用工具才行，这恰恰与用户的要求背道而驰。因为香港电线的使用寿命有一定期限，到期必须更新，塑料护套过于结实是毫无意义的。

3. 绝缘层与保护层粘连

这个问题是与前面一个问题相关联的。英国产品的绝缘层与保护层容易剥离，安装操作方便，可提高工作效率。北电产品单纯考虑产品牢固度，忽视了用户的操作问题，不受欢迎。

　　4. 提供服务差

　　英国商人在出售电线时，千方百计地考虑怎样才能方便用户，如备有样本、样品，不仅使用户可以清楚地了解产品的性能、品种规格系列等，而且可以看到实物。北电的销售工作机械呆板，很难引起用户的兴趣。

　　总之，北电的电线在香港市场滞销的原因，不是产品质量低劣，而在于从生产到销售，都没有贯彻"以顾客为中心"的理念。

　　在改进现有产品的同时，北电认识到还必须以产品为中心，制定相应的市场营销组合策略，尽量获取更多的经济效益。

　　在价格方面，"天坛"牌电线在香港市场虽然引起了人们的注意，但还没有成为当地名牌商品，用户对它还没有产生完全的信任感，所以价格不宜过高。但是，"天坛"牌电线确实质量优良，价格也不能过低，因为用户对价格的理解往往与产品质量联系起来，如果价格低，用户可能认为质量差或销路不佳。

　　在销售渠道方面，该厂考虑到电线是工业原材料产品，可以采取多渠道销售例如，与专门经营工业品的香港客商联系，在不同地区寻找乐意经销这种产品的商户，留给经销商较大的利润空间，鼓励他们的经营积极性。在部分地区，该厂派出推销员直接与用户打交道，以便直接搜集反馈信息。同时，积极参加各种工业品展销会，便于用户了解产品的性能和特点，并与其他同类产品比较，从而树立产品和企业的形象。

　　在促销方面，电线技术性强，购买者数量相对较少，因此不宜在电视和大众化的报纸和杂志上做广告。为了向潜在用户传递信息，可选择专业性的杂志和报纸登载广告；同时，还要给用户邮寄产品说明书。

　　产品的改进和恰当的市场营销组合策略的采用取得了良好的效果，"天坛"牌电线很快从小批量生产发展为大批量生产，源源不断地运往香港市场。许多用户反映"天坛"牌电线质量可靠，价格便宜，规格尺寸准确，货真价实，可与外国同类商品媲美。

　　【案例解析】

　　市场营销组合是企业针对目标市场综合运用各种可能的市场营销策略和手段，将其组合成为一个系统化的整体策略可以实现企业的经营目标，还能获取最佳经济效益。企业运用系统进行营销管理，使管理人员应针对不同的文化环境把各种市场手段，包括产品设计、定价、分销路线、人员推销等其他促进销售的手段进行最佳组合，使它们综合起来发挥作用。市场营销组织对企业有着非常重要的意义。因此可以说，企业营销的优劣取决于营销组合的状况，企业在目标市场上的竞争地位和经营特色也取决于营销组合的特点。

知识梳理

一、产品营销策略

　　产品营销策略是企业在制定经营战略时首先要明确能提供什么样的产品和服务去满足消费者的要求，也就是要解决产品策略问题。它是市场营销组合策略的基础，从某种意义

上讲，企业成功与发展的关键在于产品满足消费者的需求的程度以及产品策略正确与否。

企业在其产品营销战略确定后，在实施中所采取的一系列有关产品本身的具体营销策略。主要包括商标、品牌、包装、产品定位、产品组合、产品生命周期等方面的具体实施策略。企业的产品策略是其市场营销组合策略中的重要组成部分。

（一）整体产品概念

整体产品是能够满足消费者某种需求和利益的有形物体和非物质服务的总和。整体产品概念分为核心产品、形式产品和附加产品三个层次。

核心产品是产品能够为消费者提供的基本利益或效用，即产品的使用价值，它是消费者需要的核心内容，是产品的实质部分；形式产品是企业直接提供给消费者的产品实体，是核心产品的形式；附加产品是消费者在购买产品时所获得的附加利益和附加服务的总和。这三个层次紧密相连，构成了整体产品的概念。其中核心产品是基础，核心产品必须转为形式产品；在提供形式产品的同时，还要提供广泛的服务和附加利益，形成附加产品。

（二）产品生命周期

产品生命周期是指产品从投入市场开始到被市场淘汰为止所经过的整个时期。一种产品从投入市场开始，其销售量和利润随着时间的延续，呈现出阶段性。典型的产品生命周期表现为四个阶段：投入阶段、成长阶段、成熟阶段和衰退阶段。

（三）产品组合策略

产品组合策略是分为扩展策略和紧缩策略两种。扩展策略是扩大市场产品组合的广度策略。紧缩策略是缩小产品组合的广度、深度，实行集中营销的策略。这种策略通常是在企业经营状况不好和市场环境不佳时采用。产品组合策略是企业为面向市场，对所经营的多种产品进行最佳组合的谋略。其目的在于使产品组合的宽度、深度，以及关联性处于最佳状态，以提升企业竞争能力和取得最佳经济效益。

1. 拓展产品组合策略

企业增加产品组合的宽度，即增加产品线，扩大经营范围，可以充分发挥企业的特长，使企业尤其是大企业的资源、技术得到充分利用，亦可以分散企业的投资风险；企业增加产品组合的深度，会使各产品项目具有更多规格、品种和花色的产品，更好地满足顾客的不同需要与爱好，从而提高市场占有率；企业增强产品组合的关联性，则可以提升企业在某一地区、行业的信誉。

2. 缩减产品组合策略

与拓展产品组合策略相反，当市场不景气或原料、能源供应紧张时，企业为了减少不必要的投资，降低成本，增加利润，必须剔除一些获利较少的产品线和产品项目，这样可以集中优势发展产品，提高专业化水平，但也会增加企业的市场风险。

3. 产品线延伸策略

企业根据市场的需求重新对全部或部分产品进行市场定位，具体用三种方式实现。

（1）向下延伸。企业把原来定位于高档市场的产品线向下延伸，在高档产品线中增加低档产品项目。一般来讲，高档产品的销量增长缓慢，企业的市场范围有限，资源和设备没有得到充分利用，向下延伸一方面补充了企业的产品线空白，另一方面可以利用高档产品的声誉，吸引购买力水平较低的顾客慕名购买此产品线中的低价产品。这种延伸极易损害原有产品的声誉，风险很大，企业应权衡之后再做决策。

（2）向上延伸。原来定位于低档产品市场的企业，在原有的产品线内增加高档产品项目。当企业已具备进入高档产品市场的条件时，应重新进行产品线定位，以赢得高档产品在市场上的潜在成长率和较高利润率。

（3）双向延伸。原定位于中档产品市场的企业掌握了市场优势以后，向产品线的上下两个方向延伸，一方面，可以增加高档产品项目；另一方面，可以增加低档产品项目。

二、价格策略

影响产品价格的因素很多，有企业内部因素，也有企业外部因素；有主观的因素，也有客观的因素。概括起来，大体上有产品成本、市场需求、竞争因素和其他因素4个方面。下面主要介绍产品成本。

产品成本是价格构成中最基本、最主要的因素。在很大程度上，需求为企业定价确定了上限，而企业的成本是价格的下限。企业总是希望制定的价格能弥补生产、分销和销售该产品的成本，并获得企业所做的努力和承担的风险的合理报酬。产品的成本因素主要包括生产成本、销售成本、储运成本和机会成本。

生产成本是企业生产过程中所支出的全部生产费用，从已经消耗的生产资料的价值和生产者所耗费的劳动的价值转化而来。

销售成本是商品流通领域中的广告、推销费用。

储运成本是产品从生产者到消费者手中所必需的运输和储存费用。

机会成本通常是指为执行一种方案而放弃另一种可行方案所损失的可能获取的收益，即为选择当前已接受的方案所付出的代价。

另外，产品的成本不是个别企业的产品成本，而是所有生产同一产品的生产部门的平均生产成本。企业的成本包括固定成本与变动成本（或称可变成本、直接成本）。固定成本与变动成本之和，即某产品的总成本。在成本估算中，离不开对产量、成本、利润关系的分析，而其中一个重要的分析对象是边际成本。所谓边际成本，是指企业生产最后一单位产品所花费的成本，或每增加（减少）一个单位生产量所引起的总成本变动的数值。边际成本影响到企业边际收益，企业必须对其给予极大的关注。企业制定价格时必须估算成本，不应孤立对待成本，而应同产量、销量、资金周转等因素综合起来考虑。

案例评析

有一位老人爱清静，一群孩子常在居室附近嬉闹，闹得他很心烦。有一次，老人对孩子们说："我对你们在这里玩耍十分赞赏，我还要给你们奖励。"第一天，老人奖励孩子们每人5元，孩子们很高兴。第二天，老人对孩子们说："我的钱不多了，只能奖励你们每人4元。"孩子们有点儿不乐意了。第三天，老人奖励给孩子们每人3元。孩子们你一言我一语地表示这不公平，玩起来也不那么带劲了……最后一天，老人说："我已经没有钱奖励你们了。"孩子们很扫兴，再也不来玩了。孩子玩耍，本来是不带有任何功利目的的，但经过老人"价格杠杆"的调节，便把玩耍的价格从5元下调到一文不值，孩子们便失去玩耍的兴致了。

【考核知识】

本案例针对价格知识点考核，产品价格主要受到成本、市场、购买者行为和政策等因素影响。

【解题方法】

应根据上述案例中的内容，围绕价格知识点作答，价格是我们认识、评价事物的第一标准。价格是市场营销组合的重要因素，价格决定着产品能否畅销，决定着产品销售的数量与利润。价格对于买方来说，往往是决定产品是否具有吸引力的重要因素；对于卖方来说，则是市场竞争的重要手段。因此，企业必须重视价格策略。

三、销售渠道策略

（一）销售渠道类型

销售渠道有多种模式，包括间接分销渠道、厂家直供、多家代理、平台式渠道。

（1）间接分销渠道模式，是指制造商借助于中间商将产品传递给消费者，是被采用的最为广泛的一种渠道模式。大约80%的消费品和20%的工业品采用间接分销渠道模式。

（2）厂家直供模式，是指厂家不通过中间批发环节，直接对零售商进行供货的分销模式。适用于城市运作或公司力量能直接涉及的地区，销售力度大，对价格和物流的控制力较强。

（3）多家代理模式，是指厂家在建立渠道的时候通过选择多家经销商或代理商来构建分销渠道，以建立庞大的销售网络。主要适用于大众化产品，适用于农村和中小城市市场。

（4）平台式渠道模式，是指生产厂家以产品的分装厂为核心，由分装厂负责建立经营部，负责向各个零售点供应商品，从而建立以企业为中心的分销网络，以三得利啤酒和可口可乐为代表。平台式渠道模式适用于密集型消费的大城市，对服务的要求较高，交通便利。

（二）影响销售渠道的主要因素

影响销售渠道的因素有价格、技术含量、质量和体积等。

（1）产品的价格。产品的价格对营销渠道的选择有着直接的影响。如果产品的价格较低，生产就必须大批量地进行销售，促使边际成本逐步递减，才能营造一定的竞争优势。

（2）产品的技术含量。通常来说，对技术含量较高或产品销售之后需要进一步提供技术服务的产品，选择直接营销或短渠道营销比较合理。这类产品如计算机、空调等，有较高的技术含量，而且售后服务非常关键。

（3）产品的质量和体积大小。质量大、体积大的产品，由于运输困难，需要在选择分销渠道时考虑把产品运到消费者手中所需要的运输距离和装卸次数等问题。

（4）产品的易腐性。易腐的产品应该尽可能采取短渠道，以免拖延和重复搬运造成产品变质。如鲜活的蔬菜、水果、面包，以及有效期短的药品等。

（5）时尚产品。时尚产品也应该尽可能缩短分销在途时间，尽早上柜，以免过了流行季节。凡是式样、花色品种变化快的消费品，如女性时装、儿童玩具、家具等，选择短的营销渠道比较理想。

案例评析

安利公司在中国的渠道转型

创立于 1959 年的美国安利公司是世界知名的日用消费品生产商及销售商，业务遍及五大洲 80 多个国家和地区，以安利为商标的产品共有 5 大系列、400 余种，全球员工超过 1.2 万人，营销人员超过 300 万人。2002 年，安利在全美 500 家最大私营企业中排名第 27 位；50 大家居与个人用品制造企业排名第 4 位；公司总资产达 380 亿美元；在 45 年的持续增长过程中，安利从未向银行贷过款，保持了"无借款经营"的纪录。由于安利公司的两位创始人狄维士和温安洛都是推销员出身，所以近五十年来直销一直被安利公司看作是最有效的营销方式，然而，当安利兴冲冲地将这种营销模式导入中国的时候，他们却遇到了前所未有的尴尬。

1995 年，安利正式落户中国，他们在广州投资一亿美元建成了安利在海外唯一的现代化日用消费品生产基地，欲在中国掀起一场安利的直销风暴。可是很快国内形形色色打着直销旗号的传销诈骗活动搅乱了安利的市场前景。1998 年 4 月 21 日，国务院《关于禁止传销经营活动的通知》出台，对传销（包括直销）活动加以全面禁止。对于安利来说，1998 年无疑是它在中国的一个分水岭，随着这年 4 月在中国的业务被禁，安利开始在中国寻求新的生存方式。1998 年 6 月 18 日，国家工商局颁发《关于外商投资传销企业转变销售方式有关问题的通知》，准许部分外资传销企业转为店铺经营，并可以雇佣推销员。1998 年 7 月经批准，安利（中国）日用品有限公司正式采用新的营销方式，由直销改为"店铺+雇佣推销员"的经营模式，自此，安利 40 多年来在全球 80 多个国家和地区均通过直销员销售产品的传统被彻底打破。转型后的安利把原来分布在全国 20 多个分公司改造成为第一批店铺，以后又陆续对这些店铺进行扩充。所有产品明码标价，消费者可以直接到专卖店中自行选购，杜绝推销员自行定价带来的问题。新的经营模式给消费者带来了新的选择，同时也让安利做出了新的尝试，突破原有的直销模式，多种销售方式并举，对于融入中国国情的安利来说也是一种挑战。

"店铺+雇佣推销员"模式是安利在中国渠道转型的最主要内容。安利公司创办人之一狄维士针对这一转型直言："这是安利 41 年来前所未有的革命！"总裁黄德荫将"店铺+雇佣推销员"渠道模式的优势总结为下列三方面。

第一方面：保证了产品质量：通过直销模式，安利的消费者基本上不会遇到假冒伪劣的产品；第二方面：提供了很好的销售渠道：店铺既是公司形象的代表，又为营销人员提供后勤服务，还直接面对普通消费者，消费者和政府都因为店铺的存在而更加放心；第三方面：这种模式可直接受益于安利（中国）日用品有限公司积极的市场推广手法。安达高公司执行副总裁 Bill Payne 这样总结安利日用品有限公司的变革："到目前为止，这种经营方式非常有效。其一，自设店铺提高了公司透明度，让消费者有自愿选货、进货和成为优质客户的机会；其二，安利日用品有限公司目前在全国 120 家店铺的所有产品都明码标价，公开的价格避免了哄抬价格的可能。此外，营业代表的推销弥补了销售网点的不足，提升了服务素质，让消费者享受到更直接、更亲切的售前、售后服务。"

"店铺+雇佣推销员"的新型渠道成功地推进了安利在中国的转型进程，而与此同时，安利日用品有限公司对员工的管理整顿也在抓紧进行。从 2002 年 1 月开始，安利（中国）日用品有限公司停止了新营业代表的加入，并对现有人员进行培训和全面的整顿，所

有营销人员都是安利日用品有限公司的合约雇员，这就意味着安利必须承担每一位推销员的职务行为所引起的法律责任，新推销员加入不会给任何人带来收入。在对推销员的管理方面，安利日用品有限公司进一步加大了透明度，制定了一系列精确的制度，并且十分严格地加以实施。从2002年1月至今，安利（中国）已清除了近600名身份为公务员、军人或学生等不符合从业规定的销售人员。它的推销队伍从2001年初的13万锐减至7万人。同时，安利（中国）日用品有限公司还加强了对营销队伍的管理，通过培训和严格的奖惩制度来规范其推销员的行为。在2002—2003财年，安利（中国）日用品有限公司共查处各类违规行为1 649起，处分营销人员2 317人。

安利的渠道转型为其带来了巨大的市场收益。公司财务报告显示，在2002—2003财政年度（2002年9月—2003年8月）中，安利（中国）日用品有限公司的销售额已超过10亿美元，在公司49亿美元的全球销售额中占据二成。2003年8月，安利公司在大中华区的销售业绩已超过美洲地区，中国成为安利全球营业额最大的市场。正如安达高公司执行副总裁Bill Payne所说："我们重视中国市场，我们尊重中国国情，我们遵守中国的规则，因此我们改变自己的经营模式来适应中国，做这一切的结果是：我们赢得了中国市场。"总裁黄德荫说："经过短短9年的发展，中国已经超过拥有45年历史的美国市场，成为安利在全球的最大市场。安利（中国）日用品有限公司的成功充分说明了规范经营的直销企业，在快速发展的中国市场上的广泛空间。"在2002年翰威特咨询公司和《亚洲华尔街日报》《远东经济评论》联合发布的"2001年亚洲最佳雇主评选"中，安利（中国）日用品有限公司名列榜中。在《财富》（中国版）评出的"2002年最受赞赏的50家外商投资企业"中，安利（中国）日用品有限公司也榜上有名。根据独立市场调查公司于2004年年初进行的一项调查，安利（中国）日用品有限公司的知名度和美誉度分别达到了93%和75%。

（资料来源：https：//wenku.baidu.com/ndcore/browse/docDownloadSucc？）

【考核知识】

本案例针对销售渠道策略知识点考核，销售渠道又称为分销渠道，是生产者向消费者转移的通道。它由直接组织商品流通、辅助商品流通以及为商品流通服务的组合和个人组成。销售渠道主要分为普遍性渠道策略、专营性分布策略、选择性分布策略。

【解题方法】

应根据上述案例中的内容，围绕销售渠道策略知识点作答，安利渠道转变从传统的营销方式"直销"变成符合中国市场特点的"店铺+雇佣推销员"新型营销方式：所有产品明码标价，消费者可以直接到专卖店中自行选购，杜绝推销员自行定价带来的问题；突破原有的直销模式，多种销售方式并举。分析安利渠道转型成功的原因主要体现：其一，迎合地方政策，在中国站住脚；其二，其销售理念，统一连锁式销售，给顾客一种保证。但又比网络人性化。

在尊重国情，依法经营的基础上，为消费者提供优良的产品和亲切、周全的售前、售后服务。它将自己的产品尽可能地向最终消费者靠近、贴近、亲近、再亲近。因为在买方市场条件下，企业销售的已不是单纯的商品，而是在销售产品的同时，也推销企业的信誉、形象、服务。在这种大趋势下，只有尽快减少中间环节，拉近与消费者的距离，才会更加了解消费者，才能更加为消费者服务。

四、促销策略

(一) 促销作用

促销即促进销售，是生产经营者向客户传递有关企业产品的信息，引起其主义和兴趣，激发其购买动机并发生购买行为，从而实现和扩大企业销售活动。

促销的实质是传递信息，是经营者与购买者之间的信息沟通。促销的目的是引起消费者的注意和兴趣，激发其购买欲望，促成购买行为。促销手段包括人员推销和非人员推销两大类，其中非人员推销又包括广告、营业推广和公共关系。

促销作用的主要表现在：第一，传递信息。企业通过促销手段向中间商和消费者提供有关产品和服务的情况，引起其注意，推动其购买；可以及时了解市场动态，迅速解决销售、经营种的问题；第二，唤起需求，扩大销售。通过信息传递，唤起消费者对企业及其产品的好感，诱发需求或创造新的需求；第三，突出特点，强化优势，使消费者产生对本企业及产品的偏爱；第四，塑造产品形象，提高企业的声誉，巩固企业的市场地位。

(二) 促销策略

促销策略是促销组合的运用策略。可以分为推动式策略和拉引式策略。

1. 推动式策略

推动式策略即以直接方式，运用推销手段把产品推向销售渠道，其作用过程为：推销员先把产品或劳务推荐给批发商，再由批发商推荐给零售商，最后由零售商推荐给最终消费者。该策略适用情况：①企业经营规模小，或无足够资金用以执行完善的广告计划；②市场较集中，分销渠道少，销售队伍大；③产品具有很高的单位价值，如特殊品，选购品等；④产品的使用、维修、保养方法需要进行示范。

2. 拉引式策略

拉引式策略采取间接方式，通过广告和公共宣传等措施吸引最终消费者，使消费者对企业的产品或劳务产生兴趣，从而引起需求，主动去购买商品。其作用路线为：企业将消费者引向零售商，将零售商引向批发商，将批发商引向生产企业。该策略适用于：①市场广大，产品多属便利品；②商品信息必须以最快速度告知广大消费者；③对产品的初始需求已呈现出有利的趋势，市场需求日渐上升；④产品具有独特性能，与其他产品的区别显而易见；⑤能引起消费者某种特殊情感的产品；⑥有充分的资金用来做广告。

知识衔接

"春都"自毁形象遭淘汰，双汇"王中王"诚信为本终成王

"春都"作为我国西式肉制品的"开山鼻祖"，曾引领肉类行业多年。然而"春都"人缺乏品牌意识，疏于品牌管理，错误地认为只要打广告，创造一个较高的品牌知名度，就能永葆"春都"第一品牌位置。1997年，恰逢玉米等粮食涨价，生猪等原料采购价大幅上涨，后起之秀山东"金锣"在行业内第一个挑起了价格战的大旗，"春都"本应采取依靠规模优势降成本、巩固质量降价格的应对策略，但由于其采购、生产、销售等管理的松懈和混乱，应收货款高达2亿多元，现金流发生了严重问题，不得已采取了降质也降价的下下策，竞争对手趁机发动舆论攻势："春都"火腿肠是"淀粉肠"，

"春都"火腿肠是"面棍"等负面报道，使"春都"名誉扫地，品牌形象一夜间轰然倒塌，市场份额大面积萎缩，"春都"走上了不归路。在这场价格战中，同处河南内地、同为国有企业的后来者——双汇，却采取了其他策略：一是狠抓内部管理，采购招标降成本，严把原料接收关，在行业内率先通过并严格推行 ISO 9000 质量管理体系；二是主销规格产品采取保质量降价格、"让利不让市"的策略，宁愿暂时亏损，也要保住市场、保住产品美誉度；三是推出双汇"王中王"，瘦肉含量高达 80%，并在央视等强势媒体发起猛烈广告攻势：双汇"王中王"横腰斩断，鲜红的瘦肉藕断丝连，垂涎欲滴的童声"哇，好多瘦肉呀！"引起儿童和父母的强烈心理共鸣，消费者买火腿肠只要"王中王"。一时间，双汇"王中王"成了我国火腿肠的代名词。诚实营销使双汇赢得了消费者的芳心，也帮助双汇快速发展成为年创产值近 80 亿元的特大型企业，双汇靠诚实营销最终成就了我国肉类行业的一代盟主。

（资料来源：https：//zhuanlan.zhihu.com/p/68406471）

实战训练

一、案例题

【案例 5-7】

小米公司的定价策略

北京小米科技有限责任公司（以下简称"小米公司"）于 2010 年 4 月正式成立。2011 年 7 月 12 日，小米创始团队正式亮相，宣布进军手机市场，揭秘旗下 3 款产品：MIUI、米聊、小米手机。2011 年 8 月 16 日，小米手机发布会暨 MIUI 周年粉丝庆典举行，国内首款双核 3G 手机——小米手机正式发布。2011 年 8 月 29 日，小米手机 1 000 台工程纪念版开始发售。至此，小米步入大众的视野，开始了迅速的成长之路。2012 年 2 月 9 日，小米社区注册用户数达 200 万。2012 年 6 月 26 日，小米公司董事长兼 CEO 雷军宣布，小米公司已完成新一轮 2.16 亿美元融资，小米公司估值达到 40 亿美元，名列中国互联网公司第五。2012 年 8 月 16 日，在北京 798 艺术区举行小米手机 2 发布会。2013 年 4 月 9 日，北京国家会议中心小米米粉节上正式发布 MIUIVS、小米手机 25. 小米手机 2A. 2013 年 9 月 5 日正式发布了倚天屠龙-小米手机 3 和小米电视。2013 年 12 月 23 日，MIUI 全球用户突破 3 000 万，MIUI 系统月营收突破 3 000 万。2014 年 3 月 16 日，小米公司发布红米 Note，7 月 22 日推出小米手机 4。

随着市场对智能手机需求量的增加，全球智能手机销量不断增长。但很多人吃得起苹果，却买不起"苹果"。通过调研，1 000~2 000 元受关注比例最高，国人接受 1 000~2 000 元价位的手机占比 67.5%。所以，在一般情况下，小米手机新上市时定价为 1 999 元，这个价格正好可得到国内的认可。如此高端的配置加这么低的价格可以说是前所未有的。在国内智能手机市场上，能够达到小米手机这样配置的智能机大多价格都在 2 500 元以上。如此高配低价的手机，价格却低于顾客预期，这对消费者来说诱惑力极大，从而使小米手机第一次在线上销售就被一抢而空。

此外，小米手机官网上的配件专区经常将电池套装和保护套装进行搭配销售，如

"1 930 mAh 电池+原装后盖+直充，原价258元，现价148元，立省110元"。另外小米手机在网上销售的时候会给顾客提供几种套餐，每个套餐里面包含不同的配件以及小礼品之类的，不同的套餐报价不同。小米官网定期举行限量秒杀活动，一般每周一至周五早上10：00准时开始抢购，并且每个账号限购一件，参加秒杀活动的商品大多数是手机配件，以超低的价格吸引人气和关注度，也迎合了消费者追求便宜的心理。

小米在"双十一"购物狂欢节，对其旗下产品给予折扣，如小米4当天价格为1 799元，比原来便宜200元（"双十一"前小米竞争者魅族发布MX4，售价1 799元，所以小米在"双十一"下调价格至1 799元，可以很好促进销量）。小米手机在天猫上的销售额多年来蝉联第一名。从2011—2014年，这么短的时间小米迅速打开销路，占领市场，成为世界第三大手机厂商。

（资料来源：http：//www.xzbu.com/2/view-6545900.htm）

问题：1. 小米公司采取的定价策略有哪些？

2. 影响小米公司定价的因素有哪些？

3. 请分析小米公司采取这些定价策略取得成功的原因。

【案例 5-8】

LG 电子公司的渠道策略

LG 电子公司（以下简称LG）从1994年开始进军中国家电业，目前其产品包括彩电、空调、洗衣机、微波炉、显示器等种类。把营销渠道作为一种重要资产来经营。通过把握渠道机会、设计和管理营销渠道拥有了一个高效率、低成本的销售系统，提高了其产品的知名度、市场占有率和竞争力。

一、准确进行产品市场定位和选择恰当的营销渠道

LG 家电产品系列、种类较齐全，其产品规格、质量主要集中在中高端。与其他国内外品牌相比，最大的优势在于其产品性价比很高，消费者能以略高于国内产品的价格购买到不逊色于国际著名品牌的产品。因此，LG 将市场定位在那些既对产品性能和质量要求较高，又对价格比较敏感的客户。LG 选择大型商场和家电连锁超市作为主要营销渠道。因为大型商场是我国家电产品销售的主渠道，具有客流量大、信誉度高的特点，便于扩大LG 品牌的知名度。在一些市场发育程度不很高的地区，LG 则投资建立一定数量的专卖店，为其在当地市场的竞争打下良好的基础。

二、正确理解营销渠道与自身的相互要求

LG 对渠道商的要求，包括渠道商要保持很高的忠诚度，不能因渠道反水而导致客户流失；渠道商要贯彻其经营理念、管理方式、工作方法和业务模式，以便彼此的沟通与互动；渠道商应该提供优质的售前、售中、售后服务，使LG 品牌获得客户的认同；渠道商还应及时反馈客户对LG 产品及潜在产品的需求反应，以便把握产品及市场走向。渠道商则希望LG 制定合理的渠道政策，造就高质量、统一的渠道队伍，使自己从中获益；LG 还应提供的持续、有针对性的培训，以便及时了解产品性能和技术的最新发展；另外，渠道商还希望得到LG 更多方面的支持，并能够依据市场需求变化，及时对其经营行为进行有效调整。

三、为渠道商提供全方位的支持和进行有效的管理

LG 认为企业与渠道商之间是互相依存、互利互惠的合作伙伴关系，而非仅仅是商业

伙伴。在相互的位置关系方面，自身居于优势地位。无论从企业实力、经营管理水平，还是对产品和整个市场的了解上，厂商都强于其渠道经销商。所以，在渠道政策和具体的措施方面，LG 都给予经销商大力支持。这些支持表现在利润分配和经营管理两个方面。在利润分配方面，LG 给予经销商非常大的收益空间，为其制定了非常合理、详细的利润反馈机制；在经营管理方面，LG 为经销商提供全面的支持，包括信息支持、培训支持、服务支持、广告支持等。尤其具有特色的是 LG 充分利用网络对经销商提供支持。在其网站中专门设立了经销商 GLUB 频道，不仅包括 LG 全部产品的技术指示、性能特点、功能应用等方面的详尽资料，还传授一般性的企业经营管理知识和非常具体的操作方法。采用这种方式，既降低了成本，又提高了效率。

然而，经销商的目标是自身利润最大化，与 LG 的目标并不完全一致。对渠道商进行有效的管理，提高其经济性、可控制性和适应性。渠道管理的关键在于价格政策的切实执行。为了防止不同销售区域间的窜货发生，LG 实行统一的市场价格，对渠道高进行评估时既考察销售数量更重视销售质量。同时，LG 还与渠道商签订合同来明确双方的权利与义务，用制度来规范渠道商的行为。防止某些经销商为了扩大销售量、获取更多返利而低价销售，从而使经销商之间保持良性竞争和互相制衡。

四、细化营销渠道，提高其效率

LG 依据产品的种类和特点对营销渠道进行细化，将其分为 LT 产品、空调与制冷产品、影音设备等营销渠道。这样，每个经销商所需要掌握的产品信息、市场信息范围缩小了，可以有更多的精力向深度方向发展，更好地认识产品、把握市场、了解客户，最终提高销售质量和业绩。

五、改变营销模式，实行逆向营销

为了避免传统营销模式的弊端，真正做到以消费者为中心，LG 将营销模式由传统的"LG→总代理→二级代理商→…→用户"改变为"用户←零售商←LG+分销商"的逆向模式。采用这种营销模式，LG 加强了对经销商特别是零售商的服务与管理，使渠道更通畅。同时中间环节大幅减少，物流速度明显加快，销售成本随之降低，产品的价格也更具竞争力。

（资料来源：https：//wenku. baidu. com/view/318049fa25fff705cc1755270722192e453658 9f. html）

问题：1. 分析 LG 电子公司的分销渠道策略。

2. 选择分销渠道时应该注意哪些问题？

【案例 5-9】

王宝强捧红"奇异王果"

在 2007 年的果汁市场大战中，北京汇源饮料食品集团有限公司（以下简称"汇源"）推出的"奇异王果"表现得极为抢眼。"奇异王果"正在全国很多地方掀起一股"绿色风暴"。

进入 2007 年之后，与碳酸饮料的颓势相比，果汁饮料则呈现出了极其明显的发展势头。

消费者对饮料的需求也不断升级，"能解渴，口感好"，已经无法满足消费者。消费者要求"不仅能解渴，还要有营养；不仅是时尚，还要更健康"。然而，传统口味的橙子、苹果、葡萄等水果饮料已是一片红海，各大企业推出的橙汁产品让消费者应接不暇，口味差别不明显，同质化竞争严重，盈利空间也日益狭小，而消费者日益增长的营养需求却被绝大多数厂商忽视。

中国果汁市场正处于变局的前夜，品牌的整合与产品的多样化并行推进，全面研究和开发差异化的市场及新产品正当其时。

权威调查机构央视 CTR 发布的首份《中国果汁健康消费调查报告》显示，三成的中国消费者开始意识到喝果汁补充维生素的重要性。

作为中国果汁行业的第一品牌，汇源果汁一直以来承担着培育市场的责任。2007 年10 月，汇源将目光瞄准了超级水果市场，开创奇异王果猕猴桃汁饮料，找到了属于自己的一片天地。

从国际消费时尚潮流看，超级水果饮料将从传统饮料市场分得越来越多的份额。更高的营养价值和维生素含量，是超级水果的主要特点。作为典型的超级水果饮料，"奇异王果"的 VC 含量超多，是普通果汁的八倍以上。

用奇异王果项目总监的话说："'奇异王果'既不同于传统的果汁饮料，也不同于刚刚兴起的果粒饮料，而是一种富含 VC 营养的超级水果饮料。"

一个好产品从诞生到被市场认可，考验着每个厂商的营销智慧。为赢得 2008 年的大市场，"奇异王果"邀请深受全国观众喜爱的"傻根""阿炳""许三多"的扮演者——平民影星王宝强，首次拍摄电视广告片。王宝强以普通外形暗藏非凡特质，征服了许多观众，最终获得汇源果汁的青睐，成为该款产品的形象代言人。

一时间，王宝强担当起开辟"超级水果"饮料新战场的先锋官，为"奇异王果"的新鲜上市积蓄了大量人气。有王宝强作为代言人，汇源大胆喊出"做自己的王"的品牌主张，走出一条另类的定位之路。汇源此举可谓是神来之笔。

如果一个代言人频繁在同一行业或临近领域代言不同的品牌形象，这样对后者来讲其品牌形象就会大幅削弱，品牌个性也就不突出，呈模糊状态，所以选择品牌代言人的首要标准就是同一品类必须是只我一家，从这一点讲，汇源选择"傻根"没有错。"傻根"王宝强是一个新人，更是一颗耀眼的新星，他从没拍摄过任何广告片，汇源携手王宝强，有效彰显了品牌的全新形象与第一形象，这是汇源的高明之处，同时也能一改果汁饮料品牌惯用女星的陈旧手法，让消费者耳目一新。

从理论上讲，"超级水果"应该比普通水果更具营养、更健康，汇源聘请形象阳光、健康，内在淳朴、憨厚的"傻根"来代言"奇异王果"，这一点是比较匹配的，而且"傻根"的传奇经历也较能诠释"奇异"二字的真正内涵。

（资料来源：hup：//www. ebere，com. cn/8/qybdshow. asp？Id＝468，有删改）

问题：1. 汇源"奇异王果"运用了哪一种促销策略？

2. 汇源"奇异王果"为什么请王宝强作为自己的形象代言人？

3. 汇源"奇异王果"明星代言策略对其他企业有何借鉴意义？

二、实务题

【训练内容】

为化妆品、家具、机床产品设计分销渠道，撰写一份分销方案设计，解决是否使用中间商，中间商的数目，中间商的选择（考虑目标市场、地理位置、经营范围、营销能力、财务状况和信用）等一系列问题。要求学生根据分销渠道理论、市场需求状况，分析竞争对手的分销策略，选择最佳的分销渠道，对其长度、宽度和成员方案进行设计。

【训练目标】

通过撰写分销方案设计，学生能够认识到分销策略的重要性，认识到选择合理的分销渠道是企业营销的重要决策，帮助学生掌握分销渠道设计技能。

【训练组织】

学生先独立思考，再分组讨论。教师对分销方案设计的步骤、思路、方法进行具体指导，建议教师提供范例供学生操作参考。

【训练成果】

1. 采用考核和评价采取资料和现场表现相结合的方式。

2. 评分采用学生和教师共同评价的方式。

评价考核标准	分值
分销方案是否科学、是否合理	25 分
分析是否透彻	25 分
设计是否清晰、重点是否突出	25 分
组员的汇报是否端正、思考是否清晰，语言是否流畅	25 分
合计	100 分

三、拓展阅读

十种市场常见营销策略：都学会了你就是市场营销专家！

第六单元 生产运作管理

学习目标

★知识目标

◇掌握生产运作管理的基本知识，理解生产运作在企业运营中起到的关键作用。

◇掌握基本的生产过程概念和生产过程的具体组织形式。

◇掌握现代化生产计划控制的基本内容和具体的操作方法。

◇掌握生产现场管理的几种方法，理解它们的实际作用。

★技能目标

◇能够将生产运作管理理论应用到实践中，能够用最优的方法正确地做事。

◇能够通过计算比较生产过程三种时间组织方式的加工周期。

◇能够根据具体的生产计划实施生产进度控制与过程分析。

◇能够将生产现场管理的方法应用到实践中解决实际问题。

★素质目标

◇有责任意识和大局意识，善于制定计划并提高计划的执行效率。

◇运用准时制、精益生产和流程优化方法实现个人素养提升。

◇有责任意识和绿色发展的意识，厉行节约并提高工作效率。

◇做有责任心的员工，全面提升产品质量，使客户满意。

专题一 生产运作管理认知

知识引例

越秀辉山开启了娟姗赛道

作为东北地区最大的乳制品生产企业，辉山乳业在 2023 年农历二月初二 "龙抬头"

这天重新站在媒体聚光灯下时，已经贴上了全新的标签——"越秀辉山"。300亿资产一夜蒸发、黯然退市之后，这家老牌东北乳企经历了漫长的破产重整，以及越秀集团入主后两年多的"重塑"后，终于正式重出江湖。

一场千里之外的并购之后

回顾这场知名并购案，越秀辉山党委书记、总经理韩春辉对包括《华夏时报》记者在内的媒体表示："在2020年越秀集团以非常快的速度重组了辉山，一般的重大重组半年，少说也要三个月，但是我们用了大概3周的时间就把一切定案。"谈及一个广州国企为何不远千里到辽宁重组辉山乳业时，韩春辉表示，外延并购优质企业是越秀实现"十四五"战略规划目标的必要手段，也是食品板块快速做大做强，实现跨越式发展的重要方式，重组辉山乳业也正契合其食品板块的战略部署，也将助力越秀食品将业务范围拓展到大东北地区，改善整个乳业板块的布局和实力，带来规模化的高品质牛奶供应，夯实乳业板块的基础。到2025年，越秀乳业板块要实现广东、东北区域乳制品的领先，优质特色乳制品具有全国影响力、奶牛养殖规模要达到行业前三，奶粉整体营收要行业前十。

首战选择高端奶粉赛道

尽管在食品领域刚刚起步，但越秀集团对于这一板块的重视程度从一场发布会上足以凸显：在2023年2月21日召开的首届娟姗奶粉节暨辉山奶粉品牌战略发布会上，包括越秀集团党委书记、董事长张招兴等在内的一众越秀高层到场为越秀辉山"站台"，越秀地产多城广告位联动宣传，显示出越秀集团对于辉山及其所属的越秀食品板块的器重。

越秀辉山把东山再起的首战选在了奶粉领域，并将目标更细分至"娟姗奶粉"这一高端赛道上。"辉山奶粉是国内唯一采用娟姗奶源的奶粉品牌，越秀辉山希望通过打造中国奶粉行业的首个娟姗奶粉节，开启奶粉行业全新的娟姗赛道。"韩春辉表示。

据了解，源自英吉利海峡泽西岛的娟姗奶牛在全球范围仅20万头左右，只占奶牛总数的1%。除了数量上的珍稀，娟姗牛奶的乳脂率达到普通牛奶的1.5倍，优质乳蛋白含量达3.8%以上，营养价值高，口感醇厚绵柔。目前，越秀辉山在国内拥有最大规模的娟姗奶牛繁育基地。

2022年辉山奶粉营业收入同比增长210%，辉山玛瑞成为本年度高端奶粉品类中增长最快、最受欢迎的品牌之一，实现营收同比增长333%。

尽管娟姗奶粉市场仍是一片空白，但对于越秀辉山来说，想要在当前的奶粉市场占据一席之地，这一仗并不轻松。对于辉山在奶粉赛道的市场空间，乳业分析师宋亮对《华夏时报》记者分析后认为，整个中国奶粉市场的空间有限，市场竞争已经白热化，对龙头企业来说已经达到见缝插针的地步，对于辉山来说，团队需要磨合，并且面对的市场不像过去那样宽松，基本上是半年一变，所以对辉山来说抢市场很难。

在乳业分析师宋亮看来，辉山一定要务实，在奶粉竞争白热化背景下，新兴企业有很多的不足，目前应定位于"小而精美"，把区域市场做好、做扎实，不要盲目地先去推向全国，以避免出现乱价窜货，最后得不偿失。

（资料来源：https://new.qq.com/rain/a/20230222A09U2R00）

【案例解析】

使用管理计划、组织和控制等一系列动作对生产运作活动进行管理，从而达到企业经营的目标，提高企业的经济效益，只有这样，才能实现企业的管理目标。生产与运作管理的基本内容包括生产与运作战略制定、生产与运作系统设计、生产与运作系统运行管理、生产与运作系统的维护与改进四个方面。通过生产运行管理，可以对生产与运作系统的正常运作做好计划、组织和控制。企业只有对产品和设备进行正确的维护和持续的改善，才能够适应不断变化的市场。

知识梳理

一、生产运作管理的概念

（一）生产与运作活动

从一般意义上讲，我们可以给生产下这样一个定义：生产是一切社会组织将对它的输入转化增值为输出的过程。生产与运作活动是指"投入—转换—产出"的过程，即投入一定的人、财、物、信息、技术、能源、土地等资源，经过一系列多种形式的转换，使其价值增值，最后以有形或无形的产品产出供给社会的过程，也可以说，是一个社会组织通过获取和利用各种资源向社会提供有用产品的过程。输入、转化和输出与社会组织的三项基本活动供应、生产运作和销售是相对应的。典型的投入—转换—产出关系如表6-1所示。

表6-1　典型的投入—转换—产出关系

生产系统	基本的投入	系统内的各类资源	转换的功能	期望的产出
汽车工厂	钢板引擎部件	工具、设备、工人	制造与装配	高质量汽车
各类医院	各种病人	医生、护士、药品	诊断与治疗	身体健康人
各类学校	各级学生	教师、教室、书本	知识与技能	高素质人才

（二）生产运作管理

生产运作管理是指对企业日常生产活动的计划、组织和控制，是指对企业生产系统的设计、运行与改进的全过程，是与产品制造密切相关的各项管理活动的总称。最初只限于对有形产品的生产运作进行研究，即对生产制造过程进行研究。例如，若要开办一个汽车制造厂，需要按流程开展生产运作。首先，你需要对产品进行决策，是生产新能源汽车还是生产汽油车？如果生产新能源车，是生产纯电车还是生产油气混动车？产品是采用模块化结构还是一体化结构？模块化结构便于分散制造，一体化结构使产品更精细化。

（三）生产运作管理的目标及任务

生产运作管理所追逐的目标可以概括为用最低成本、在最准确的时间，向市场提供合理的柔性化产品和服务。生产运作管理的任务与目的可概括为敏捷、高效、优质、准时地向社会和用户提供所需的产品和劳务。

（四）生产运作管理人员必备的技能

生产运作管理人员必备的技能包括技术技能和行为技能两个方面：一方面是技术技能，包括专业技术与管理技术。生产运作管理人员面临的是转化物料或提供各种特定服务这样的活动，他们必须了解这个过程。因此，必须具备有关的专业技术知识，特别是工艺知识。不懂专业技术的人是无法从事生产运作管理的。单单有专业技术知识对生产运作管理人员是不够的，他们还需懂生产运作过程的组织，懂计划与控制，懂现代化生产运作管理技术；另一方面是行为技能，即生产运作管理者要组织工人和技术人员进行生产活动，他们必须具备处理人际关系的能力，要善于与同事共事，调动同事的工作积极性。

（五）生产运作管理人员的培养

生产运作管理对专门的人力资源要求是很高的。若要掌握相关技能，成为一名合格的生产运作管理者，一要靠培训；二要靠实践。生产运作管理人员是企业的宝贵财富，企业主管应当充分发挥他们的作用。

📖 **案例评析**

拉动式生产方式

生产管理中有一个概念叫作"下道工序就是客户"。在这一概念的引导下，每个工序所做的事情就是为了满足下一道工序的需求（品种、数量、时间、质量等）。为了让下道工序既不会缺料也不会超负荷，我们必然会选择提前预判和早做准备，即提前生产出少量的在制品或成品，把它放入"超市"或线边库并以看板方式进行管理。当在制品被下道工序消耗时，向上游发出看板信号，通知上游生产或补充被消耗掉的材料或在制品。这就是传统概念中所谓的拉动式生产方式（图6-1）。这种拉动方式也叫后补充式拉动，意味着先消耗，后补充。请结合实例说一说拉动式生产方式在实际工作中的优点和缺点各是什么？

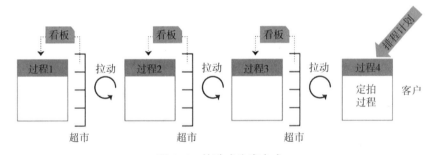

图6-1 拉动式生产方式

【**考核知识**】

生产运作管理是指对企业日常生产活动的计划、组织和控制，是指对企业生产系统的设计、运行与改进的过程，生产运作管理人员面临的是转化物料或提供各种特定服务这样的活动过程。因此，必须具备有关的专业技术知识，特别是工艺知识。在实际工作中，拉动式生产方式既有优点，也存在着一定弊端，需要不断改进。

【**解题方法**】

解答此题的关键是要明确，无论哪一种生产方式都有其优点同时也有不足，需要辩证地回答。因为各种各样的波动总是不期而至，迅速和正确地对变化做出反应可能并不容易。过度反应或反应迟缓都会使生产失衡，为确保物料的及时到达而预备的这一必要的时间提前量就会形成缓冲，我们需要快速地获得足够的有用信息，根据需要及时生产。

二、生产运作系统

生产运作系统是由人和机器构成的，能够将一定输入转化为某种输出。生产运作系统本身是个人造系统，它也是由输出决定的。输出的内容不同，则生产运作系统不同。显而易见，钢铁厂的生产运作系统不同于机床厂的生产运作系统，餐馆的运作系统不同于银行的运作系统。不仅如此，生产运作系统还取决于输出的量。例如，同是生产汽车，大批量生产和小批量生产所采用的设备，以及设备布置的形式是不相同的；再如，同是提供食物，快餐店和大饭店的运作组织方式也是不同的。各种商品的生产与运作情形是不同的。具体来说，制造性运作与服务性运作有如下的差别：制造性运作的产品是有形的，服务性运作的产品是无形的；制造性运作的生产与消费是分开的，而服务性运作的生产与消费是结合的；制造性运作的产品可以储存，而服务性运作的产品不可储存；制造性运作客户与生产系统接触少，而服务性运作的客户与生产系统接触多；制造性运作的质量相对容易度量，而服务性运作的质量不太容易度量；制造性运作的辐射范围窄，而服务性运作的辐射范围广。此外，它们在绩效测量的难易程度上也有所不同。

📖 案例评析

汽车的顺序拉动系统

为了让下道工序既不会缺料也不会超负荷，需要及时响应可能存在的状况。前端工序要密切关注后端工序（或接驳工序）的需求和进度变化，根据提前接收到的信息（一种触发同步拉动生产的信号）及时调整本工序的生产品种、数量和开工时间。这种拉动方式被称为顺序拉动。如图 6-2 所示，无论是拉动汽车的前后门还是引擎盖，都会带来总装线的接续推进。在这种动一进一的拉动方式下，开工时刻＝需求时刻－生产时间－提前时间。这里，提前时间的设置是关键。理论上，提前时间可以为零，即没有遇到任何意外，在后端工序计划使用的时刻"恰好准时"到达。请以此为例分析生产运作系统要怎样才能经济地匹配供应和需求。

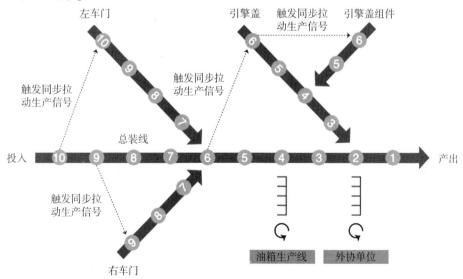

图 6-2　顺序拉动系统

【考核知识】

精益生产中的价值流是指材料流和信息流的集合，其中材料流的方向是自前向后，而代表需求的信息流的方向则是自后向前。也就是说，原材料从前向后流转，在流转的过程中不断地被后道工序进行加工或处理，最终完成客户所需的产品交付。而信息流则是由处于流程末端的客户发起，向上游进行传递，直至将必要的信息传递给材料供应商。

【解题方法】

解答此题的关键在于消除各种无效劳动和浪费，确保在必要的时间和地点生产出必要数量的产品，考虑到客户的需求存在难以预测的波动，库存式生产环境下，设置成品库存用来缓冲需求和供应的波动。即通过设置库存缓冲以阻断外部需求变动对工厂内部生产稳定性的破坏，同时也化解了内部生产的变动对产品交付期的不利影响。

三、生产运作管理的职能范围和内容

生产运作管理的职能是从生产与运作系统的设计和运行管理两方面入手，从人员、工厂、物料、生产流程、生产计划与控制五个方面对生产要素进行优化配置，使生产系统获得最大限度的增值。生产与运作系统的设计主要涉及生产计划、组织与控制，主要体现在如何调整自身的潜能，为客户提供最佳的服务。

在生产与运作管理职能范围内，其决策内容包括三个层次：首先是生产运作战略决策，决定产出什么？如何组合各种不同的产出品种？如何确定竞争优势等；其次是生产运作系统的设计决策，在生产运作战略确定后，为实施战略，接下来就是系统设计问题，包括生产能力规划、生产运作技术的选择，系统设计规划、工艺设计和工作规划等；再次是生产与运作系统日常运行决策，包括作业调度、质量控制和后勤管理等不同层次的生产与运作计划，甚至是动作研究，目的是降低成本、消除浪费，减少再制品，降低库存等。

四、生产类型及生产过程组织

按照生产方式，生产类型及生产过程组织可以划分为合成型、分解型、调制型和提取型四种生产类型。合成型是将多个零件装配成一件产品，如机电产品制造厂；分解型是将单一的生产原料经加工处理分解成多个产品，如化工厂；调制型是通过改变加工对象的形态和性能而制成产品，如钢铁厂；提取型是从自然界中直接提取产品，如煤矿、油田等。复杂的合成型生产企业，结构复杂的产品可由上万个零件组成，需要使用大量加工设备和具有各种技能的生产人员，包括后勤保障系统，所以生产运作系统非常复杂。

📖 案例评析

"毛毛虫变蝴蝶" 的革命

信息技术革命的出现，使得运营环境和运作方式都发生了很大的变化。西方经济长期处于低速增长，使得市场竞争日益激烈，企业面临着严峻挑战。这时西方企业管理出现了一种新的理论和方法，简单地说就是以流程为中心，重新设计企业的经营、管理及运作方式，即"流程再造"，也被形象地称为"毛毛虫变蝴蝶"的革命。

该理论和方法是为了根本改善成本、质量、服务、速度等重大的现代企业运营基准，对工作流程进行根本性重新思考并彻底改革，即"从头改变，重新设计"。为了能够适应新的竞争环境，企业必须摒弃已成惯例的运营模式和工作方法，以工作流程为中心，重新设计企业的经营、管理及运营方式。企业再造活动绝不是对原有组织进行简单修补的一次改良运动，而是重大的突变式改革。企业再造是对植根于企业内部的、影响企业各种经营活动开展的，向固有的基本信念提出了挑战，必须对组织中人的观念、组织的运作机制和组织的运作流程进行彻底的更新，要在经营业绩上获得显著的改进。那么，按此观点，应如何开展新一轮以流程为中心的生产运作呢？

（资料来源：https：//max.book118.com/html/2018/0622/5312113042001244.shtm）

【考核知识】

企业再造理论的"企业再造"就是流程再造，其实施方法是以先进的计算机信息系统和其他生产制造技术为手段，以客户中长期需求为目标，在人本管理、客户至上、效率和效益为中心的思想的指导下，通过最大限度地减少对产品增值无实质作用的环节和过程，建立起科学的组织结构和业务流程，使产品质量和规模发生质的变化，从而保证企业能以最小的成本、高质量的产品和优质的服务在不断加剧的市场竞争中战胜对手，获得发展的机遇。

【解题方法】

按照以流程为中心的生产运作方式，企业再造就是重新设计和安排企业的整个生产、服务和经营过程，使之合理化。首先是对原有流程进行全面的功能和效率分析，发现其存在问题；其次是群策群力、集思广益、鼓励创新，设计新的流程改进方案，并进行评估。制定与流程改进方案相配套的组织结构、人力资源配置和业务规范等方面的改进规划，形成系统的企业再造方案；最后是组织实施与持续改善，以保证企业再造的顺利进行。

知识衔接

社会主义是干出来的，新时代是奋斗出来的。党的二十大报告指出："在全社会弘扬劳动精神、奋斗精神、奉献精神、创造精神、勤俭节约精神，培育时代新风新貌。"斯拉夫人有一句谚语："用脚走不通的路，用头可以走得通。"我们不妨把它视作能量守恒定律的一种颇为新奇的解释，但它也有时间守恒定律的意味。意思就是说一件工作用脚的时间越少，则需要用头的时间越多。我们为了使一般工人、机械操作员以及一般职员的工作变得容易，就必须要求知识工作者承担更多工作。我们的工作脱离不开脑力劳动的，必须把脑力劳动放回到工作中去，而且必须脑力劳动占更高的比例。这也直接导致了管理者去将更多的时间用来承担体力劳动所不能创造的绩效，而且这一趋势已经成为事实并愈演愈烈。作为自我管理的重要部分，管理者首先必须接受时空限制所带来的有限性，在认识到这种有限性必然性时，才能通过管理寻求增加效能的无限性。与传统的体力工作不同，知识工作者必然将更多的时间用在脑力活动中。而妄想不劳而获如同缘木求鱼，是不可能实现的。

（资料来源：张昊《德鲁克管理伦理思想研究》）

实战训练

一、案例题

【案例 6-1】

楼房也能养猪吗？

2022 年 3 月 7 日，《新华每日电讯》发表了题为《生猪"上楼"》的报道。报道了湖北省鄂州市碧石渡镇一栋 26 层的高楼养猪的实例。不同于传统养殖场的养猪模式，在这栋高楼里，"二师兄"们坐电梯上楼、住楼房"宿舍"、享智能投喂。高楼养猪绝非赶猪上楼这么简单。它是一系列创新的集成，环保创新、管理创新、科技创新……这是用工业化思维做现代农业，是养殖行业向集群化、精细化和绿色化发展的新路。

随着自然资源部和农业农村部联合下发通知，允许并鼓励养殖设施建设多层建筑，且对楼层高度不限制。楼房养猪不断得到推广，四川天兆猪业股份有限公司（以下简称"天兆猪业"）在南充嘉陵区大通镇大沟头村也建成了 7 层养猪楼并正式投入使用，培育 4 000 余头能繁母猪。天兆猪业南充项目部经理李晓东算了一笔账：节约一个人工，一天就少开支 120 元；少用一立方米自来水，至少省 3 元……

成本为何能节约，产出又怎么增加？走进遂宁安居区齐全农牧集团股份有限公司立体养殖大楼，迎面是一块硕大的显示屏，每个猪圈的动态和相关数据尽收眼底。大屏幕类似于我们的总控室，集大数据分析、自动化控制与数字化管理于一体，这让养猪场尽可能减少了人力等方面的开支。通过"总控室"来控制的自动投料系统，管理者只需要点击手中的按钮，根据每头能繁母猪的年龄、体重和受孕等情况，找到饲料配方、投喂量和投喂时间，整个过程不超过 1 分钟，仅需 5~10 分钟就完成整层楼上千头猪的饲料投喂。日常的猪圈清理也靠点击"按钮"解决。整个过程，人工参与的很少。楼房养猪项目满负荷运转，每层楼上千头猪，只要两名工作人员，他们更多的任务是防止猪儿打架，检查设备线路。综合算下来，楼房养猪比平房养猪至少节约六成人工成本。9 层楼才用了 10 多位工人，平房养这么多，起码要 30 多个人。按照每个工人每月开支 3 500 元算，一年可节约近 50 万元。

产出效益也较高。楼房养猪可以为生猪提供个性化、定制化的"菜谱"，并通过控制湿度、温度为生猪提供相对标准化的生长环境。因此，同一批次生猪个体生长差异不大且生长速度较快。监测显示，楼房养育肥猪，5 月龄体重都在 210 斤左右，生长很均衡。按这个生长速度，比普通养猪模式下单头重 10 斤左右。按当前的市场价，这意味着每头猪至少可多赚 200 元。而且还能节约土地，占地不到 20 亩、9 层楼的养殖场，就能容纳 8 000 头能繁母猪，而平房养猪模式，养 5 000 头就要占地 400 多亩。

不少人把楼房养猪当成今后的潮流和趋势。在力挺楼房养猪的同时，担忧的声音也有，首先是成本高，单个养猪楼房与智能化设备的综合投入在 5 000 万元上下。业内人士还表达了对养殖企业有可能擅自改变土地用途等方面的担忧。四川省农业农村厅畜牧总站站长徐旭认为，对于是否要布局，以及如何布局，企业应该在冷静思考后再做出决策。

问题：1. 阐述用智能楼房养殖新模式的原因。

2. 请结合案例阐述智能楼房养殖的优势和劣势。

【案例 6-2】

生产能力能有较大提升吗？

企业的生产能力是反映企业加工能力的一个参数，它可以反映企业的生产规模。生产能力又可以分为设计生产能力、暂定生产能力和计划生产能力。国华公司是一家生产钢材的企业，目前国华公司的经营业绩并不好。张厂长是这家公司的负责人，为了提升对钢材市场需求变化的敏感度，决定重新进行国华公司的生产与运作。通过走访市场和相关企业，张厂长和国华公司领导班子进行了细致、缜密的市场调研后发现，改为专门生产热轧螺纹钢有着较好的市场前景和广阔的市场空间。项目转型后，产品形成热销状态，但企业的生产能力却达不到令人满意的程度。于是，张厂长要求大家在生产能力上下功夫，提升产能。国华公司主要负责生产任务的车间主任吴中华却说，生产能力是由厂房、设备等硬件条件决定的，如果不改变公司的硬件条件，生产能力就没有办法提升上去。张厂长告诉他，技术的改变将会带来生产能力的提升，只要敢于创新，就会提升生产能力。

问题：1. 张厂长和车间主任吴中华哪位建议更有道理，为什么？

2. 应如何能够提升生产能力？

【案例 6-3】

日本企业的生产管理可以借鉴吗？

日本制造是优良的代名词，得益于日本企业的精益生产管理方式。我们熟悉的知名品牌公司就有松下、东芝、丰田、索尼、本田、日立、日产、佳能等。日本企业的生产管理主要有哪些特色？

首先是在生产过程中的成本控制做得非常出色。日本企业不允许他们去浪费，将浪费视为企业管理的天敌。如丰田的精益管理就是解决浪费问题非常有效的方法，日本企业认为不产生价值的行为都是浪费。日本企业在成本控制方面几乎做到极致，他们讲究实用，不追求面子及排场，如很多日本企业管理人员、高层等出差全部租车，他们不是买不起车，而是计算下来，租车比公司买要承担保险、维修、保养、司机工资等开销更划算，更能节约成本，所以他们乐此不疲。

其次是永不厌倦的持续改善精神。日本企业能够长盛不衰，保持极强的活力及生命力，与他们的持续改善精神是分不开的。他们总是想尽一切办法去完善生产工艺、提高产品质量、控制生产进程、改善工艺流程，改进工作环境，他们往往会采用成立改善小组的方式对企业的问题进行专项的持续改善，如 TCM（全面成本管理）、TPM（全面生产管理）、TQM（全面质量管理）、5S 等。

日本企业的工作计划性非常强，每项工作的前期准备、计划方案、贯彻执行、数据统计、分析总结都有条不紊地按照计划有序进行，企业有近 60 条生产线，生产计划可以精确到后续 6 周中的每一天，从会长到基层员工，都会严格按照流程做事。

问题：1. 阐述日本企业保持如此顽强生命力的原因。

2. 请结合案例及国情分析日本企业的生产管理是否值得借鉴。

二、实务题

见证标准化小猪的诞生

对于"画一只小猪"这件事也能进行标准化操作，而不是胡乱画一下。通过画小猪的标准化游戏，对比改善前和改善后小猪的变化，大家可以了解到标准化的重要性。现在，请按下列要求完成任务：

（1）在左上角的十字交叉处画一个 M，使 M 中间的尖点与十字交叉点重合；

（2）在左下的十字交叉处画一个 W，使 W 中间的尖点与十字交叉点重合；

（3）在右下的十字交叉处画一个 W，使 W 中间的尖点与十字交叉点重合；

（4）画一条弧线将 M 和右上的十字交叉点连接起来；

（5）画一条弧线将右上的十字交叉点和右边的 W 连接起来；

（6）在两个 W 之间画一条弧线，将它们连接起来；

（7）在左侧中间的方格正中间处画一个小圆圈；

（8）从 M 的左侧出发，画一条和圆圈外切的弧线；

（9）从左边 W 的左侧出发，画一条和圆圈外切的弧线；

（10）画一条弧线做眼睛，从连接 M 和圆圈的线的中间开始画；

（11）画一条弧线做嘴巴，从连接 W 和圆圈的线中间开始画，注意要画一个笑着的猪；

（12）在最右侧的弧线上靠右上的十字交叉点三分之一处画一个草书 e 做猪的小尾巴；

（13）最后一步，在圆圈中间点上两个黑点做猪的鼻子。标准猪就诞生了，如图 6-3 所示。

每名同学画两幅图，一幅是初稿；另一幅是修订版，再将前后两幅图做一下对比，看看距离标准化的还有哪些差距。

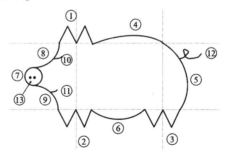

图 6-3 标准化游戏——画小猪

三、拓展阅读

现代生产管理与传统生产管理的比较

专题二 生产过程设计

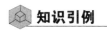 知识引例

果汁加工厂的生产过程设计

我国是柑橘种植的主要国家,柑橘种植面积居世界第一。近年来,因产能过剩,柑橘滞销成为常态,很多果农最后只能含泪销毁柑橘。为减少柑橘滞销带来的损失,某地政府创办了果汁加工厂,以"挑选处理→榨汁过滤→果胶酶处理→产品检测"的生产流程进行果汁生产,按照分析果汁的生产过程、优化果汁的生产过程和拓展果汁的生产产业做如下分析。

果汁质量是关乎产品销售的重点。现有的果汁产品检测项目包括澄清度、出汁率、含糖量等,可以利用果胶酶提高果汁的出汁率和澄清度,采用光电比色法测定果汁中葡萄糖的含量。果汁加工厂在生产过程中发现了一些问题,果胶酶在生产上需求量大,溶于果汁中难以回收,不仅造成了很大的浪费,大幅提高了产品的生产成本,也对果汁纯度造成不好的影响,不利于果汁质量的提升,迫切需要采用固定化果胶酶技术对果汁的生产过程进行优化。果汁加工厂建立了固定化果胶酶处理工艺,解决了果胶酶浪费的问题,但是在产品检测中发现果汁中还含有少量果胶酶,通过筛选与鉴定微生物,反复研究了影响果胶酶促反应的因素,从而优化了果汁生产过程,不仅降低了生产成本,也提高了产品质量,达到了良好的经济效益。现以果汁生产线为基础,开发新的柑橘产品,你认为还可以开发什么产品?

(资料来源:https://www.zhihu.com/question/21858014)

【案例解析】

生产过程管理尤为重要,根据案例中所给的条件,可以成立集柑橘种植、深加工、销售为一体的高级食品企业,一种方法是采用温室种植的方法使柑橘在夏天收获,错季上市,这样可以更受欢迎;另一种方法是开发新品种,如果冻、果醋。例如,那种特别小的柑橘,可能剥开直接吃反而不好吃,但是用糖浆浸泡后就特别美味,还可以做许多类似柑橘酱、柑橘冰激凌等商品。

知识梳理

一、生产过程的基本概念

生产过程是指从投料开始,经过一系列的选择、加工、定型直至成品出来的全部活动过程。在生产过程中,劳动者运用劳动工具,直接或间接地作用于劳动对象,使之按之前预定的要求变成工业产品或服务产品。生产过程不仅是物质资料的生产过程,还是生产关系的生产和再生产过程。

由于观察者的角度和考虑的范围不同,生产过程又可以分为两种:一种是产品的生产过程;另一种是企业的生产过程。

产品的生产过程是从原材料投入生产到产品生产出来的全过程，这个过程要消耗人的劳动，因而有劳动过程、自然过程和等熵过程。劳动过程包括工艺过程、检验过程和运输过程；自然过程是冷却、发酵、干燥等由自然力量完成的那部分过程；等熵过程是劳动力在连续加工过程中，因为生产技术或管理等原因需要等待下一步的检验或运输的过程。

企业的生产过程是在企业范围内各种产品的生产过程和与其相连的准备、服务过程的总和，包括生产技术的准备过程、基本生产过程、辅助生产过程、生产服务过程和附属生产过程等。

生产过程的生命周期分析：生命周期分析（Life Cycle Analysis，LCA）是一种用于评价产品在其整个生命周期中，即从原材料的获取，产品的生产、使用直至产品使用后的处置过程中，对环境产生的影响的技术和方法。这种方法被认为是一种"从摇篮到坟墓"的方法。按国际标准化组织的定义，"生命周期分析是对一个产品系统的生命周期中的输入、输出及潜在环境影响的综合评价"。

生产过程设计中要考虑对环境的影响，这不仅仅是生产末端的问题，在整个生产过程及其前后的各个环节都有产生环境问题的可能。如对汽车的生产和使用进行比较，使用过程中产生的环境污染问题比生产过程要高得多，如果我们从生产的准备过程就开始对全过程所使用的原料、生产工艺以及生产完成后的产品进行全面的分析，对可能出现的污染问题事先进行预防，环境面临的危害就会大幅降低。

二、生产过程的组织形式

生产过程的组织形式有流水线生产方式、自动线生产方式、成组技术和成组加工单元及柔性制造单元。

流水线生产方式具有专业性、连续性、节奏性、封闭性和比例性，其优点是生产效率高，缺点是灵活性差，不能及时根据市场加以调节。

自动线生产方式减少了对工人的需求量，生产效率和产品质量都优于流水线，但是投资大，维护管理的成本高。

成组技术和成组加工单元不以单产品为生产对象，而是以"零件组"为对象编织成组工艺过程和成组作业计划，有利于促进产品和零部件的系列化、标准化，但仅限于应用于机械制造、电子等领域产品设计和制造、生产管理等。

柔性制造单元即以数控机床或加工中心为主体，依靠有效的成组作业计划，利用机器人和自动运输小车实现工件和刀具的传递、装卸及加工过程的全部自动化和一体化的生产组织。它是成组加工系统实现加工合理化的高级形式。

案例评析

死脑筋的种树人

有一则故事讲的是在某国的一条道路旁，两个人在干活：一个人拿铲子每隔三公尺①就挖一个坑，跟在他后面的一个人又把他刚挖好的坑回填。

---

① 1公尺＝1米。

如此反复地持续着，两个人忙得满头大汗。

有个路人看见了，很奇怪地问挖坑人："为什么你刚挖好坑，后面的人就又把它回填起来呢？这样岂不是白白耗费力气？"

那位挖坑人抹了一把头上的汗水，说："我们在种树。我负责挖坑，第二个人负责放树苗，第三个人负责埋土，不巧的是负责放树苗的人今天请假了。我们有自己的做事原则，不过是各司其职罢了。"

你听了这个故事可能会哑然失笑，说故事里的这些人真是死脑筋。

先别顾着笑话别人，这样的故事在企业管理中也是时有发生的，例如，企业里就存在越来越多的"孤岛式"流程。你熟悉的企业里有这样的事情发生吗？

（资料来源：https：//zhuanlan.zhihu.com/p/142544900）

【考核知识】

很多企业制定的流程往往在执行过程中会形成一个个"孤岛"。例如，采购部买物料，什么时候买回来，买多少，买回来的物料合不合格？只有采购部自己知道，人力资源部、生产部、PMC部、技术部、品质部之间的流程相互不集成、不共享，形成了一个个"孤岛"。所以，在企业中经常会出现，表面上看起来都在按流程办事，但真到出现问题的时候，好像谁都没有责任。

【解题方法】

我们在进行生产过程设计时要从制度上避免"孤岛式流程"的发生。文中死脑筋的种树人的故事在很大程度上印证了企业当中存在很多"孤岛式流程"的现象。表面上看起来，挖坑的人和填土的人都没有错，都在按流程办事，都在做自己职能职责范围内的事，但造成了组织效率的巨大浪费。这样的事情很多，如武汉的街道正在下雨，洒水车却响着悦耳的铃声继续向路面喷洒水柱；城市在无规划地拆拆建建，道路不断地被开膛破肚，第一次挖开铺设光缆，修好后第二次挖开修排水设施，再次修好后又被挖开建造排污管道，变成了社会顽疾。

三、全员生产革新与产品的生命周期

全员生产革新全员生产革新（Total Productive Innovation，TPI）的核心是帮助企业消除一切无效劳动和浪费，把它目标确定在尽善尽美上，通过不断地降低成本、提高质量、增强生产灵活性，通过不间断的小集团改善活动激活工作团队的士气等手段确保企业在市场竞争中的核心优势。

产品生命周期（Product Life Cycle），亦称"商品生命周期"，是指产品从准备进入市场开始到被淘汰退出市场为止的全部运动过程，是由需求与技术的生产周期所决定。一般分为导入（进入）期、成长期、成熟期（饱和期）、衰退（衰落）期四个阶段。随着PLM软件的兴起，产品生命周期开始包含需求收集、概念确定、产品设计、产品上市和产品市场生命周期管理。现代很多优秀的企业都觉得应该在基于产品管理概念的基础上把产品生命周期概括为产品战略、产品市场、产品需求、产品规划、产品开发、产品上市、产品退市生命周期管理。

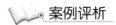 **案例评析**

流程管理一定能增效吗？

磨刀不误砍柴工——福特汽车公司在 1913 年开发出世界上第一条汽车组装生产线并投入生产。在生产线上，每个工人固定在一个工位组装车辆的某一个零件，原先一辆汽车装配时间需要 700 多个小时，采用流水线仅需 12.5 小时。此举让福特 T 型车产能大增、成本有效降低。可以说，现代化的流水线可以提质增效。

揣着明白装糊涂——可能有的朋友会觉得流程管理不一定能提升管理效率，例如，在实施流程管理之前，某些决策只需要管理层"拍脑袋"就行了，决策起来很快；而实施了流程管理之后，管理层需要按照决策流程来操作，决策周期反而变长了，这怎么能说是提升了决策的效率呢？对此你怎么看待上述这两种观点？

问题：1. 阐述流程管理在提高效率上的作用。

2. 阐述流程管理的周期与效能的二元关系。

（资料来源：https：//zhidao. baidu. com/question/1450780476207646700. html）

【考核知识】

实施流程管理之后，企业的内部管理效率和业务执行效率都能得到较大幅的提升。流程管理对管理过程进行有效梳理和执行，减少因为内部管理混乱而产生的反复沟通、重复执行、决策失误、产出低劣等问题，从而提升企业内部的管理效率。

【解题方法】

解答此题需要全面看待，管理效率是否提升不能局限在某个具体的流程实例，而是需要站在企业管理的全局来考量。原来快速的决策是以不规范的过程和巨大的潜在风险为代价，一旦出了问题，企业将花费额外数倍的时间和成本投入进行补救，而在这种情况下，一切管理效率都是空谈。流程管理规范了决策过程，能有效地控制决策风险，提升决策的效率，最典型的案例就是企业生产线对于产品生产效率的提升。

知识衔接

党的二十大报告指出："尊重自然、顺应自然、保护自然，是全面建设社会主义现代化国家的内在要求。"人与自然和谐共生是中国式现代化的重要特征。根据《科技日报》中的报道，科学家在人体血液中发现了微塑料，而这些物质本不该出现在人体内。一些产品被丢弃后，含氯的塑料会释放出有害物质污染土壤、水源。微生物加速塑料降解时还会释放出甲烷，加速全球变暖。海洋生物误食微塑料，会影响它们的生长、发育和繁殖。包括海龟在内的许多海洋动物胃部都被发现有大量的塑料，有时海洋动物会缠在塑料制品中，像塑料网，这也可能使他们受伤甚至失去生命。"从最深的海洋到最高的山脉，从空气、土壤到食物链中，这些几乎看不见的微塑料碎片几乎已经出现在地球上任何地方。"因此，现代化的企业首先应坚持的是绿色生产方式，如生产某些产品的原材料可以是可回收垃圾。有相当大一部分塑料是用来制作一次性使用、可抛弃式的包装材料，或是会在一年内丢弃的产品。党的二十大报告中明确要求，要"推动产业结构、能源结构、交通运输结构等调整优化，推进工业、建筑、交通等领域清洁低碳转型"。

（资料来源：https：//baijiahao. baidu. com/s? id = 1778230007709277878&wfr = spider &for = pc）

实战训练

一、案例题

【案例6-4】

戴森如何通过精益研发持续打造出顶级产品？

戴森是英国的一个家电品牌，从起家的吸尘器，到之后扩展的吹风机、干手机和洗衣机等类别都维持行业尖端定位。最初戴森不过是一个家电初创企业，凭着对产品从设计形态到用户体验的精益求精与持续迭代，如今销往45个国家，销售额已超过60亿美金。

面对低价竞争和对手模仿，戴森的解决方案是以"开发—验证—学习"实验循环驱动产品迭代创新。在开发阶段，精益实验设计始于真实用户需求，戴森会从搜集用户反馈，然后通过其"ACCESS FM模型"将用户问题转化成产品功能语言，以让团队在实验设计阶段达成一致共识。验证阶段分为外部测试和内部测试。

在外部测试方面，工程师们会邀请目标用户进行多次"用户测试"，然后根据用户的反馈对产品进行调整（当然，这些用户会与公司签订保密协议）。DC22吸尘器在上市日本市场前，为了让产品更加本土化，戴森召集了一批日本用户真实体验产品原型。在观察用户体验的过程中，团队发现，用户都不使用脚踩机器按钮来控制开关。经过访谈才得知在日本文化中，用脚来做事被认为是无礼和肮脏的行为。这个洞察让团队得以及时修改AC-CESS FM模型产品概要，并将原型的开关修改为射频信号识别。

在内部测试方面，除了我们所熟知的产品性能和质量测试，戴森还会尽量还原用户真实使用场景来测试产品。公司的测试实验室会还原家具环境的场景，确保产品原型测试的结果更符合用户真实的使用场景。例如，戴森在位于我国的实验室里搭建了一间模拟中国居家环境的房间，包含一间中式客厅、卧室和卫生间；委托专业实验室从当地真实家居环境中收集灰尘。

在学习阶段，精益产品实验强调通过实验来学习产品改进之处。通过数据测量和分析，团队能够将从本次实验中获得的产品改进意见转化为下一次实验的前提和提出新的解决方案。实验循环的过程由此展开，团队也在不断实验下驱动了产品的优化与创新。戴森的Tangle Free Turbine是一款有防缠绕头发专利的吸尘器，从这款产品在原型阶段的迭代可以看出工程团队不断学习和改进的过程：

传统吸头：团队在硬地板对普通吸头测试时发现部分灰尘难以吸附，原来是高速旋转的吸头会产生静电，这使得尘粒反而被地板吸引。于是，团队找到了具备反静电特性的碳纤维吸头替代普通吸头，希望能够提高吸尘量。

碳纤维吸头：在使用碳纤维吸头的产品原型测试时，团队发现碳纤维刷头的滚刷设计很容易缠绕头发等长纤维物质。后经过研究，团队又发现以圆周运动方式摩擦头发能够让头发滚成球状，以解决缠绕问题。

问题：1. 阐述戴森公司是如何突破对手的低价竞争和刻意模仿的。

2. 阐述戴森公司在生产过程中的设计对我国企业的借鉴意义。

【案例 6-5】

海尔以客户为中心开发差异化产品

"以用户为中心",是海尔集团（以下简称"海尔"）始终坚持并不断赋予新时代内涵的核心理念。

早在产品品牌时代，海尔就不是以某一款产品行销全球，而是根据不同地区用户的不同需求研发差异化的产品，本质上就是满足全球用户的个性化体验。像在巴基斯坦推出一次可放入 12 头羊的冷柜；在印度推出大容量冷藏保鲜的冰箱；在西班牙推出可以储存大量海鲜的多门冰箱，这些产品都是根据当地的文化特点和用户使用习惯推出的。

如今，用户的需求从产品转向场景。为了满足不同用户对智慧家千差万别的需求，海尔推出了首个场景品牌三翼鸟，以"1+3+5+N"全屋智慧全场景解决方案，定制智慧生活，不管是洗烘联动的智慧阳台、一键烹饪的智慧厨房，还是影院级别的智慧客厅，三翼鸟有 400+智慧场景解决方案随心选，其中包含了 1 000+生活场景，超过 2 000 个生活技能，覆盖衣食住娱的方方面面。依托智家大脑的技术升级，用户可以一屏控全屋，真正体验自然、无感、主动的智慧生活体验。"我的用户我创造，我的增值我分享。员工有权根据市场的变化自主决策，并有权根据为用户创造的价值自己决定收入。"这就是海尔独创的"人单合一"的双赢管理模式。

问题：1. 阐述海尔在生产过程设计方面的创新之举。

2. 阐述海尔在生产过程设计创新背后的价值追求。

【案例 6-6】

华为进军 ERP

企业资源计划（Enterprise Resource Planning，ERP）系统是针对物资资源管理（物流）、人力资源管理（人流）、财务资源管理（财流）、信息资源管理（信息流）集成一体化的企业管理软件。ERP 的关键在于所有用户能够裁剪其应用，因而具有天然的易用性。在制造业，很多企业接单后，需要通过 ERP 录入系统，运营部门要开始计算执行这笔订单需要多长时间，有没有存货？如果没有存货，要马上安排生产，要计算需要生产多少？需不需要备料？备料周期多长？有多少道工艺工序？需要多少设备班组资源？在什么时候哪些原材料到货可以执行哪一道工序？最后得出订单预计在什么时候能完成生产，并发给客户。目前 ERP 发展到了各行各业，我国也涌现了一批优秀的 ERP 企业，华为技术有限公司（以下简称"华为"）一开始购买的是 ORACLE 天启的，后来又买的 SAP 的。但因为众所周知的原因，只能退而求其次，与国产用友 ERP 合作，开始把 ERP 云化，推出了以华为云为基础的 ERP 软件。不过使用过程中，用友软件逐步不能适应华为的要求，华为最终推出了 meta ERP。

从华为的发展历程可知，国内的高端 ERP 软件无法满足其需求的情况下，开始自己做。这本身也是市场规律。任何一个行业，都会经历从发展红利期走向成熟期，从低端走向高端，从低水平走向高技术模式。一般而言，越到后期，市场竞争会越充分。华为发展自己的 ERP 软件利好在于，当前数字化浪潮已经是一个大趋势了，ERP 走向泛 ERP，从大型企业到中型企业，以及越来越多的中小企业都需要整体的数字化方案，覆盖的行业也将越来越多，当市场足够大的时候，会衍生出更多的细分领域，因此便可诞生细分市场的龙头。在数字化浪潮的推动下，华为有可能打造新的生态圈。

问题：1. 阐述华为发展其 ERP 系统的益处。

2. 阐述华为进军 ERP 的生产过程设计理念。

二、实务题

生产过程的时间组织

生产加工小贴士：生产过程在时间上的衔接体现在劳动对象在生产过程中的移动方式上面。生产过程分为顺序移动方式、平行移动方式和平行顺序移动方式。顺序移动方式是指一批工件前一道工序全部加工完毕后，整批转移到下一道工序进行加工。平行移动方式是指一批工件的每个零件在每道工序加工完成后，立即转移到下一道工序加工的移动方式。平行顺序移动方式是指在一批工件的前道工序尚未全部加工完毕，就将已完成的部分工件转到下一道工序进行加工，并使下道工序能够连续地全部加工完成该批工件。

表 6-2 ~ 表 6-4 分别为生产的 3 件不同产品，恰好都需要经 4 道工序的加工，每道工序加工的单件工时分别为 10 分钟、5 分钟、20 分钟和 10 分钟，请根据表思考顺序移动、平行移动、平行顺序移动 3 种移动方式的生产周期有何区别？请计算出它们的生产周期。

表 6-2　顺序移动方式

工序	工序时间/分	时间/分													
		10	20	30	40	50	60	70	80	90	100	110	120	130	140
1	10	■	■	■											
2	5				■	■									
3	20						■	■	■	■	■				
4	10											■	■	■	
合计															

表 6-3　平行移动方式

工序	工序时间/分	时间/分													
		10	20	30	40	50	60	70	80	90	100	110	120	130	140
1	10	■	■	■											
2	5		■	■	■										
3	20			■	■	■	■	■	■						
4	10					■	■			■					
合计															

表 6-4 平行顺序移动方式

工序	工序时间/分	时间/分												
		10	20	30	40	50	60	70	80	90	100	110	120	130	140
1	10														
2	5														
3	20														
4	10														
合计															

小试牛刀：沈阳 724 厂生产 3 件产品，要经过 4 道工序加工，每道工序加工的单件时间分别为 5 分钟、10 分钟、15 分钟和 20 分钟，请按照顺序移动、平行移动和平行顺序移动 3 种移动方式计算出它们的生产周期。

三、拓展阅读

快乐学精益，游戏透真理

专题三 生产计划与控制

知识引例

什么是准时制生产？

准时制（Just in Time，JIT）生产是指在所需要的时刻，按所需要的数量生产所需要的产品（或零部件）的生产模式，其目的是加速半成品的流转，将库存的积压减少到最低的限度，从而提高企业的生产效益。这种生产方式最早起源于日本丰田汽车公司。

企业准时制生产是一项全方位的系统管理工程。它像一根无形的链条，调度并牵动着企业的各项工作能按计划安排的进程顺利地实施，因此又称为一种"拉动"式的生产模式。它与大批大量生产的福特模式生产线方式有很大的不同，后者是在每一道工序一次生产一大批零件，并需将其在中间仓库或半成品库中存放一段时间，然后运送到下一道工序；而准时制生产是以市场需求为依据，采用拉动式的生产模式，准时地组织各个环节进行生产，既不超量，也不超前，以总装配拉动总成总配，以总成拉动零件加工，以零件拉动毛坯生产，以主机厂拉动配套厂生产。在生产过程中，工序间的零件是小批量流动，甚至是单件流动的，在工序间基本上不存在积压或者完全没有堆积的半成品。

（资料来源：https://zhuanlan.zhihu.com/p/84067152）

【案例评析】

面对多机床操作和多工序管理的生产方式，工作团队必须具有系统化的思想，各个生产环节的衔接要准时化，按时按需将生产任务出色地完成。通过对生产过程中人、设备、材料等投入要素的有效使用，消除各种无效劳动和浪费，确保在必要的时间和地点生产出必要数量和质量的必要产品，从而实现以最少的投入得到最大的产出，按用户的质量、数量和交货期要求进行生产。

知识梳理

一、生产计划与控制的重要作用

生产计划和物料控制（Production Material Control，PMC）部门是一个企业的"心脏"，掌握着企业生产及物料运作的总调度和命脉，涉及影响生产部、生产工程部、采购、货仓、品控部、开发与设计部、设备工程、人力资源及财务成本预算控制等，其制度和流程决定企业盈利成败。

生产计划与物料控制简称生控，通常分为两个部分，生产控制（PC）与物料控制（MC）。

PC：主要职能是生产计划与生产进度控制。

MC：主要职能是物料计划、请购、物料调度、物料的控制（坏料控制和正常进出料控制）等。

生产计划种类划分为5个层级，从上到下、从宏观到微观划分为战略商业计划、生产计划、主生产计划、物料需求计划和采购和作业计划5个层级。主要是根据计划的目的、时间跨度、详细程度和周期性划分的。

二、生产计划与控制的基本方式

生产计划和控制系统的设计有4种方式：水池式、推动式、拉动式和瓶颈式生产系统。

（一）水池式系统

水池式系统着眼于保持库存量以维持生产过程的正常进行，这种方式对供应商、客户及生产环境的动态信息需求相对较少。

这种生产方式属于典型的库存生产。

（二）推动式系统

推动式系统着眼于前期信息，用以管理和控制物流。每批原材料提前准备好，按照零部件的生产需求送货，继而按产品装配需求将零部件提前加工完毕，送往装配线，至于产品，则按客户需求提前装配并按期发送。

（三）拉动式系统

原理：准时生产制。

（四）瓶颈式生产系统

原理：约束理论。

三、合理组织生产过程的基本要求

合理组织生产过程的基本要求是，生产过程的连续性、生产过程的比例性、生产过程的节奏性、生产过程的适应性。这四项要求是衡量生产过程是否合理的标准，也是取得良好经济效益的重要条件。合理组织生产过程的基本要求是，优化生产布局、确定生产流程、采用先进生产技术、管理优化和注重团队合作等。

 案例评析

奥迪汽车的生产工艺

奥迪汽车的生产要经历冲压、焊装、涂装、总装四大工艺车间。下面以长春工厂的一汽-大众奥迪A4L的生产过程为例进行具体说明。

一、冲压工艺：汽车骨架的起源

冲压生产工艺是将钢板冲压成车身。首先把整卷钢板开卷后裁剪成大小不等的几块，分类整理。大小不等的钢材，经过一道切边工序后分配到各个冲压机上，平整的钢材经过冲压机重新塑造，车身的翼子板、机舱盖、车门等被压制成车身需要的冲压部件。

二、焊装工艺：钣金件成为车身的骨架

焊接的好坏直接影响了车身的强度。进入焊装车间，眼前能看到的都是机器人。由机器来完全可以保证车身的精度和一致性。车身结构通过点焊、二氧化碳气体保护焊、激光焊等焊接工艺将高强度钢或合金钣材进行焊接。奥迪A4L两驱版拥有5 519个焊点，采用了11类共26种焊接工艺，车身上的涂覆了124米的结构胶和密封胶。

三、涂装工艺：给车身填点色彩

涂装工艺有两个作用，第一是对汽车防腐蚀，第二是给汽车增加美观。涂装工艺有复杂的工序：前处理→电泳→烘干（B）→喷涂色漆→烘干→喷涂清漆→烘干→检查→结束。电泳随后进行色漆喷涂，这决定了车身的颜色，主要通过机器人喷枪进行，烘干后就是清漆喷涂工序。涂清漆是给色漆盖一层保护膜，让车身亮泽，然后烘炉、打蜡抛光，经一次彻底的检查，没有问题就进入总装环节。

四、总装工艺：汽车成型时刻

总装的任务就是将发动机、变速器、座椅、线束、轮胎等各种各样的零件、总成件组装到一起，工艺工程师将会安装技术要求，制定工艺卡，总装的装配员将会按照装配技术要求和装配关系，将零部件组装在车身基体上，构成一部完整、合格的汽车。在总装大部分的工作都需要人工装配。汽车总装工艺装配流程为内饰装配线、底盘装配线、发动机装配线、车门分装线、最终线等多条产线，只有进行分工明确的标准化作业，才能更好地把控每个环节的质量。

上述各项工艺有严格的时间、质量和顺序要求。读完上述内容，可以明白生产运作管理系统的概念和作用，以及智慧生产的细节。

（资料来源：https：//zhuanlan.zhihu.com/p/95933989）

【考核知识】

生产与运作管理是指对企业日常生产活动的计划、组织和控制，是指对企业生产系统的设计、运行与改进的全过程，四大生产车间在设计之初，就将数字化管理理念渗透到了生产的各个环节，包括厂房规划、柔性生产、高效物流和可靠质保。通过充分优化生产线布局、大量自动化设备的应用，降低了制造工时、提升了生产效率和产品品质。

【解题方法】

为了提高企业效益，就必须对生产过程进行调节。生产运作管理是用最低成本、在最准确的时间，向市场提供合理的柔性化产品和服务。敏捷、高效、优质、准时地向社会用户提供产品。一汽-大众奥迪正在通过开发高效的生产流程和智能技术，推行创新生产解决方案，生产运作解决方案可以打造高效的智慧工厂。

四、生产控制的主要内容和控制方法

生产控制贯穿整个生产计划始终，主要是控制生产运营有序进行。生产计划在生产活动中起到监督和制约作用，其作用是使生产活动按照计划达到产品交付标准。

1. 生产控制的主要内容

生产控制的主要内容包含制造系统的控制、生产进度的控制、生产中库存的控制、生产成本的控制和生产质量的控制等。

2. 生产控制的控制方法

1）制造系统的控制方法

制造系统控制主要是生产人员需要对机器设备和生产设施的监控，尽量减少并及时排除一些系统故障带来的不确定性因素。如果在机器设备不能有效正常运行，会妨碍生产任务的正常运行，从而造成停工损失，生产成本加大。所以在正常生产运营中，对主要设备进行点检和日常保养十分重要。

2）生产进度的控制方法

对生产进度的严格把控，主要目的是保证生产进度，生产量和交货期限在计划人员的有效控制中。在实际生产中，生产系统运行进度会反映到实际的作业计划排程中。因此，在生产运营中，企业的生产计划部门要定期和各个运营部门要定期沟通，如产品设计，生产中异常问题，质量管理等，需要和生产部门之间协调，统一完成各个生产任务。对中间出现的异常快速解决。

3）生产中库存的控制方法

库存管理要求生产库存的种类，数量和库存资金需要控制在合理的范围之中。生产计划主要在于生产运营活动在有限的资源下，根据市场的需求和订单波动按量备库，而且需要采取有效控制方式，使库存数量、成本和占用资金达到最低同时又能满足客户的需求。

4）生产成本的控制方法

生产过程前后成本控制主要是在低成本的效果下生产出符合质量和需求的产品。其中生产成本控制包括材料费用、库存费用、人工费用和其他间接费用等。在正常情况下，为了控制成本，企业财务会分解一些成本控制目标值，企业运营和计划部门需要定期正常一周、一个月或者一个季度对企业生产成本进行分析和过程跟进控制。

知识衔接

　　党的二十大报告擘画了以中国式现代化全面推进中华民族伟大复兴的宏伟蓝图，做出了"加快建设网络强国、数字中国""加快发展数字经济"的战略部署，2022年12月15日，习近平总书记在中央经济工作会议上的重要讲话中指出："要加快新能源、人工智能、生物制造、绿色低碳、量子计算等前沿技术研发和应用推广，支持专精特新企业发展。"生物制造作为全球新一轮科技革命和产业变革的战略制高点之一，正在改变物质生产方式，实现生产原料、制造工程、产品性质的重大革新，因此被视为制造领域一次新的"工业革命"。《"十四五"生物经济发展规划》也明确将生物制造作为生物经济战略性新兴产业发展方向。

　　生物制造是利用生物组织或生物体（酶、微生物细胞等）进行物质加工，生产人类所需的各种产品的先进物质转化工业模式。相对于传统制造方式，生物制造在生产原料、加工工艺等方面另辟蹊径。加快化工、医疗、材料、轻工等重要工业产品制造与生物技术深度融合，将推动经济发展向绿色低碳可持续发展模式转型。

　　（资料来源：http://politics.people.com.cn/n1/2023/0328/c1001-32652377.html）

实战训练

一、案例题

【案例6-7】

AL公司的生产计划管理优化

　　AL公司是一家传统印刷制造业，在全球印刷工业占领着领头地位。在互联网信息技术不断渗透到制造业的各个领域，促进产业革新的浪潮下，印刷行业作为相对而言低附加值的传统行业，面临着多变化的市场需求。目前，随着市场多变，客户的需求越来越个性化，订单批量越来越小，短期订单基本在一周以内交货，工序越来越复杂，导致企业的生产计划成本越来越高。AL公司生产计划存在如下问题：订单需求预测准确率低、生产计划制定不合理、生产执行力不到位、控制成品和半成品库存不合理。

　　一、订单需求预测准确率低

　　其包括预测方法存在缺陷，预测者由于主观原因产生预测误差，预测缺乏问责机制和全局观念，相关部门的数据不协同，物流供应链存在很多不确定性，特别是大批量订单积压在手，订单运不出去或者人力资源批量封闭赶不上出货。

　　二、生产计划制定得不合理

　　其包括订单流转非价值时间过长，在整个订单有效的交期内，至少非价值的时间浪费达30%左右；生产模式单一，很多订单需要根据客人的需求定制化设计，生产计划依赖人员经验、主计划产能规划不合理，整体产能规划基本只考虑客户的需求，而很少会关注实际生产能力的核算和各个工序之间的平衡产出。

　　三、生产执行力不到位

　　其包括未建立完善生产控制流程，生产异常协调控制不及时，生产线经常临时性插单，过多急单紧急插队，切换生产设备，其他客户的订单延迟，高额的赔偿费用都会有不小的冲击。

四、控制成品和半成品库存不合理

公司在近两年的运营活动中一直采取激进的方案，在建立库存方面缺少科学方法，盲目大批量备库。随着公司的不断发展，产品种类增多，客户需求的波动性很大，公司承担库存呆滞的风险也会增大。

问题：1. 阐述 AL 公司当前生产计划存在的问题。

2. 请阐述提高生产效率和客户满意度的方法。

【案例 6-8】

先盛半缸就能吃饱饭

地产界的王健林曾经当过兵，是鸭绿江边军营里的一名侦察兵，"练武、打拳、翻跟头，什么都练过"。那时正赶上国家供应接济不足，缺衣少食，很多人都吃不饱饭。部队中的老班长悄悄跟他说："小王，我教你一招，可以让你吃饱饭的方法！但你首先承诺，你要坚决保密。"王健林说："保证保密！"

部队那个时候吃饭用的缸子很粗、很高。老班长说，你上去后先盛半缸，你吃得再慢，你的半缸一定比第一缸满缸的人吃得快；再去拿第二缸来满满一缸子，就可以吃饱了。千万别先傻傻地去盛一满缸，很多人都这个心态，先上去盛满，都盛满了再来就没第二次了。王健林还真就靠老班长教他的这一招，这一年的行军路上基本上能吃饱饭。

问题：1. 请从管理学的角度分析并阐述先盛半缸与先盛满缸有何区别。

2. 结合案例阐述调整后的优势与不足之处。

【案例 6-9】

精益生产案例：瓶颈工序改善，效率提升 8%

刘前方在流水线上巡视，发现一名女工岗位旁边堆积了很多半成品，是因其跟不上流水线速度，不得已拿下来暂放旁边的。经仔细观察其动作，发现按橡胶塞的动作可以转移到其他工序。但是转移到哪一道工序更合适呢？观察前后岗位，发现其前道是两名作业员做同一工序，时间有富余，于是决定转移到前道工序，两个小伙子也愉快地接受了，这就是精益生产线平衡的改善动作之一动作转移。

经测算，动作转移后，流水线生产效率提升约 8%，简单换算就是员工工资增长 8%，而公司不需要多支付一分钱，因为是计件工资。工资越高员工越稳定，员工越稳定，产量和效率也就越有保证。制造业的各位中高管，一定要多到现场，有时需要"傻傻"地看着员工操作，也可以自己去操作一下，就能发现问题、解决问题，而使工厂的管理逐步提升。

问题：1. 阐述生产中的瓶颈工序流程。

2. 阐述能够改善瓶颈工序并提高效率的方法。

二、实务题

生产线的平衡

生产线的平衡即是对生产的全部工序进行平均化操作，调整作业负荷，从而使各作业时间尽可能相近的技术手段与方法。这样做的目的是消除作业间不平衡的效率损失以

及生产过剩。生产线平衡是一门很大的学问，生产线平衡直接关系到生产线的正常使用。生产线平衡指南主要包括生产线平衡的相关定义、生产线平衡的意义、工艺平衡率的计算、生产线平衡的改善原则和方法。

问题：1. 试分析生产线平衡与木桶定律的关系。

2. 生产线产品节拍的计算。

节拍是指在规定时间内完成预定产量，各工序完成单位成品所需的作业时间。其计算公式是：节拍=有效出勤时间/ [生产计划量×（1+不良率）]，工人每月的工作时间为20天，正常工作时间为每班次480分钟，该企业实行每天两班制。如果该企业的月生产计划量为19 200个，不良率为0%，请问该企业的生产节拍是每秒多少个？

三、拓展阅读

约束瓶颈 TOC 理论

专题四 生产现场管理

知识引例

小男孩的裤子

一位小男孩买了一条裤子，觉得裤腿有点长，想让奶奶帮忙剪短些，奶奶说忙；让他找妈妈，妈妈也没空；找姐姐，姐姐也说没有时间，天色渐晚，男孩就带着失望入睡了。奶奶忙完家务，想起来孙子的裤子就赶忙找剪刀帮着剪短了，妈妈回来又剪了一次，姐姐很晚回来，又剪了一次。第二天早上，小男孩"欣喜地"发现，裤子没法穿了。

【案例解析】

小男孩的奶奶没有将剪好的裤子放上标识或者放在衣柜中，导致家人之间没有形成应有的默契，如果整理做好了，家人就可以通过标识知道那条裤子是修剪完成后的，不必再次操"剪"，而整理做得好，完工的和未完工的也会放在不同的位置，就不会出现案例中"误会"。

知识梳理

一、从5S管理到8S管理

5S管理是日本企业率先实施的现场管理方法。8S管理是在5S管理 [整理（Seiri）、整顿（Seiton）、清扫（Seiso）、清洁（Seiketsu）、素养（Shitsuke）］的基础上，结合现代企业管理的需求加上安全（Safety）、节约（Save）和服务（Service），推出的管理理念。实施 8S 管理是彻底实施整理、整顿、清扫活动，并形成制度，营造整洁明亮的现场环境，培养员工优良的工作习惯，改善服务品质，提高工作效率，降低管理成本，提升服务质量的管理活动。

1S——整理

定义：区分必需品和非必需品，清除现场非必需品。

目的：腾出空间，防止误用。

2S——整顿

定义：将必需品定位放置，保证在需要时 30 秒内取出。

目的：不浪费时间寻找物品，提高工作效率。

3S——清扫

定义：清除现场内的脏污，并防止污染的发生。

目的：消除脏污，保持环境干干净净、明明亮亮。

4S——清洁

定义：将整理、整顿、清扫进行到底，并且标准化、制度化。

目的：通过制度维持成果，并显现"异常"之所在。

案例评析

配电箱爆炸，8 人瞬间变成渣

广西桂平某企业发生爆炸腾起蘑菇云，当地应急部门表示起火的是公司里的配电箱。配电室是企业生产过程最重要的公共系统之一，在安全管理中，大多只重视触电伤害，爆燃事故往往被忽视。为什么配电箱会爆炸？很多人怀疑是电箱材质安全问题，其实根据调查显示，配电箱很少因为质量安全引起爆炸，毕竟生命安全绝非儿戏，这种重要装置都经过国家严格把控生产。能引发配电箱爆炸的反而是人为因素居多。

定期做好清洁清扫，可以防止柜内部分裸露元器件被灰尘覆盖。如果裸露元件被灰尘覆盖后吸收空气中的水分，就会对元器件造成腐蚀，长时间可能导致绝缘度降低、短路、接地等故障，甚至可能导致触电的危险。另外，过多的灰尘覆盖，在空气潮湿的情况下会导致静电电流过高，从而也会有在操作时被触电的危险，而且过多的灰尘覆盖对箱元器件产生腐蚀作用，也会大幅缩短元器件的使用寿命。绝缘垫积灰现象也不容忽视，依据 DB 11/T 527《变配电室安全管理规范》，配电箱的绝缘垫需要定期做好清洁、清扫，绝缘垫有大量灰尘或者有破损，就会导致操作人员接地，引发触电事故。另外，电缆沟盖板不全，沟内积灰，容易使操作人员出现意外坠落及触电事故。

（资料来源：https：//new. qq. com/rain/a/20230425A062CB00）

【考核知识】

清洁是对整理、整顿和清扫三项活动的坚持与深入，从而消除发生安全事故的根源。创造一个良好的工作环境，使职工能愉快地工作。清洁活动的目的是：使整理、整顿和清扫工作成为一种惯例和制度，是标准化的基础。

【解题方法】

解决此题的关键：认清清扫与清洁可以从不同方面为企业的现场管理打下良好的基

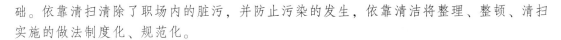

础。依靠清扫清除了职场内的脏污，并防止污染的发生，依靠清洁将整理、整顿、清扫实施的做法制度化、规范化。

5S——素养

定义：对于规定了的事，大家都能遵守执行。

目的：提升人的品质，培养对任何工作都讲究认真的人。

6S——安全

定义：人身不受伤害，环境没有危险。

目的：创造对业主、企业、员工没有危险的环境，避免安全事故的发生。

案例评析

改善一个细节，避免上百万设备毁损

某次，刘前方到客户公司访问，发现一条价值上百万的烘干生产线停产在维修，询问得知是前一天晚上着火了，部分线路加热板被毁，需重新安装。进一步了解，之前类似事情也发生过，公司采取的措施是设备口装一盏太阳灯，员工每20分钟看一下设备里面，如果有异常停止生产，处理异常后再生产，但前一天晚上员工没有及时发现异常，导致线路及加热板烧毁，好在没有波及整台设备毁损，公司的规定是对当班员工罚款100元。得知这一情况后，我们找员工了解情况，并到现场仔细观看，发现原来是设备存在隐患，改进的方法就是加上两块挡板，经过一段时间观察，不会出现异常，太阳灯取消，员工不用每20分钟观察一次。6年后，我们再次回访，6年来没有再出现过问题。

（资料来源：https：//zhuanlan. zhihu. com/p/134049957）

【考核知识】

安全和素养是企业改善现场的核心流程，那么如何才能保证安全？我认为要增强安全意识，提升安全素质。所谓"安"，就是生命有保障、有尊严；而"全"，就是要做到全面、无遗漏。一个人的安全意识，决定了他是否能够成为合格的公民；一个公司的安全举措，决定了一个公司的效益和发展。

【解题方法】

解决此题的关键在于，素养是一个人或一家企业高效发展的保障，而素养来自每处细节。"千里之堤，毁于蚁穴。"如果忽视设备运转中的小毛病，就会酿成大祸。我们要从细节上注意安全，从小事做起，在工作中严格执行操作规程，遇到机器设备中出现的异常要及时更正，时刻保持安全素养。

7S——节约

定义：减少企业的人力、成本、空间、时间、库存、物料消耗等因素。

目的：养成降低成本习惯，加强作业人员减少浪费意识教育。

8S——服务

定义：标准化、正规化、规范化是提高服务质量和效率的根本保证。

目的：使业主从感官上先认可我们的素质，从而认可我们的服务及公司的价值。

"8S"的关系：

它们并非各自独立，互不相关的而是存在一种相辅相成、缺一不可的关系。整理是整顿的基础，整顿又是整理的巩固，清扫是显现整理、整顿的效果；而通过清洁、素

养、节约、服务，则使企业形成一个所谓整体的改善气氛；安全则能够保障以上成果的推进。它们各有侧重，相辅相成，从而提高管理水平。

二、定置管理

定置管理起源于日本，是各项专业管理在生产现场的综合运用，按照人的生理、心理、效率、安全的需求，通过分析研究生产现场中的人、物、所三者关系，达成最佳结合状态的一种科学管理方法。

类似"断舍离"，它是通过整理，除去生产过程中不需要的东西，不断改善生产现场条件，科学地利用场所，向空间要效益；通过整顿，促进人与物的有效结合，使生产所需唾手可得，每段时间都要产生效益，从而形成现场科学的管理规范。

定置管理的基本方法是。

三定原则：定位置、定数量、定名称。

三要素：（放置的）场所、方法、标识。标识的方法有：轮廓线、标签、阴影、色标等。

三种状态：A 状态指人与物立马结合即刻就能发挥作用；B 状态指人与物尚在对接中；C 状态指人与物长期失联已经是无关系了。

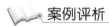 案例评析

限位槽定置管理法

一家公司给员工每人发了一个水杯，所以，水杯都是一样的，每人贴个标签写上自己的名字，因为摆放得很乱，且常被人移动，总有人找不到自己的水杯。按通常的物品定置方法，公司一开始就划出了田字格，并要求大家按格子摆放。

实际情况是，每次按田字格整理好后，过半天，就乱了。为什么呢？因为只要有1 个人没有放置到田字格里，就会占用 2~4 个格的部分位置，导致其他人也没办法放到田字格里。3~5 个人没摆放好，就全乱了。尤其是有一段时间员工人数较多，按每人一个格子摆放，够用的。但只要稍有几个人乱放，位置就不够用了。就会有人放到上面的窗台上。窗户外面是主通道，经常有外人经过，影响很不好。

早会强调了很多次，甚至组长专门抽时间盯着，但一离开就又乱了。几个人苦想了几天，才想到使用限位槽这个办法。线槽有一定深度，按水杯大小挖出槽位，改进后的限位槽如图 6-4 所示。

图 6-4 改进后的限位槽

设计时，其高度比水杯手柄下固定位高一些，这样，员工们放水杯时，要把手柄放槽内（见图 6-5）才合适，否则水杯就是歪的。绝大部分人放杯子时，如果发现是歪的，都会忍不住调整一下的。

手柄限位槽

图6-5 手柄限位槽示意

实验的结果给了我们一个惊喜，竟然所有水杯都摆放得整整齐齐，连手柄方向都如我们所愿，整齐划一。

问题：1. 阐述该公司最初的定置管理为何是无效的。

2. 阐述改进后的定置管理能取得良好效果的根本原因。

（资料来源：https：//www.zhihu.com/question/273914623/answer/371156984）

【考核知识】

定置管理是指对生产现场中的人、物、场所三者之间的关系进行科学的分析研究，使之达到最佳结合状态的一种科学管理方法。定置管理是5S活动的一项基本内容，是5S活动的深入和发展。随着生产不断发展，定置管理也应与时俱进，根据实际情况加以改进。

【解题方法】

解决此题的关键在于具体问题具体分析，一般来说，对这类简单物品管理通常就是划定位线，员工的作业台上的物品和工具也是用定位线的办法，而且也是有效的。但水杯架是公共区，只要有一两个人不按要求放就会占用"田"字中的十字位，占用多个格位。以至于他人也没办法放好。虽然，大多数人不会有意乱放，但如果有人乱放了很少有人会主动把所有乱放的杯子摆放整齐。以至于不到半天就乱了。而用限位槽定置的办法，就很好地解决了个别人不太自觉的问题。首先，放到槽内并不需要额外花费精力，是随手地就能做到的；其次，如果没有放到槽内自己的杯子会歪或有可能掉下去，都会忍不住，扶一下，放到槽内。所以，使用好的定置方法，比安排专人盯、不断开会讲都好得多，能在很大程度上引导、规范员工的行为。

三、目视化管理

目视化管理也叫可视化管理，是一种行之有效的科学管理手段。在丰田汽车公司，它与看板结合，成为丰田汽车公司生产方式的重要组成部分。目视化管理就是信息展示，全面直观地、方便地显示相关信息，使员工能够看到，以便其做出反应，进行调整和控制。目视化管理信息公开化、形象直观、信息传递快，便于统一大家的行动和认知，信息透明度高，适合生产现场的协调配合，还可以结合音、视频手段，即故障灯和报警铃声，包括消防疏散图、厂区平面图、电子显示屏、用工看板、安全管理图示等，如图6-6所示。

图6-6 目视化管理图示

知识衔接

"相知无远近，万里尚为邻。"党的二十大强调要"推进高水平对外开放"。"十四五"规划纲要中提出，"实行高水平对外开放，开拓合作共赢新局面"。我国开放的主动性、自主性更强，将更加契合我国经济发展实际需要，我国的更高水平对外开放不仅将促进我国经济发展，也将为全球发展带来巨大机遇。高水平对外开放将为全球经贸发展贡献"中国强大市场"，为全球经济升级贡献"中国优质资源"，为全球经济治理贡献"中国解决方案"，为全球互利共赢贡献"中国合作力量"。习近平总书记在第十四届全国人民代表大会第一次会议上的讲话中指出："中国的发展惠及世界，中国的发展离不开世界。我们要扎实推进高水平对外开放，既用好全球市场和资源发展自己，又推动世界共同发展。通过'一带一路'项目实现民心相通。中国企业在建立海外基地之后，更加重视在当地履行和承担社会责任。现实中，可以看到中国企业在当地建立中国经济贸易合作区，为更多企业搭建平台；投资建立医院、学校、图书馆、道路、电力、供排水等基础设施，方便社区生活；提供敬老与社会福利，援助灾民；帮村民建立中小企业和工厂；提供职业培训，促进就业等。通过积极承担社会责任，中国企业在社会效益方面获得了令人瞩目的成就。"

实战训练

一、案例题

【案例 6-10】

小风车的大用处

有一家生产复印机的工厂，他们的复印机里面有一个小风扇，而这个小风扇非常重要，一旦装反了，就会导致机械损坏。但由于是流水线作业，操作工在装配时，由于疲劳、遗忘等多种原因，可能会出错。主管就要求操作工装好后要进行检查，用手摸一下，试下风向。但是每天生产数千台复印机，操作工人可能就会产生错觉，有风？没风？不开心了，走神了，还是会产生装反的现象。后来，就通过发掘员工潜能，在复印机旁边装一个小风车，如果装配正确风车会转，因此表明，只要风车会转，装配就是完好的，否则就表示装配错误。这样这家公司复印机的合格率就大幅提高了。

问题：1. 结合精益生产阐述小风车对于公司持续性改善的作用。

2. 请从现场管理角度阐述精益生产对公司持续改善的作用。

【案例 6-11】

机械手的妙用

有一家电子生产型企业，在组装设备时，由于需要装配的螺丝数量多，操作工经常遗忘。后来，该公司就从精益生产的角度进行考虑，降低人为的因素。他们专门设计了一种机械手，机械手末端有磁铁。如果这个部位需要装 5 颗螺丝，机械手就自动抓起 5 颗螺丝，如果需要装 16 颗螺丝，机械手就自动抓起 16 颗螺丝。操作工只要看一下机械手上有没有剩余的螺丝就可以了。

问题：1. 试结合案例阐述机械手在企业的生产管理中的妙用。

2. 试从现场管理的角度阐述降低不良产品比例的方法。

【案例6-12】

厂长的烦恼

刘厂长是一家中美合资企业的厂长，该企业由中美双方各出资50%，在管理上也是互有分工：刘厂长代表中方负责管理公司的生产，美方经理负责管理公司的财务和市场。作为一家国内阀门行业的龙头企业，该公司有过自己辉煌的过去。刘厂长深信，即便当时不与美国人合资，自己的工厂照样过得很好。那可真是个惬意的年代，工厂生产什么客户就要什么，即使偶尔有客户提出一些比较特殊的要求，他们也有足够的耐心等，毕竟是特殊产品嘛。

最初双方的合作很好。但后来情况逐渐发生了变化。合资后不久，竞争对手如雨后春笋般出现。客户的订单越来越刁钻，什么要求都能提出来。让刘厂长苦恼的是，美方经理似乎完全不理解生产部门的难处——他什么订单都敢接！每当刘厂长提醒美方经理自己的工厂无法这么快完成这么多紧急订单的时候，美方经理总是告诉刘厂长："我们必须接，否则我们没有足够的订单！""要你这个做市场的是白吃饭的吗？"刘厂长只能在心里叫苦。

对于当前的状况，刘厂长进行基本分析。

一、生产情况分析说明

第一：阀门生产主要经过A、B、C、D四个车间。100个原材料首先经过A车间加工后统一送到B车间，然后经过B车间加工后再以100个为一批，搬运到C车间，以此类推，最后变成成品。

第二：从采购原材料到生产出成品，总共需要12天的时间，即生产周期。

第三：接到的订单中，大部分要求6天交货，这6天称为交货期。

问题就出现在这里了，公司的生产周期远远大于客户对交货期的要求。

刘厂长紧皱着双眉，解决办法是有的，只是……，他似乎已经可以预知美方经理会做出什么反应。刘厂长抛出了自己制定的解决方案。

二、刘厂长的解决方案

方案一：增加库存。

制造成品库存？或者制造标准件库存？

方案二：提高产能。

"方案一"说明：建立成品库存可以说是刘厂长本能的选择。如果工厂有充足的成品库存的话，那么客户就可以随时取货了。然而，越来越多的客户开始要求定做产品，每个客户的要求又都是不一样的。这样的话，工厂事先根本不知道顾客需要什么产品，那么成品库存也就无从做起了。因此刘厂长考虑采用增加"标准件"库存的方法。

所谓标准件，是指有一些物料具有通用性，既可以用于产品A，也可以用于产品B，这种具有通用性的物料称为"标准件"。

原材料经过B车间加工以后成为"标准件"，刘厂长希望在这里增加一定数量的标准件库存。从标准件库存开始到变为成品，需要5天的时间。这样的话，也可以满足客户6

天交货的要求。

"方案二"说明：增加产能也是一种可供选择的方法。很多人和刘厂长一样，认为既然产品总是生产不出来，那么我们就不断增加人力、增加设备，通过提升产能来缩短生产周期。当然，最好是深挖内部潜力，争取少花钱就达到增加产能的目的。

三、美方经理的意见

针对方案一，美方经理坚决不同意。理由如下。

第一，库存意味着巨大的风险。

无论是成品库存还是标准件库存。根据预测制作出来的库存产品有没有人购买呢？因此这是一个巨大的风险。

第二，库存意味着占用大量的资金。

在企业利润没有增加的情况下，投入的资金却因为库存而增加，这必然使投资收益率降低。对于一家上市公司来说，这个结果是灾难性的，几乎会立刻招致股价的下跌。

针对方案二，美方经理更是不同意。理由：公司的销售情况不佳，在销售没有增加的情况下却要增加投入，提高产量，显然是不合理的。美方经理在现场观察后发现，员工与机器设备不是忙不过来，而是有时候忙，有时候闲着没事做。

美方经理的要求：

现在，公司效益严重下滑，而这主要是成本过高造成的。在这种情况下，公司要不断降低成本。因此，美方经理与刘厂长针锋相对地提出，当务之急是压缩库存。对此，刘厂长被气得七窍生烟！为了借助外力来说服美国经理，特意请来了企业管理咨询公司的精益生产专家进行调研，并把自己的想法和盘托出，希望获得精益专家的支持。

当公司上层矛盾重重时，是无法开展工作的。因此，必须首先把刘厂长和美方经理的意见统一起来，并且找到双方冲突的根源加以解决。精益生产专家分析说："无论是美方经理还是刘厂长，双方的总目标都是实现企业盈利，这是一个大前提。离开了这个前提，双方就完全没有办法坐到一起解决问题了。"美方经理认为，企业要盈利就要压缩生产成本，而压缩生产成本的重要途径，就是削减库存。刘厂长认为，企业要盈利就要保证销售额。在顾客交期的压力之下，缩短交货期就是当务之急。而缩短交货期就要增加库存。同样是为了实现企业盈利，一方要增加库存，一方要削减库存，矛盾冲突相当明显。

问题：1. 阐述要做到精益生产需要开展工作的方面。

2. 阐述此案例给我们带来的启示。

二、实务题

教室里的目视化管理

为展示班级文化，创造良好的育人环境，根据目视化管理的具体内容，针对本班教室的黑板上方、班级后面墙壁、侧面墙壁、门顶上方，正门两侧等一切可供利用的位置进行目视化管理设计，先制作目视化管理设计方案，再以小组为单位实践。

【实训要求】

1. 教师在实训前提出明确要求，先出设计方案，再开工。

2. 评选出两组较好的方案在同学中交流，教师分析点评。

3. 设计方案时，必须在教师的组织下安全操作。

三、拓展阅读

改善＝主动×改方法×善结果

第七单元 生产质量管理

学习目标

★知识目标

◇掌握全面质量管理的理论及特点、质量管理的基本工具。

◇掌握常用的质量管理标准及其认证体系的具体内容。

★能力目标

◇能运用全面质量管理的基本工具进行生产评估及产品改善。

◇能运用质量管理标准进行产品质量评估及品质改善。

★素质目标

◇做有责任心的员工，以质量的全面提升实现客户满意的目标。

◇增强学生的职业素养和责任观，强化文化自信和民族自信。

专题一 实施全面生产质量管理

知识引例

消毒水造成的索赔

浙江舟山出产的冻虾仁以个大味鲜名闻海内外，多年来在欧洲市场一直畅销。然而，最近的舟山冻虾仁突然被欧洲一些公司退货，并且要求索赔。一问原因，原来欧洲当地检验部门从部分舟山冻虾仁中查到了 50 亿分之 1 克的氯霉素。冻虾仁里哪来的氯霉素？浙江省有关部门立即着手调查。结果发现，问题出在加工环节。剥虾仁要靠手工进行，一些员工因为手痒难耐，用含氯霉素的消毒水止痒，结果将氯霉素带入冻虾仁中，造成了大量退货。请从全面质量管理的角度分析。

（资料来源：https：//finance. sina. com. cn/g/20020104/161141. html）

【案例解析】

抓住全面质量管理的影响因素，案例中因为人员对自己要求不严，给产品生产的环境带来了污染，不注重细节，直接造成了质量问题。在实际生产过程中，人员、机器、材料、方法、测量和环境都是需要关注的内容，无论哪个环节出现了质量问题，都会影响产品的声誉，给企业带来无法估量的损失。

知识梳理

一、全面质量管理的内涵与程序

全面质量管理（Total Quality Management，TQM）就是一个组织以质量为中心，以全员参与为基础，通过让客户满意和本组织所有成员及社会受益而达到长期成功的管理途径。即一个组织可以通过让其所有成员专注于提高质量，从而提高客户满意度，以此取得长期成功。TQM要求组织有持续改进的理念，着眼于长期的过程改进，而不是简单地强调短期的经济效益。

全面质量管理的要求是关注企业生产产品的过程，它要求企业定义这些过程，持续对这些过程进行监控，以量化的方式进行呈现，并使用数据来推动过程的改进。此外，这个管理体系要求所有员工以及所有部门都参与其中。TQM的目标是通过确保企业的产品或服务的生产过程第一次就做对，避免返工带来浪费，以此提高效率。

（一）全面质量体系

全面质量体系是为保证和提高产品质量，通过建立统一的质量管理标准，依靠严密的组织将产品质量控制环节联合起来，形成的一个完整的、有保障的质量管理有机体。主要包括：产品设计试制过程的质量管理、制造过程的质量管理、使用过程的质量管理。设计试制过程的质量管理涉及市场调研、工艺设计、试制、鉴定等环节；制造过程的质量管理涉及原材料验收、生产工艺检验，包括"自检、互检、专检"多层检验、质量分析与改进等内容；使用过程的质量管理涉及用户服务政策、用户使用培训与指导、用户信息反馈等内容。

（二）全面质量管理工作程序

美国质量管理学家戴明提出了全面质量管理的基本方法和工作程序，他认为全面质量管理工作程序包括计划（Plan）、实施（Do）、检查（Check）、处理（Action）四个阶段周而复始运转，即"PDCA循环"。

计划阶段包括4个步骤：①分析现状，找出质量问题；②分析质量问题，找出影响质量因素；③根据影响因素制定措施；④提出改进计划，并预计计划效果。实施阶段是根据预计目标和措施，有组织地执行和实现质量控制。检查阶段是对计划执行情况进行检验，并发现不足之处。处理阶段包括两个步骤：①总结成功经验和失败教训，并将成功经验进行标准化，提出失败的预防措施；②对未能解决的问题应转入下一个循环，作为下次考虑的目标。

PDCA循环的特点是依顺序进行，靠组织力量推动，周而复始，不断循环；大环套小环。整个企业的质量管理活动是大环，各部门、科室是独立的小环；螺旋式上升，质量管理不是停留在原地，而是不断总结和提高。

（三）全面质量管理措施

实现全面质量管理涉及方方面面的质量管理工作，最主要的方面包括质量教育、标准化、计量鉴定、质量信息反馈。质量教育主要包括质量管理知识普及、职工技能培训、质量宣传等内容；标准化是根据产品质量要求建立技术标准与管理标准；计量鉴定是通过测试、化验、分析等手段实现质量的控制；质量监督是对原材料、外加工成品及出厂产品进行的检验；质量信息反馈是及时将质量管理涉及环节的信息、数据反馈到相关部门，以随时掌握质量状态，及时处理质量问题。

二、全面质量管理的内容

全面质量管理注重客户需要，强调参与团队工作，并力争形成一种文化，以促进所有的员工设法、持续改进组织所提供产品/服务的质量、工作过程和顾客反应时间等。全面质量管理由结构、技术、人员和变革推动者四个要素组成，只有这四个要素全部齐备，才会有全面质量管理这场变革。

全面质量管理有三个核心的特征：即全员参加的质量管理、全过程的质量管理和全面的质量管理。

全员参加的质量管理即要求全部员工，无论高层管理者还是普通办公职员或一线工人，都要参与质量改进活动。参与改进工作质量管理的核心机制，是全面质量管理的主要原则之一。

全过程的质量管理必须在市场调研、产品的选型、研究试验、设计、原料采购、制造、检验、储运、销售、安装、使用和维修等各个环节中都把好质量关。其中，产品的设计过程是全面质量管理的起点，原料采购、生产、检验过程实现产品质量的重要过程；而产品的质量最终是在市场销售、售后服务的过程中得到评判与认可。

全面的质量管理是用全面的方法管理全面的质量。全面的方法包括科学的管理方法、数理统计的方法、现代电子技术、通信技术。全面的质量包括产品质量、工作质量、工程质量和服务质量。

📖 **案例评析**

暂停上市！检出放射性物质超标

2023年2月7日，日本福岛县渔业协同组合联合会发出通知，由于从福岛县附近海域捕捞的鲈鱼体内检测出放射性物质铯超标，从即日起暂停当地的鲈鱼上市。福岛县水产海洋研究中心表示，他们接到福岛县渔业协同组合联合会的通知，称从近海捕捞的鲈鱼体内检测出放射性铯-137的活度达到每千克85.5贝克勒尔，超过了该联合会自行设定的安全标准。

福岛县水产海洋研究中心放射能研究部长渡边透称，福岛县渔业协同组合联合会每天都对上市销售的所有鱼种进行抽检，这次从一条捕捞上岸的鲈鱼体内检测出的放射性物质铯，超过该联合会自发设定的每千克50贝克勒尔的标准。该联合会决定自发停止当地捕捞的鲈鱼上市。虽然这次从鲈鱼体内检测出的放射性物质铯并没有超出日本政府规定的标准，但福岛县渔业协同组合联合会还是通知当地渔民，在确认安全之前，捕捞的鲈鱼不得上市。从此类事件中，我们应充分了解放射性污染这一类食品问题。

（资料来源：https：//new. qq. com/rain/a/20230210A02LC800）

【考核知识】

食品质量关乎每个人的生命健康。食品污染的事件屡屡发生。在食品污染中，有一类污染是我们日常不容易接触到、但现在却越来越常见的，那就是放射性污染。最近的一起食品放射性污染事件就是日本福岛的核泄漏，此次事件导致福岛周边所生产的食品中放射性核素明显超标，核污染水排海后，又造成了新一轮的食品放射性安全隐患。

【解题方法】

解答此题的关键是抓住食品放射性污染的危害，食品放射性污染对人体的危害主要是由于摄入污染食品后放射性物质对人体内各种组织、器官和细胞产生的低剂量长期内照射效应。主要表现为对免疫系统、生殖系统的损伤和致癌、致畸、致突变作用。在万物互联的时代，做好海鲜等水产品的全面质量监测，是关系每个人生命健康和切身利益的大事。

三、质量管理的统计控制方法

应用质量管理的统计控制方法，首先需要了解质量数据的种类及质量的波动性。它是应用数据统计技术对各阶段产品的质量进行监测评估，以保持管理质量的稳定过程。

质量水平是通过一定数据反映出来的，质量数据可分为计量值数据、计数值数据。计量值是用仪器加以测定，具有连续型单位，如长度、温度等；计数值是指用"个数"来表示，具有离散型数据，可分为：计件数据和计点数据。计件数据比如废品数、返修数等。计点数据比如气泡数、瑕疵点等，是针对质量缺陷按点计算的数据。数据的收集一般以一批产品或一道工序为母体，从中随机抽取部分样品，经测度获得数据。质量统计管理术语中，母体指研究对象全体，子样是随机抽取的个体。

质量管理过程，总会存在因设备、材料、操作方法、环境、气候等因素造成质量标准的波动，若质量波动处于质量标准范围，就称为正常波动。正常波动范围要注意观察和合理控制，避免出现偏差；若质量波动超出质量标准，就称为异常波动。异常波动范围要分析原因、及时纠正。

质量统计控制过程中，常用的控制工具有七种，分别是：直方图法、控制图法、排列图法、因果分析图法、相关图法、分层法、统计分析表法。在此仅简单介绍。

直方图法是从总体中随机抽出样本，将样本获得数据进行整理，根据这些数据找出质量波动规律，以此预测质量好坏，估算不合格品率的一种常用工具。

控制图法是对质量特性值进行测定、记录、评估，以监测质量过程是否处于控制状态的一种工具。图上一般分中心线、上控线和下控线。通过各抽取数据在图中的表现来发现问题。

排列图法是通过发现关键的少数规律绘制成图，以分析影响产品质量的一种工具。"关键的少数"指引起质量损失的少数缺陷。

因果分析图法是指将影响质量的因素进行统计分析，从大到小、逐层深入，找出其因果关系的一种工具。一般影响质量的因素可概括成五个方面：操作者、机器设备、材料、工艺、环境。

相关图法是分析影响质量两个因素之间的关联程度的一种工具，一般有六种表现形式：正强或正弱相关、负强与负弱相关、非线性相关与不相关。

分层法是指根据产生数据的原因将数据分类，以研究影响质量因素的一种工具。可先按操作者、机器、原料、时间、环境等进行分类，再进行细分。

统计分析表法是指整理分析以往的统计图表数据，以找出质量规律波动性及影响质量因素的一种工具。

知识衔接

目前更加强调围绕国家重大战略推进国有经济布局优化和结构调整，深化供给侧结构性改革，增强国有经济竞争力、创新力、控制力、影响力、抗风险能力。我国经济已经从高速增长阶段转向高质量发展阶段，"十四五"时期乃至未来更长远，国有经济功能定位于服务国家经济高质量发展。按照经济高质量发展要求，国有企业要以新发展理念为指导，在创新型国家建设、"一带一路"、制造强国建设、民生改善等政策中发挥关键作用，国有资本绝大部分集中于提供公共服务、发展重要前瞻性战略性产业、保护生态环境、支持科技进步、保障国家安全等真正关系到国家安全、国民经济命脉的关键领域，以及公益性行业的优势企业中。国有企业应在形成以国内大循环为主体、国内国际双循环相互促进的新发展格局中发挥作用。

（资料来源：http://www.xinhuanet.com/politics/2020-10/07/c_1126580113.htm）

实战训练

一、案例题

【案例 7-1】

敢仿冒鲁青瓷，把它砸毁！

鲁青瓷是世界四大青瓷之首，山东名瓷，成品率仅为 1%，由于市场上仿冒的鲁青瓷泛滥，陶博会上，山东昆仑瓷器股份有限公司工作人员现场为市民讲解如何辨别真假鲁青瓷，然后将两件仿冒的鲁青瓷当场砸毁。"你看这样一件仿冒的鲁青瓷，在景德镇当地才几百元，但是卖到淄博价格却到了一两万元。"山东昆仑瓷器股份有限公司经理段瑞鑫给现场市民讲解。为了防止不合格品流向社会，山东昆仑瓷器股份有限公司将 8 个月积存下来的 1 600 件价值 4 000 万元的不合格品全部公开砸毁，占公司年产值的 2/3。

问题：1. 阐述该公司此举的明智之处。

2. 阐述质量意识对企业的作用和意义。

【案例 7-2】

戴在头上的刀片？

广东中山发生了一起车辆剐蹭事故，虽然碰撞并不激烈，但骑车人的安全头盔破损严重，塑料外壳解体，破裂的头盔碎片扎伤了骑车人的眼睛。电动自行车头盔质量不过关，导致消费者受伤的事故频发。

2023年的3·15晚会选取了市场上热销的电动自行车头盔进行检测：①是吸收碰撞能量性能测试，测试人员将头盔佩戴在头模上，拉升至1.6米的高度进行释放，模拟骑乘人员摔倒时，佩戴安全头盔的头部与地面碰撞接触的场景。一款红色头盔应声开裂，产生了一条20多厘米长的裂痕。记者采访发现，一些头盔厂家为了压缩成本，使用回收料等劣质材料进行生产；②是耐穿透性能测试，测试人员将钢筋头拉升至1米的高度进行释放，模拟头盔遇到尖锐物体时，对佩戴者头部的保护能力。有8款头盔达不到新国标要求，有的几乎被劈成两半；③是测试电动自行车的佩戴装置，模拟在发生事故时，头盔能否固定在佩戴者的头上进行持续保护。共有16款不符合新国标要求；④是护目镜耐磨性测试，有16款不符合新国标要求，磨损后的镜片透光性明显降低，成像效果大打折扣。

问题：1. 阐述这个案例给我们的启示。

2. 阐述应如何做好产品的质量检测工作。

【案例7-3】

河北天一肉业有限公司又现瘦肉精

青县某饲料推销员称："加瘦肉精这种事差不多有十年了。"有贩羊的经纪人称："加了瘦肉精的羊每只多卖五六十元。"当地人在运输过程中，一般会在运羊车上装载几只没喂过瘦肉精的羊应付检查。在河南郑州的几个农产品交易市场，记者了解到，因为这些羊肉无法通过检测，一些商贩并不在市场内销售羊肉，而是在附近货车上交易。瘦肉精问题羊肉被曝光后，河北省农业农村厅已派出相关人员赶赴青县进行查处。

河北沧州当晚回应称，河北青县连夜开展封控排查处置工作，在涉事养殖户回成杰养殖场饲料中检测出瘦肉精阳性，对新兴镇21.9万只存栏羊的抽样送检以及全县所有肉羊养殖户的排查工作正在进行。青县成立了案件调查组，公安等部门对曝光的涉事企业河北天一肉业有限公司法人代表代洪茹、负责人代峰以及养殖户回成杰进行控制，连夜追查"瘦肉精"来源和问题羊肉流出情况。

问题：1. 阐述做好相关企业产品的质量检测方法。

2. 阐述PDCA循环中研究问题反复出现的阶段。

二、实务题

绘制因果分析图加强进度管理

因果分析图法是质量管理一种常用方法，也称为质量特性要因分析法，其基本原理是对每一个质量特性或问题，采用图7-1中所示的方法，逐层深入排查可能原因，然后确定其中最主要原因，进行有的放矢的处置和管理。请根据一些建筑企业砌筑工程进度落后的具体原因展开分析并绘制出因果分析图。

【实训要求】

1. 学生查找相关资料，明确因果分析图的绘制流程。

2. 学生在教师的指导下分析主要影响因素并绘图。

3. 教师选出优秀作品，在全体同学中交流及互动点评。

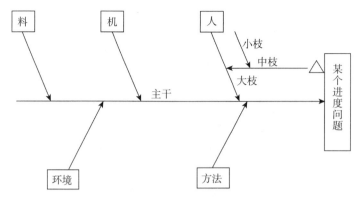

图 7-1 因果分析图

三、拓展阅读

PDCA 可以生活化吗？

专题二 认识质量管理标准及其认证体系

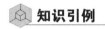 **知识引例**

该厂的做法合乎规范吗？

在采购部审核时，审核组了解到，该厂产品的电镀是外包给某乡镇企业加工的。最近连续有三家用户反映产品使用不到一年，其产品外观电镀层有脱落现象。车间主任表示，加工回来的产品我们都进行了外观检验，是合格的，并出具了对该企业的评价材料，上面说明了该企业的生产能力和检测能力，供应科对其的评价是列入合格供方。

审核员问："对于该企业生产过程你们是否进行了适当控制？"车间主任说："这个厂离我们较远，我们没有派人去看，只是搜集了一些书面材料作为证据。"通过分析此案例，你认为该企业内部人员有哪些应马上改进的地方？

（资料来源：https：//baijiahao. baidu. com/s？ id=1699730960444639870）

【案例解析】

依据 ISO 9001：2015 标准判断，不符合标准项为 8. 4. 2 控制类型和程度。组织应确保外部提供的过程、产品和服务不会对组织稳定地向顾客交付合格产品和服务的能力产生不利影响。组织应确保外部提供的过程保持在其质量管理体系的控制之中；规定对外部供方的控制及其输出结果的控制。

一、质量管理标准

针对质量管理体系的要求，国际标准化组织的质量管理和质量保证技术委员会制定了 ISO 9000 族系列标准，适用于不同类型、产品、规模与性质的组织。该类标准由若干相互关联或补充的单个标准组成，其中 ISO 9001 是对产品要求的补充，经过数次的改版升级。在此标准基础上，不同的行业又制定了相应的技术规范，如 IATF16949《汽车生产件及维修零件组织应用 ISO 9001：2015 的特别要求》，ISO 13485《医疗器械质量管理体系用于法规的要求》等。

案例评析

棉花质量标准的自主创新之路

我国是世界上最大的棉花生产与消费国，棉花产量位居世界前列。棉花生产流通关系着上亿农民、上千万纺织工人的切身利益，直接影响着棉纺织品出口和对外贸易。棉花质量检验数据可谓"四两拨千斤"，如若棉花纤维的长度值测短 1 毫米，那么一吨棉花的价格将相差 200 余元。因此，棉花质量检验数据的精准度至关重要，历来得到各级政府、有关部门高度重视。

棉花质量标准不断更新与修订。2021 年 7 月 26 日，国家标准化管理委员会发布《关于下达〈铸造机械安全要求〉等 22 项强制性国家标准制修订计划的通知》，批准《棉花细绒棉》强制性国家标准修订项目立项，将对 GB 1103.1—2012 和 GB 1103.2—2012 整合修订。这是市场监管总局（标准委）按照国务院关于强制性标准改革的部署，对棉花标准做出的又一次重大调整。

中国棉花协会发布了《"中国棉花"生产管理规范》，推动行业自主标准体系建设。《"中国棉花"生产管理规范》从生产标准出发，通过建立规范化、标准化、负责任、可持续的棉花生产、管理模式，帮助种植者不断改进生产方式，在保障优质棉花供应的同时减少对生态环境的负面影响，保护和持续利用自然资源，保障劳动者权益与福祉。《规范》的发布是对建立中国自主棉花标准体系的重要探索，塑造中国棉花品牌形象。随着新疆棉花不断受到西方国家的无理抵制，我国正在走棉花质量标准的自主创新之路，我国棉花应该建立本国标准，从长远看，抵制是会疲劳的，终究不如长久的规则管用。

（资料来源：http：//tbt. testrust. com/bz/detail/2676. html）

【考核知识】

建立我国棉花生产管理规范，可以推动行业自律标准体系的建立，通过体系的有效应用，促进企业持续的改进产品和过程，实现产品质量的稳定和提高，这是对消费者利益的一种最有效的保护，也增加了消费者选购合格供应商产品的可信程度。

【解题方法】

质量管理体系与标准建设关乎能否呈现顾客喜欢接受的产品。它提供了持续改进的框架，增加了消费者对产品质量的关注度。中国棉花、纺织行业已进入高质量发展阶段，但由于生产端缺乏有影响力的自主品牌和规范，在国际纺织服装产业链竞争中容易受制于人。只有通过对生产端的规范管理，携手优秀涉棉品牌企业共同打造"中国棉花"品质国货，才能让中国棉花走上国际化市场。

二、质量管理体系及其认证

质量管理体系（Quality Management System，QMS）是指在质量方面指挥和控制组织的管理体系。质量管理体系是组织内部建立的、为实现质量目标所必需的、系统的质量管理模式，是组织的一项战略决策。它将资源与过程结合，以过程管理方法进行的系统管理，根据企业特点选用若干体系要素加以组合，一般包括与管理活动、资源提供、产品实现以及测量、分析与改进活动相关的过程组成，可以理解为涵盖了从确定顾客需求、设计研制、生产、检验、销售、交付之前全过程的策划、实施、监控、纠正与改进活动的要求，一般以文件化的方式，成为组织内部质量管理工作的要求。质量管理体系认证是指由取得质量管理体系认证资格的第三方认证机构，依据正式发布的质量管理体系标准，对企业的质量管理体系实施评定，评定合格的由第三方机构颁发质量管理体系认证证书，并给予注册公布，以证明企业质量管理和质量保证能力符合相应标准或有能力按规定的质量要求提供产品的活动。

《国务院关于加强质量认证体系建设促进全面质量管理的意见》指出，打造质量管理体系认证"升级版"。运用升级版 ISO 9001 质量管理体系等国际先进标准、方法提升认证要求，以互联网、大数据等新技术改造传统认证模式，通过质量管理体系认证的系统性升级，带动企业质量管理的全面升级。

 案例评析

成品合格率指的是什么？

某厂质量目标规定：成品合格率为 98% 以上。

审核员问张技术员："成品合格率是指什么？"

他回答："这指的是成品出库以后的合格率，因为我们的成品不可能进行 100% 的检验，只是按检验规程进行抽样检验，因此，存在不合格的风险。"

李技术员回答："这是指成品入库前的合格率。"

检验员小王却说："这是指成品一次交验合格率。"

通过此案例，你认为该企业内部人员有哪些应马上改进的地方？

（资料来源：https：//baijiahao. baidu. com/s？id＝1699730960444639870）

【考核知识】

本案例依据 ISO 9001：2015 质量管理体系进行审核分析，发现在企业内部人员对于质量目标的定义没有达成一致，容易造成质量考核时目标不一致，难以达到控制的目的。

【解题方法】

本案说明在企业内对于质量目标的定义没有得到员工的理解和沟通，这势必影响对实现质量目标的考核与控制。依据 ISO 9001：2015 标准进行判断，不符合标准项为 6.2.1 质量目标应予以沟通。

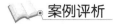案例评析

凭经验记录可以吗？

审核组在审核某铸造厂时，在稀土铁硅合金熔炼车间的检验记录中看到，记录的"出炉温度"栏内填写的都是 1 100℃。它现场操作时没有看到红外测温仪，审核员问："对于温度你们是怎么检测的？"

检验员说："应该用红外测温仪，但是我们觉得温度测得不准，因此我们的记录是凭经验写的。"

审核员要求出示红外测温仪的校准记录，检验员由办公室取来检定证书，证书表明该仪器是上个月刚刚送到区计量检定所校准完毕，结论是"合格"。审核员问检验员："你们使用红外测温仪多长时间了？"

检验员不好意思地说："也就这次为了认证才买的，大家用不习惯，就没有用。"

审核员进一步查看《熔炼检验规程》，上面规定："使用测温仪检测温度，应在熔炼温度达到 1 100℃时出炉。"

通过此案例，你认为该企业内部人员有哪些亟须改进的地方？

（资料来源：https：//baijiahao.baidu.com/s？id＝1699730960444639870）

【考核知识】

本案例依据 ISO 9001：2015 质量管理体系进行审核分析，发现在企业内部人员对于质量意识的重视程度不足，容易造成质量考核时玩忽职守，难以达到控制的目的。

【解题方法】

本案例中，既然测温仪是刚刚校准完毕，就说明仪器是好的，检验员不使用仪器测温，违反了《熔炼检验规程》的规定，是检验的有章不循。依据 ISO 9001：2015 标准进行判断，不符合标准：生产和服务提供的控制，在适当阶段实施监视和测量活动，以验证是否符合过程或输出的控制准则以及产品和服务的接收准则。

知识衔接

质量是企业的立身之本。在现在的中国市场上，靠偷工减料甚至假冒伪劣来获利，空间正日益逼仄。一方面，随着监管部门在标前、标中到标后的全流程监管，招标投标活动逐步规范化，通过低价中标进而谋求灰色利益的可能性被大幅降低。相反，一些低价中标的企业经常由于利润极低，造成交期延迟，且无法保证质量，让招标方付出了更高的代价。在工程领域，有人将这一现象戏称为"饿死同行、累死自己、坑死业主"；另一方面，随着中国制造业的整体转型，在产品质量上不愿意投入的企业，生存也将愈发艰难。我们应该顺应和把握好这一有利于提升产品质量的趋势，使现行法律法规更具有可操作性，维护优胜劣汰的市场规则，使守法企业一路绿灯、违法企业处处受阻，让企业主动对产品负责、对消费者负责、对社会负责。

（资料来源：https：//www.163.com/dy/article/D5V6PH750514R1N6.html）

实战训练

一、案例题

【案例 7-4】

金星涂料厂的检验报告

金星涂料厂《进货检验规程》规定应对每批采购的物资进行进货检验。审核员在质检科查阅进货检验记录发现，3 月 15 日和 3 月 20 日两批进货的钛白粉，合在一起只提供了一份检验报告。检验员说："这都是一个厂的产品，所以我们就出一份检验报告了。"

问题：1. 阐述该厂的做法中存在哪些问题。

2. 对标 ISO 9001：2015 质量管理体系阐述其具体违反的条例。

【案例 7-5】

合格率有何意义？

在广东某企业的采购部，审核组看到《采购部工作手册》中规定采购部质量目标的一个内容是："采购物资合格率为 100%。"

审核员问采购部经理："采购来的物资能保证都是 100% 合格吗？"经理说："凡是不合格的物资我们都退货，所以进库物资可以保证 100% 合格。"

审核员："你们对于退货的情况有记录吗？"

经理答："没有记录。"

审核员：既然不合格的物资都退货，当然进库的物资应是 100% 合格了。但退换货是需要时间成本的，如果因为退换货导致生产线停线待料，那这个 100% 合格率还有什么意义？

问题：1. 阐述该企业的做法具体违背了标准中的哪一项。

2. 结合案例说一说 100% 合格率的作用何在。

【案例 7-6】

如何对待客户的反馈？

在某电热水器厂市场部审核员了解对于客户满意程度的调查情况。市场部经理很高兴地说："我们两个月前刚刚进行了一次广泛的客户满意度调查，在销售我公司产品的商店发放《满意程度调查表》，由于我们人手不够，还请了一些学生来帮忙。"

审核员问："发放了多少份调查表，回收情况怎样？"

经理："大概发放了六七百份，基本上都回收了。"他边说边叫小王把调查表拿来。小王拿来一大摞已回收的调查表。

审核员查看了调查表的内容，上面罗列了很多问题请客户回答，如"您对我公司产品质量是否满意？""您对我公司产品的售后服务是否满意？""您对我公司的产品有何改进的建议？"等。

在翻看调查表时，审核员发现有三份调查表中，客户反映产品外观电镀层有脱落现象，虽然不是关键部位，但是很影响美观；还有客户反映热水出水口有发生漏水的现象。

审核员问："对于这些调查表是否进行了统计分析？这些问题你们如何处理的？"

经理："最近由于工作忙，又赶上旺季，因此还没来得及处理。"

市场部的质量目标规定："对于客户反映的问题，根据情况，最晚应在两周内给予答复。"

问题：1. 阐述一下两个月前的客户满意度调查现在还未统计是否还有意义。

2. 阐述一下该企业的行为不符合哪一项标准。

二、实务题

设计企业的基本业务流程

流程就是一组共同给客户创造价值的相互关联的活动进程。流程的要素包括输入的资源、活动、结构、输出的结果、顾客、价值六方面。业务流程设计的原则是必须为客户创造更多价值或以最少的流程创造同样的价值，缩短业务时间。业务流程优化的作用是促使流程成本大幅度下降。业务流程增值的标准是所提供的服务、产品要发生物理变化，并且第一次就把事情做好。

企业基本业务流程中包括信息流、物流与资金流，只有这三流形成和谐的统一，企业经营才能正常运行。业务流程设计是指根据市场需求与企业要求调整企业流程，包括设计、分析和优化流程。设计阶段主要包括两项任务：其一，透视现有流程质量；其二，根据当前市场需求调整现有业务流程。设计阶段要解决"何人完成何种具体工作，以何种顺序完成工作，可以获得何种服务支持，以及在流程中采用何种软件系统"等问题。在分析过程中，我们可以掌握流程在组织、结构及技术方面存在的不足，明确潜在的改进领域。设计阶段的目的是根据分析结果并结合企业目标制定目标流程，并在系统中实施有助于今后为企业创造价值的目标流程。下面具体设计企业的业务流程体系。

第一步，界定企业流程范围，定义关键绩效指标。

第二步，企业选定的实现其策略的流程构造，结构化的展示各个功能域关键的活动。

第三步，界定企业在其市场上的竞争力，包括流程定义、企业能够支持的最佳业务运营指引、流程绩效指标、信息系统和工具。

第四步，界定企业具体业务活动流程，包括物理流程图、流程说明文件、操作指导书、输入输出的表格模板。

实训要求：

1. 学生查找相关资料，设计一个企业基本业务流程并加以优化。

2. 教师选出优秀的作品，在全班同学中交流展览与集体点评。

三、拓展阅读

智能生产促进质量效益双提升

第八单元 组织内外部沟通

学习目标

★**知识目标**
◇了解危机沟通类型、危机沟通的特征、跨文化沟通含义，了解跨文化沟通的过程。
◇理解危机沟通原则及组织中的变革沟通的意义，识别跨文化沟通的障碍。
◇掌握应对危机的障碍、高效处理危机沟通的策略、跨文化沟通的策略。

★**技能目标**
◇提高学生在不同环境下的人际沟通能力与技巧。
◇注重学生对在不同环境下沟通及相关概念的认识能力。

★**素质目标**
◇培养学生的危机意识，激发对危机沟通的深度认知。
◇提高学生跨文化意识的觉醒、跨文化知识的吸收、跨文化情感挑战的应对以及跨文化技能的获得能力，结合相关的史料与影像资料，使学生在语境中学习和拓展语言与背景知识，提升学生的跨文化沟通能力。

专题一 初识危机沟通

知识引例

1998 年夏天，在湖南抗洪一线，战士们顶着 40℃的高温，冒着生命危险严防死守。8月 21 日，湖南省水利厅购买了 13 万瓶"长沙水"，火速送到抗洪一线。但不到半天，在喝了"长沙水"的战士中，有严重腹泻的、有的肚子痛、有的发高烧、有的呕吐。部队赶紧把剩余的"长沙水"打开，发现近 500 瓶中有小碎片、青苔和悬浮状物质。该部队负责人立即向湖南省水利厅投诉。湖南省水利厅接到投诉后，立即与生产"长沙水"的中康长沙水有限公司联系。但是在协商会上，中康长沙水有限公司董事长非但没有就质量问题给出一个满意的答复，反而盛气凌人，还当众打开一瓶有悬浮状物质的"长沙水"一饮而尽，并声称，他喝了一瓶这样的"长沙水"，却一点儿事都没有。随即湖南省产品质量监督部门对"长沙水"进行质量检验后发现，"长沙水"不符合标准，为不合格产品。众多新闻媒体对此进行了披露。中康长沙水有限公司从此陷入绝境。

（资料来源：https：//www. 163. com/dy/article/IC8MIV9I0552ZOSP. html 有删改）

【案例解析】

中康长沙水有限公司之所以在危机沟通中失败，是因为没有诚实地面对抗洪战士、湖南省水利厅、质量监督部门及新闻媒体，相反却掩耳盗铃、自欺欺人，从而丧失了化干戈为玉帛的机会。实践证明，有效危机沟通能够使企业转危为安；反之，缺乏危机沟通意识和能力，就会使危机不断加深，甚至断送企业的未来。面对危机沟通，只有危机到来前精准把握危机动向，提前寻找有效处理危机的方法赢在时间上，避免危机的发生。

知识梳理

一、危机沟通的含义

危机是指造成社会组织面临强大的公众舆论压力和威胁，使其社会关系环境恶化，并使组织形象严重受损的突发事件或重大事故。危机沟通是指以沟通为手段、解决危机为目的所进行的一连串化解危机与避免危机的行为和过程。危机沟通可以降低企业危机的冲击，并存在化危机为转机甚至商机的可能。一个企业能否生存，关键在于其应对危机的能力。因此可以说，应对危机是一个企业生存的底线。

二、危机沟通的特征

危机沟通的特征包括突发性、危害性、紧迫性、普遍性和双重性。

（一）突发性

危机的发生往往是难以预料的，加上人为疏忽，对某些存在潜在威胁的事件习以为常，因此危机的爆发经常出乎人们的意料。危机爆发的具体时间、实际规模、具体态势和影响深度都是人们始料未及的。

（二）危害性

危机的危害性是指危机会对人员、组织和其他资源造成各种直接或间接的损害。危机越严重，其危害范围和破坏力就越大，所造成的损失也就越惨重。这种危害不仅表现为人员、财产的损失，组织或环境的破坏，还体现在危机事件对社会心理和个人心理的冲击上。

（三）紧迫性

危机一旦发生，便要求决策者在有限的时间内采取处理行动，要求企业对危机做出快速反应和处置，任何犹豫和延迟都会给企业带来更大的损失。有些企业由于危机事件而陷入困境甚至破产，可能只有一夜的时间。

（四）普遍性

美国著名咨询顾问史蒂文·芬克说："企业经营者应该深刻认识到，危机就像死亡和纳税一样难以避免，必须为危机做好计划，充分准备，才能与命运周旋。"任何企业都不可能永远存在，这是企业发展的规律。企业在经营和发展过程中遇到危机是正常且普遍的现象。

（五）双重性

危机的双重性是指企业面临的危机既会给企业带来损失，但同时也有可能给企业带来某种机会或收益，即危机之中也孕育着机遇。危机的双重性特征说明，对待危机不应该仅仅是消极地回避，要敢于面对危机，善于利用危机。

📖 案例评析

2021年6月17日下午，辽宁"华润万家"浑南店一开门就有一批客户向饮料货柜涌去，抢购1.25 L的康师傅冰红茶。当客户按每瓶2元的价格付款时，超市收银员却不知所措。事前，超市准备开展为期三天的特价促销活动，其中1.25升的康师傅冰红茶的售价是5元，同时赠送一听价值2元的康师傅柠檬茶。为何客户以2元的价格买1瓶冰红茶呢？原来，当天辽宁某报上一则"华润万家"特价的促销广告，在数十种商品中，"康师傅冰红茶"原价为5元，现价买一送一，由于广告有歧义，造成客户理解与商家的原意不符。

当客户与超市收银员为价格僵持不下时，"华润万家"浑南店的店长只说了一句："尊重客户的意愿。"客户蜂拥而上，不一会儿就把500件康师傅冰红茶一抢而空，超市立马补货，并调动保安维持秩序，最后为了不影响整个超市的环境平衡，超市不得不做出"每人限购2瓶"，并在本市报纸上发出启事对原广告进行修正，才圆满地解决问题。

虽然浑南华润万家超市卖出康师傅冰红茶低于成本价格。问及该超市的损失，店长笑着回答："我不在乎损失，我的宗旨是以客户满意为先。"

【考核知识】

针对危机沟通特征进行考核，危机沟通特征包括突发性、危害性、紧迫性、普遍性、双重性。

【解题方法】

根据上述案例中的内容，作答题目时要围绕危机沟通的特征，案例中核心问题"华润万家"在辽宁某报业发布促销广告有歧义，造成客户理解与商家原意不符。"华润万家"浑南店店长巧妙化解这场公关危机。危机沟通具有双面性，企业面临的危机既会给企业带来损失，但同时也有可能给企业带来某种机会或收益，即危机之中也孕育着机遇。企业公关沟通是把双刃剑，正确处理企业危机问题不仅可以为企业减少损失，而且可以给企业带来某种机会或者收益，当企业处理危机事件时不要消极地回避，要敢于面对危机，善于利用危机。

三、危机沟通的原则

危机沟通的原则有十条，分别为主动性原则、诚意原则、尊重事实原则、快速应对原则、勇于承担原则、适度原则、公众性原则、计划性原则、信息对称原则和利益相关者定向原则。

（一）主动性原则

在处理危机事件时，应以积极负责的态度，主动承担责任，绝不能为了保全名誉而推卸责任。在处理危机事件时，主动承担责任并不意味着妥协，甚至付出一定的代价，但是从长远角度来看，主动承担责任不但有利于解决危机，更有助于树立良好的形象和口碑。

（二）诚意原则

在处理危机事件时，要站在受害者的角度思考问题，并表示对受害者的同情和安慰，绝对避免出现辩解的言辞，防止公众产生不信任，另外在应对危机事件时，要通过媒体主动致歉，表明诚意，以此争取公众的理解和信任。

（三）尊重事实原则

在危机沟通中，要主动与新闻媒体及公众沟通，公布事实真相。这样可以消除媒体和公众的疑虑、不安、误解，尽快获得公众信任，赢得公众同情和信任，保护其形象不受损害。

（四）快速应对原则

危机事件发生后，如不及时采取应对措施，就会出现各种各样的流言风语，使问题更加复杂。这对成功处理事件非常不利。在处理危机事件时，要尽量减少损失，第一时间做出正确的应对，以最快的速度表达自己的态度，化解公众的不满，进而获得公众的理解和信任。

（五）勇于承担原则

一是要勇于承担责任，绝不能为了保证名誉而推卸责任；二是要勇于承担坚持工作的利益至上；三是要站在受害者的角度考虑问题，给予一定同情和安慰，通常新闻媒体向公众致歉，克服公众在情感的排斥心理。

（六）适度原则

危机发生后，要保持镇定，在详细了解事实后，再做出适度应对。与公众沟通的过程中，一定要确定自己的反应度，不要过度反应，因为这样可能会造成危机事件的恶化。

（七）公众性原则

公众的恐惧是真实的，公众的怀疑是有理由的，公众的愤怒是来自内心的。这就要求永远不要认为公众太不理智，永远不要忽略和漠视公众的真实感受。否则，不仅不会使他们平静下来，还会使他们丧失对企业的信任。

（八）计划性原则

在处理危机事件前，要进行危机事件的预测，明确在应对危机事件前应做出哪些准备，然后根据危急情况的特点，制定出危机干预计划。这样不仅能够避免危机，还能最大程度上降低，危机事件带来的损失。

（九）信息对称原则

在危机处理过程中，应努力避免信息不对称的情况。理想状态是，在对内、对外两个层面上，保持信息管道的双向畅通。

（十）利益相关者定向原则

利益相关者定向原则可以大致分为内部利益相关者和外部利益相关者。内部利益相关者是组织内部的信息接收者，如一个发生危机的公司中的员工、一个出现危机的学校的学生等。外部利益相关者是组织外部的信息接收者，如公司的客户、供应商、新闻媒体等。

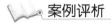 案例评析

南京冠生园月饼事件

南京知名食品企业冠生园被中央电视台揭露用陈馅做月饼，事件曝光后南京冠生园公司接连受到当地媒体与公众的批评。面对即将掀起的产品危机，作为一贯有着良好品牌形象的老字号企业，南京冠生园公司却做出了让人不可思议的反应：既没有坦承错误，承认陈馅做月饼的事实，也没有主动与媒体和公众进行善意沟通、赢得主动，把危机制止在萌芽阶段，反而公开指责中央电视台的报道蓄意歪曲事实、别有用心，并在没有确切证据的情况下振振有词地宣称"使用陈馅做月饼是行业普遍的做法"。这种背离事实、推辞责任的言辞，激起一片哗然。一时间，媒体的猛烈谴责、同行企业的严厉批评、消费者的投诉控告、经销商的退货浪潮令事态开始严重恶化，也导致南京冠生园公司最终葬身商海。

（资料来源：https：//wenku.baidu.com/view/493f26ff04a1b0717fd5ddd0.html）

【考核知识】

题干主要针对危机沟通原则进行考核，危机沟通原则主要包括主动性原则、诚意原则、尊重事实原则、快速应对原则、勇于承担原则、适度原则、公众性原则、计划性原则、信息对称原则、利益相关者定向原则。

【解题方法】

根据上述案例中的内容，作答题目时要围绕危机原则展开分析。企业要该主动与新闻媒介联系，尽快与公众沟通，说明事实真相，促使双方互相理解，消除疑虑与不安。真诚沟通是处理危机的基本原则之一。真诚指"三诚"，即诚意、诚恳、诚实。其一，诚意。在事件发生后的第一时间，公司的高层应向公众说明情况，并致以歉意，从而体现企业勇于承担责任、对消费者负责的企业文化，赢得消费者的同情和理解；其二，诚恳。一切以消费者的利益为重，不回避问题和错误，及时与媒体和公众沟通，向消费者说明消费者的进展情况，重拾消费者的信任和尊重；其三，诚实。诚实是危机处理中最关键、最有效的原则。

四、有效危机沟通的策略

（一）尊重事实，坦诚面对

从危机公关的角度来说，坚持实事求是、不回避问题，勇于承担责任，向公众表现出充分的坦诚，最终才能获得公众的同情、理解信任和支持。组织在危机事件爆发后，可能会"四面楚歌"，政府批评、媒体曝光、公众质疑等纷至沓来，大多数组织担心危机事件曝光后会毁掉自己苦心经营的品牌形象，采取隐瞒、掩盖、敷衍、"无可奉告"等做法，其结果往往适得其反，雪上加霜。组织最明智的做法是正视问题，以诚相待，采取积极主动的姿态，"闻过即改"，及时采取相应的改进措施，争取赢得公众的谅解和支持。

（二）快速反应，及早处理

危机爆发—微博或论坛曝光—网民关注—传统媒体报道—网络转载—网民议论放大—更多媒体关注—更多社会关注—事件升级—掀起高潮，这种令人恐怖的裂变效应往往使组织措手不及。负面信息一经发布，会被不断谈论、转载，甚至被丑化，在累积到一定量之后，则覆水难收。在通常情况下，危机事件处理的速度越快，损失就越小。时间失控会导致各种不测因素增加，往往是"屋漏偏逢连夜雨"。危机事件爆发的突然性和极强的扩散性决定了企业在应对危机事件时必须迅速，果断。

（三）内部协调，共同应对

危机的发生不可避免地会对企业正常运作带来巨大的影响，媒体和公众的质疑会让企业和员工倍感压力。此时非常需要员工彼此鼓励和安慰，组织内部的协调安排，只有企业内部和谐一致，才能有力地应对危机。内部不协调，缺乏危机事件的处理能力，最直接的后果就是增加企业的管理成本、销售业绩下降和声誉受损。只有全体员工共同面对问题，企业在危机事件中才能团结成为一个整体；齐心协力，化险为夷。

（四）积极负责，勇于承担

危机事件发生后，企业应坚持承担责任的原则，而不是为了保全声誉而推卸责任。对于公众而言，公众最为关心问题：一是利益问题。不论谁是谁非，企业都应该承担起该承担的责任。即使受害者有一定的责任，企业也不应该推脱；二是感情问题。企业站在受害者的立场思考问题，通过媒体向公众致歉以解决深层次的心理情感问题，赢得更多的理解和信任。

📖 案例评析

美国新墨西哥州阿布库克市的布鲁士·哈威，错误地核准并付给一位请病假的员工全薪。在他发现这个错误之后，就告诉这位员工并且解释必须纠正这个错误，他要在下次薪水支票中减去多付的薪水金额。这位员工说这样做会给他带来严重的财务问题，因此请求分期扣回多领的薪水。但是，如果这样，哈威必须先获得他的上级的核准。哈威说："我知道这样做，一定会使老板大为不满。在我考虑如何以更好的方式来处理这种状况的时候，我了解到这一切的混乱都是我的错误，我必须在老板面前承认。"

于是，哈威找到老板，说了详情并承认了错误。老板听后大发脾气，首先是指责人事部门和会计部门的疏忽，然后又责怪办公室的另外两位同事。这期间，哈威则反复解释这是他的错误，不关别人的事。最后，老板看着他说：好吧，这是你的错误。现在把这个问题解决吧。这个错误改正过来，没有给任何人带来麻烦。自此以后，老板就更加看重哈威了。

勇于承认错误为哈威带来了老板的信任。其实，一个人有勇气承认自己的错误，也可以获得某种程度的满足感。这不仅可以清除罪恶感和自我维护的气氛，还有助于解决这个错误制造出来的问题。

（资料来源：https：//www.sohu.com/a/594849960_121119344）

【考核知识】

题干主要针对危机沟通的策略进行考核，危机沟通的策略主要包括尊重事实，坦诚面对、快速反应，及早处理、内部协调，共同应对，积极负责，勇于承担。

【解题方法】

根据上述案例中的内容，作答题目时要围绕有效危机沟通策略展开分析。在危机沟通理论中说到，沟通者必须明确的"八项注意"：其一，尊重事实，坦诚面对；其二，快速反应，迅速处理；其三，内部协调，共同应对；其四，积极负责，勇于承担；其五，借助外力，权威认同；其六，坚持立场，统一口径；其七，感同身受、同舟共济；其八，灵活处理，见机行事。当危机公关出现以后，只有勇于承担责任并不断地沟通中才能发现危机出现的原因，找出问题的源头，这样才能对症下药，及时纠正并避免出现更大的危机。

📎 知识衔接

责任与行动是企业最好的公关

"企业公民"在享受社会赋予的条件和客户的厚爱时，应该履行公民义务。尤其是在国家和社会面临重大公共事件时，更应当自觉承担社会责任，以行动回报社会。履行责任与付诸实干，才是企业最好的公关。对于企业来说，公共关系是什么？业界普遍认为，公共关系是指组织机构与公众环境之间的沟通与传播关系。它包括八大关系：政府关系、媒体关系、消费者关系、投资者关系、竞争者关系、员工关系、社区关系以及法律关系。企业在日常经营中，要优先履行经济责任，创造经济效益。而在重大社会事件中，企业要优先履行社会责任，创造社会价值。发挥自己的优势，急国家之所急，解民众之所忧，这便是企业最好的、最本质的公共关系。公共关系是一个组织赖以生存的环境，更是影响企业的发展的重要因素。良好的公共关系，会为企业带来效益增长和良好的发展机遇。

（资料来源：http://finance.people.com.cn/n1/2021/0309/c1004 - 32046971.html，有删动）

🏷 实战训练

一、案例题

【案例 8-1】

"泰诺"是美国约翰逊联营公司生产的治疗头痛的止痛胶囊商标，这是一种家庭用药，在美国年销售额达到 4.5 亿美元，占公司总利润的 15%。1982 年 9 月 29—30 日，有消息报道芝加哥地区因有人服用泰诺止痛胶囊而死于氰中毒。开始报道是死亡 3 人，后增至 7 人，随着新闻媒体的传播，传说在美国各地有 25 人因氰中毒死亡或致病，后来这一数据增加到 2 000 人（实际死亡人数 7 人），这些消息引起了 1 亿名服用泰诺的消费者的极大恐慌。民意测验表明，94% 的人表示今后不再服用此药。约翰逊联营公司面临一场生死存亡的巨大危机。实际上，对回收的 800 万粒胶囊所做的化验，只发现芝加哥地区的一批胶囊中有 75 颗受氰化物的污染，而且是人为破坏。

（资料来源：https：//www.gwy101.com/Article_show.asp？ ArticleID＝41686）

问题：1. 面临严峻局势，你应该如何做好企业公关危机处理？

2. 请设计一份企业公关危机爆发前的防范预警方案？

【案例 8-2】

周大生抽检不合格：珠宝企业如何应对危机公关？

周大生，作为一家我国知名珠宝品牌商，拥有 20 年历史，公司门店总数达到 3 457 家，覆盖全国 32 个省市的 300 多个大中城市。可是就这样一家珠宝企业，由于近期在甘肃市场监督管理局的省级监督抽查中，爆出黄金产品质量不过关，在 24 小时内就被推上舆论的风口浪尖，品牌口碑急转直下，深陷危机。与此同时，中国珠宝、中国金店等品牌也相继"上榜"。再结合近段时间以来，国际黄金价格波动带来的影响，对整个珠宝行业造成冲击。为此珠宝企业应该如何消除舆论，打消媒体和消费者的质疑以及猜测，成了现阶段的紧急任务，而开展危机公关就成了此刻的必然选择。

（资料来源：https：//www.civiw.com/webyy/20190815143022）

问题：1. 珠宝企业应该如何应对危机公关把负面影响降低到最低？

2. 如何才能够重塑企业的品牌形象呢？

【案例 8-3】

××快递的包裹丢失危机

××快递的一位员工意外地将一个价值数百万美元的画作包裹丢失了。这幅画是一位顶级艺术家的作品，由一个具有重大历史意义的博物馆借给另一个博物馆展览。

问题：1. 假如你是快递公司负责人，应该如何处理包裹丢失问题？

2. 企业在处理问题时，需要注意哪些方面？

二、实务题

泰坦尼克号

泰坦尼克号即将沉没，船上的乘客必须在"泰坦尼克号"的音乐结束之前利用仅有的求生工具—七块浮砖，逃离到一个小岛上。

具体操作：将 15 米的长绳子在空地上摆成一个岛屿形状，在另一边，摆四条长凳，用另外的绳子作为起点；给学生 5 分钟的时间进行讨论和试验；出发时，每一个人必须从长凳的背上跨过（就如同船上的船舷栏杆上的跨过），踏上浮砖。在逃离过程中，船员身体的任何部分都不能与"海面"—地面接触；自离开"泰坦尼克号"起，在整个逃离过程中，每块浮砖都要被踩住，否则教师会将此块浮砖踢掉；当所有人到达小岛之后，并且所有浮砖被拿到小岛上，游戏才算完成。

（资料来源：http：//www.xzbxz.cn/index.php/post/96050.html）

思考：1. 选用什么的办法来达成目标？小组是否有确定领导，如何进行分配组员？

2. 学生演练完毕，教师对演练成果进行点评，并要求学生写出训练感想。

三、拓展阅读

四种最有效的危机沟通策略

专题二　与媒体的沟通

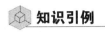 知识引例

马航客机失联

　　事情经过：2014 年 3 月 8 日凌晨 1 时 20 分，由马来西亚飞往北京的马来西亚航空公司 MH370 航班与地面失去联系，机上 239 人中包括 153 名中国大陆乘客。8 时左右，马航发布航班失联官方消息。11 时，马航公布乘客名单。马航 VP 接受 CNN 访问表示，本次航班配有 7 h 航油，他们相信到目前为止，飞机航油已经耗尽。马航目前对飞机位置完全没有头绪。3 月 8 日下午，马航召开发布会，却比预定时间推迟 2 小时。发布会仅持续 5 分钟，发布的仍是"失去联系"的消息，也未给记者提问机会。并否认了马航 MH370 航班已经坠毁的消息。在失联 13 小时后，马来西亚总理纳吉布 3 月 8 日 16 时将就事故情况召开记者会。

　　3 月 12 日，马航方面召开与失联乘客家属的沟通会。在沟通会上，马航方面公布了领取特殊慰问金需要签订的说明。随后，相关人员开始发放每人 31 000 元特殊慰问金。

　　3 月 15 日，马来西亚总理纳吉布出席发布会，并确认失联客机联络系统是被人为关闭的，而客机航线也是被蓄意改变的。针对客机的最后位置，纳吉布给出了两种可能，即南部走廊地带和北部走廊地带。而此前，美国媒体援引客机发动机制造商提供的数据报道，飞机失联后飞行了 4 个小时，遭马方否认。

　　3 月 23 日，马来西亚政府称，法国当局当天提供的卫星图像显示，在印度洋南部海域发现可能与马航 MH370 航班有关的可疑漂浮物。北京时间 3 月 24 日晚 10 时，马来西亚总理纳吉布在吉隆坡就有关失联客机 MH370 的相关进展召开新闻发布会，根据最新的分析结果，MH370 客机已坠落在南印度洋，机上无人生还。纳吉布表示，3 月 25 日早上会开新闻发布会公布更多细节。马航已经向家属通报了相关进展，随后纳吉布的声明结束，未透露更多细节。媒体称，马总理宣布 MH370 航班在印度洋中部坠毁的结论，只是根据 Inmarsat 公司的海事卫星数据分析得出的，尚无残骸、黑匣子的有力佐证。

　　面对守候了 10 余天的乘客家属的不信任。3 月 25 日下午 3 时 30 分，马来西亚驻华大使在丽都饭店参加家属说明会，家属正对昨天马方宣布飞机坠海这一结果向马来西亚驻华大使质疑，马来西亚驻华大使表示现在无法回答。至今，马航 MH370 航班失联客户仍未有确切的消息。

【案例解析】

马航事件真的可以誉为 2014 年度最差的危机公关活动，从飞机失联后马航和马政府针对展开寻找和搜救工作中反反复复的"No Idea"说辞，到不断否认、承认再否认，拖延隐瞒事件真相导致危机急剧蔓延，马来西亚政府的作为真的是让人瞠目结舌。这不仅引起了家属们的强烈不满，也导致媒体形象、极端负面国际形象直速下降。且不说政府的态度包不包含政治阴谋，但如此左右摇摆心神不定的公关行为绝对是处理公关危机的一大禁忌。在危机沟通障碍中，如何来消除危机沟通的障碍呢？只有必须了解危机沟通障碍的产生、理解危机沟通处理步骤、熟悉有效危机沟通的策略，才能与媒体之间建立有效沟通，做好危机公关处理。

知识梳理

一、认识媒体

媒体是交流、传播信息的工具，如报刊、广播等。这里的传媒是传播信息的介质，通俗地说就是宣传的载体平台。至于媒体具有宣传的内容，会根据国家现行的有关政策，结合市场的实际需求不断更新，确保其客观性、时效性、可行性和适宜性。

二、媒体分类

日常接触较多的媒体类型包括报纸、杂志、广播、电视、网络及自媒体。对于企业而言，熟悉各种媒体的组织结构和内设部门，能更准确、更有把握地与之合作，从而获得更多的公众的理解和信任。

三、企业与媒体的沟通

（一）媒体活动的组织策划

1. 策划新闻

策划新闻是指以创造性的思维指导策划、组织举办具有新闻价值的活动或软件，吸引媒体和公众的注意和兴趣，创造报道传播的事实前提，使组织成为新事报道的主角，以达到提高组织知名度和美誉度的目的。

2. 媒体活动形式

新闻发布会又称记者招待会，是指一个社会组织直接向新闻界发布有关组织信息解释组织重大事件而举办的活动，也是最常见的媒体活动。

3. 媒体活动的组织流程

第一步，项目调查。通过各种调查方式，如现场访问、电话调查、拦截访问、网上调查、邮寄问卷等形式得到受访者的态度和意见，并进行统计分析，研究事物总的特征。媒体活动展开调研的目的是客观系统地收集活动信息、研究数据为决策活动提供材料。

第二步，项目策划。在调研基础上撰写策划方案，正是借助科学的方法为决策、计划而构思、设计、制作策划方案的过程。策划写出来能让人觉得明了易懂就是最好的；写策划可以像写故事一样，写计划也可以带着各种情绪畅所欲言，但是唯独不能缺乏理性的逻辑判断。计划最后要报给上级主管审查，看是否合格。

第三步，项目实施。在筹备阶段需要完成的工作有资料准备、来宾确认、会务安排、模拟彩排。与整场活动相关的资料，都需要列表备注，大到领导的发言稿，小到夹稿的回形针，统统属于资料准备的范畴。活动相关来宾的确认，包括联络、接待、食宿、开销、与会内容、送行的全过程。会务安排则是相当具体的工作，包括会前发送邀请函、会时现场安保等。模拟彩排是筹备中最重要的一个环节。

第四步，项目评估。一是跟踪媒体报道情况，包括发稿量、稿件反响；二是评估活动对企业品牌的影响，这需要更长的周期。

（二）企业与媒体的长期合作

1. 媒体沟通渠道的建立与维护

第一，制度是企业与媒体沟通的基本保障。

建立一条与媒体沟通的渠道并不难，难的是对信息渠道的维护和拓展。因此，企业有必要以制度的方式理性地对待与媒体的沟通。制度中应包含的要素有媒体档案的管理、媒体沟通机制、媒体记者的接待以及对媒体记者的奖励机制等。以档案管理为例，媒体档案并非单纯的联系方式，而要详细记载日常联络的媒体中对口记者的联系方式、曾经发表过的作品、写作风格等资料，以便于企业从各个层面与记者进行沟通。

第二，发现和培养值得信赖的媒体记者，也是提升媒体沟通质量与效率的重要途径。

于企业而言，媒体可以大致区分为三类：一是常来常往的友好单位；二是偶尔造访的擦边单位；三是惹不起躲得起的不速之客。因此，企业要将主要精力投放到第一类记者身上，将与其沟通纳入办公室日常工作范围。

第三，定期举办媒体交流会或茶话会、晚宴沟通会也是一个很好的方式。

定期与媒体的编辑、广告等主要部门负责人沟通，甚为重要，他们是正式版面和时段的决策者。将企业年度工作计划中需要媒体宣传的内容提早汇总并交给媒体主编，也便于他们安排相关主题，及时推出宣传报道。

案例评析

"品牌强国工程"经典传播案例 | 借力主流媒体，蓝月亮高举高打传播品牌形象

在 30 多年的发展历程中，蓝月亮早已成为家庭清洁行业中的标杆企业，是我国洗衣液、浓缩洗衣液、洗手液市场中的领跑者。根据中国品牌评级机构 Chnbrand 的评选数据，自 2011 年以来，蓝月亮洗衣液、洗手液连续 12 年蝉联 C-BPI 行业品牌力指数第一。多年来，蓝月亮正是以其专业的产品与服务、完善的渠道建设、精准的市场判断、独特的营销手法，成功实现市场突围，走出一条独特的品牌锻造之路。

一、专业立身，数次引领行业升级

如果要用一个词来形容蓝月亮的企业文化，那么"专业"是最为恰当的。蓝月亮的创始人罗秋平是有着深厚专业背景的化学工程师，在蓝月亮创始之初就十分重视研发与创新。自成立之初，蓝月亮便成立了至今仍在运行的研发技术中心。此后，蓝月亮的研发团队不断壮大，2015 年又成立了蓝月亮洗涤研究院。多年来，蓝月亮始终坚持洗涤基础研究和应用研究。在洞察到消费者"不会选、不会用、不想洗"的洁净问题之后，蓝月亮基于

自身对于家庭洁净产品和技术的掌握，确定了"产品、方法、服务"三角发展战略，并将其持续贯彻于此后的企业发展与品牌建设工作中。

在产品方面，蓝月亮的"洁净专家"形象深入人心。2000年，当时的国内消费者还普遍习惯用肥皂洗手，蓝月亮便创新性推出抑菌洗手液，进入个人清洁领域。2003年非典期间，蓝月亮抑菌洗手液的销量更是节节攀升，品牌初露锋芒。2008年，蓝月亮推出深层洁净洗衣液并率先在全国大力推广，颠覆了我国消费者的传统洗衣习惯，成功推动了我国洗涤行业实现"洗衣粉"转"洗衣液"的跨越式升级。借助洗手液和洗衣液的成功，蓝月亮在家庭清洁行业的激烈竞争中突围，在市场中站稳脚跟。2015年，蓝月亮推出了国内首款计量式泵头包装的"浓缩+"洗衣液机洗至尊，正式开启"浓缩化"路线，更推动了中国洗涤行业由"普通型洗衣液"转向"浓缩型洗衣液"的变革。值得一提的是，与普通洗涤剂相比，浓缩洗涤剂提高了单位体积的洗涤剂有效成分含量，增强了洗涤效果，也减少了非有效化学品和水的使用，对环境友好。2019年后，蓝月亮尝试了更多的创新产品，不仅推出各类专用型洗衣液，还加快布局高端个人和家居清洁护理产品，如浓缩型餐洗科技产品——天露餐具果蔬洁净精华，巩固其科学及专业家庭清洁护理产品提供商的品牌形象。

在营销层面，蓝月亮多年来始终坚持"知识营销"，传递科学的洗涤知识。一方面，蓝月亮持续研究和总结科学洗涤方法。蓝月亮根据洗涤原理将衣物的污渍归为三类：油渍、色渍和隐形污渍，并归纳出了相对应的洗涤方法：干衣预涂法、色渍浸泡法和奶渍浸泡法，大幅提升了洗涤效率与洁净度。另一方面，蓝月亮通过各类型互动形式走近消费者，与消费者建立深度连接。如在各零售网点，向商超及大卖场等业态驻派具备丰富清洁护理知识的"洁净顾问"，与消费者互动、提供售前咨询服务；在电商平台、社交媒体等线上渠道，成立专责团队开展在线营销；开通7×24小时客服热线，对消费者进行详细产品使用教学；2013年起，每年举办蓝月亮节，其间面向全国开展了"科学洗衣中国行"系列线下活动；2016年起，在全国各地开设洗涤科技馆……

二、借力主流媒体，高举高打传播品牌形象

回顾蓝月亮的品牌发展历程，与中央广播电视总台的合作不可不提。总台作为覆盖力和公信力双强的国家媒体平台，对于蓝月亮推广产品扩张市场和构建可信赖的"洁净专家"的品牌形象发挥着不可替代的作用。

在推广方面，蓝月亮坚持多年在总台投放黄金时段广告，维系品牌知名度。蓝月亮大量投放央视广告始于2008年推出深层洁净护理洗衣液产品。在2008年北京奥运会成功举办之际，蓝月亮邀请奥运冠军、跳水女皇郭晶晶作为形象代言人，并拍摄了品牌广告片。随着郭晶晶在央视屏幕上轻盈一跃，"蓝月亮洗衣液，开创洗衣新时代"的声音传遍大江南北，有效扩大了品牌声量，抢占品牌制高点，让消费者在心中迅速形成"洗衣液＝蓝月亮"的品牌认知。2009—2012年，蓝月亮又陆续邀请郭晶晶、杨澜和国家跳水队配合新品推广拍摄电视广告片，并在央视投放大量广告，推动了蓝月亮品牌快速提升，并由此登上了市场第一的宝座。近年来蓝月亮也始终保持着与总台的密切合作。

在项目合作方面，蓝月亮连续入选总台"品牌强国工程"，深挖总台资源，为后续建立长期的品牌效应打下基础，实现品牌传播的广覆盖、可感知与高信任。在长期与总台的合作下，蓝月亮的品牌价值不断沉淀，消费者对蓝月亮品牌的信任也得到巩固，并转化为强大的购买力。蓝月亮（中国）有限公司传播总经理曾立群曾表示，依托"品牌强国工程"，蓝月亮的品牌影响力得到大幅提升。在 2022 年 1—8 月，实现不重复覆盖人数 8.5 亿，深度影响人数 6.8 亿。

在内容合作方面，蓝月亮连续多年冠名中秋晚会，通过深挖中秋节这一传统节日的内涵，打造独特的月亮品牌符号，与消费者加强情感联系。从 2013 年开始，每一年蓝月亮都会举办蓝月亮节，以主题活动的形式寓教于乐地向消费者传递科学洗涤知识，其中，连续九年携手总台打造的全球华人中秋晚会成为"蓝月亮节"中的一大亮点，是蓝月亮打响新品热度、传递品牌理念的重大契机。围绕中秋晚会，蓝月亮不但能够获得总台为其打造的中秋定制宣传片，通过独家冠名中秋晚会实现强势曝光，而且从 2017 年开始与总台合作开发各种大小屏互动玩法，让消费者在深度参与中加深品牌印象。2022 年的第十届蓝月亮节通过多场景、多渠道的互动，让消费者体验以运动型洗衣液为代表的洁净科技产品，加深"流汗不留味"的产品使用认知。连年的冠名让总台观众将中秋与蓝月亮联系在一起。

如今，面临下沉市场渗透的营销新任务，蓝月亮在传播策略上继续聚焦总台，借助总台广泛的受众基础和极高的公信力、权威性、影响力，进一步推动下沉市场"液"时代的到来。

（资料来源：https：//zhuanlan. zhihu. com/p/607169429）

【考核知识】

本案例针对企业与媒体的长期合作关系考核。媒体公关合作是企业宣传推广的重要手段之一。通过与媒体建立合作关系，企业可以获得更多的曝光率和品牌知名度，进而吸引潜在客户。同时，媒体公关合作也可以帮助企业塑造良好的形象，提高企业的声誉和信誉度。

【解题方法】

根据上述案例内容，作答题目要围绕有企业与媒体合作关系展开分析。与媒体公关合作的实施步骤：第一步，企业需要根据自身的定位和目标受众，选择与之匹配的媒体进行合作。可以通过市场调研和媒体分析等方式，确定合适的媒体；第二步，企业需要制定具体的合作计划，包括合作内容、时间、方式、费用等方面的细节。同时，还需要与媒体进行沟通和协商，确保双方的利益得到保障；第三步，在合作计划确定后，需要注意与媒体的沟通和协调，及时解决问题和反馈信息；第四步，合作结束后，企业需要对合作效果进行评估和总结，了解合作的优点和不足之处，为开展下一步工作提供参考。

2. 与媒体记者间保持良性互动

第一，要与记者建立常规的沟通机制，让记者感受到，在日常生活中，有家企业（一个员工）经常惦记着他们，而他们也通过这种方式，逐渐了解企业，并开始关注企业的发展。企业内部的报纸和杂志，也可以送给记者阅读，请他们给予指导。

第二，提高自身素养，成为行业的专家，让记者乐意与你进行沟通。企业与媒体之间的沟通者，应该熟练掌握市场营销、产品、技术、品牌、行业等相关知识，成为一个信息库和数据库。让记者觉得你有沟通的价值，能够给他的思路和文章提供一些借鉴和参考。

第三，善于借势，能够借助具有影响力的事件、人物、产品、故事、传说、影视作品、社会潮流等，策划出对自己企业有利的新闻事件。企业与媒体之间的联络人，在与记者的沟通过程中要有敏锐的新闻嗅觉，能够将他们手中的选题与企业的传播重点进行有机结合，从而创造宣传机会，提高新闻公信力。

第四，及时反馈。无论是正面还是负面的新闻报道，见刊后，企业要在第一时间给作者反馈。特别是对负面消息，要通过与记者及时沟通，挖掘其创作的意图和报道产生的原因，便于企业以最快的速度进行危机公关，从而化险为夷。

四、与媒体的有效沟通

与媒体的有效沟通方法包括以下几点。

（一）判定沟通政策

在着手进行危机沟通之前，应预先拟定一个统一而完善的沟通政策，尤其是对于媒体和公众普遍关心的问题，应该有一个明确一致的沟通口径。从而确保统一对外，避免信口开河，镜前失言。

（二）做好充分准备

发言人在接受媒体采访时，对危机事件的来龙去脉了如指掌，也应该充分做好准备。尤其对媒体可能提出的问题要做好适当的准备，应尽可能多地收集有关数据和事实，并且努力做到了如指掌，以确保在媒体面前应对自如。

（三）与媒体保持良好关系

在与媒体接触的过程中，应设法与新闻界保持良好的关系。发言人在与新闻界沟通时一定要尊重对方，要以坦诚的态度面对记者。记者会站在受众的角度来提出问题，甚至提出一些并不赞同的观点，作为发言人应坦诚豁达。在与记者沟通时，应设法了解对方的身份，在接受采访时可以友好地称呼对方，从而拉近彼此之间的距离。

（四）正确应答

回答问题要简洁明了、避免跑题；尽量引用客观事实和数据，以增强说服力；有意识地把话题朝着有利于正面介绍企业的方向加以引导；不要重复记者不适当的问话，以避免被人断章取义，恶语中伤；也不必闪烁其词、支支吾吾，造成负面影响。

（五）把握时机

如果发言人没有做好充分的准备，或者认为目前接受媒体采访不合时宜，可以另约时间。一般情况下，记者不会执意要求根据自己安排来确定来访时间。

（六）出言谨慎

在接受记者采访时，应做到出言谨慎，对于自己不了解的问题，不必仓促作答，更不要对充满变数的问题发表评论，否则一旦说错话，就是真正覆水难收。

（七）掌握主动权

面对媒体，应努力掌握主动权，避免被问题牵着鼻子走；要根据自己的意志发表意见，也可以回避你不愿谈的问题。注意地点（安静的地方）、时间（你认为合适的时间，并主动终止采访等）和选择比较友好的记者提问（以避免尖刻刁钻的提问者）等。

（八）注意非语言沟通

面对电视台采访时，着装应以保守样式比较好；站姿或坐姿以自然放松为好；面部不要显出紧张、拘谨的神情；眼睛更不要东张西望，要显得自然、自信、真诚。

 **案例评析**

危机乍现，先发制人免谣言

××快餐连锁企业发生苏丹红危机，危机刚一出现，该企业就向全国和地方各大媒体发表声明，主动承认在部分产品中发现了苏丹红，并向消费者致歉。在其发表声明后，第二天，报道此事的媒体对该企业自曝家丑的动作大多持肯定态度。许多报纸头版头条大篇幅刊登了有利于该企业的相关报道，许多报道冠以醒目的标题"自查出苏丹红""愿承担法律责任""道歉并将赔偿"，结果该快餐连锁企业的销量不仅没有下降，还上升了。

相反，另一家食品公司在其奶粉碘超标事件问题的媒体应对上则选择了一条不同的道路。该企业奶粉碘超标经媒体披露后，基本上"保持沉默"，结果引起媒体大量指责和批评，弄得消费者人心惶惶，最后导致全国性"撤柜"的后果。

【考核知识】

针对与媒体的有效沟通，判定沟通政策、做好充分准备、与媒体保持良好的关系、正确应答、把握时机、出言谨慎、掌握主动权。

【解题方法】

根据上述案例中的内容，作答题目时要围绕与媒体之间有效沟通方法展开分析。公关危机发生后，第一时间做出反应，以引导舆论走向，能够避免大量谣言。一是在危机初期，情况往往都不是很清楚，企业不好表态或做出反应，但即使还不能给予记者完整、满意的回答，也应尽量将已知和可公开的信息及时进行新闻发布，以满足媒体报道的急需；二是根据时间的进展情况不断提供发布消息。起码可以给媒体留下一个好印象；三是危机事件后，企业不按媒体运作规律办事，很少主动发声引导舆论，反而保持沉默，这种态度只会给媒体和消费者留下更多想象、猜测的空间，故企业应积极与媒体进行沟通，给公众留下更为正面的印象。

知识衔接

用好网络新媒体　做好职工思想政治工作

在新媒体环境下，职工思想政治工作可以通过构建信息化平台，实现多向交流沟通；弘扬主流性文化，发挥宣传引导作用及遵循人本化理念，加强员工心理疏导等方式开展。其一，构建信息化平台和员工积极进行交流，借助多样化平台实施思政工作服务，让员工能够掌握更多的企业信息，企业可以通过这种方式对员工实施思想政治引导；其二，弘扬主流性文化，发挥宣传引导作用。思想政治工作为一项持续性、引导性的工作，对现代企业的发展影响较大。对主流性文化进行宣传，将更多生活化、职业化的内容引入到职工思想政治引导工作中，避免宣传的内容远离员工生活；其三，遵循人本化理念，加强员工心理疏导。现代企业思政工作中，需要坚持以人为本的思想理念，提升思政工作重视程度，借助新媒体技术手段，丰富思政工作的形式，拓展员工与思政管理人员之间的交流渠道，更好地解决问题，发挥心理疏导的作用，帮助员工解决在生活中各类问题，引导企业职工正确面对生活和工作。

（资料来源：https://mtz.china.com/touzi/2022/1217/122022_70735.html 有删动）

实战训练

一、案例题

【案例 8-4】

电视机爆炸后

某天，南京市的一座住宅大楼里传出一声巨响，一台 56 千克的电视机开了花，强大的爆炸气浪把拇指粗的电视机天线炸弯，电视机零件飞出 2 米后散落在地面，电视机后面的墙被炸了一个窟窿。立刻，《扬子晚报》刊出一组明科电视机爆炸的现场图片，并详细地报道了爆炸情况。一时间，这条消息在南京传得沸沸扬扬，很多用户为自己电视的安全问题感到恐慌，纷纷打电话询问爆炸的原因。就在爆炸当天，明科电视机总厂决定，不惜一切代价，处理好这件事，于是组成了事件处理小组，小组成员分析爆炸的经过，立即展开了一系列的公关活动。

首先，召开记者招待会，向媒体公布有关情况，并表示一旦弄清楚事实真相，保证公之于众，并将细节问题告知新闻单位。

其次，召开专家论证会，论证的结果是爆炸原因与电视机质量无关。

最后，事件处理小组对用户进行调查，了解到电视机爆炸的主要原因是电视机接线处老化，遇明火所致。

至此，真相大白。事件处理小组迅速将这一情况通报各新闻单位。当天各大新闻媒体都公布了事件的真相。《南京日报》还用十分醒目的公关语言写道："厂家提醒用户在使用电视机时，要注意检查电视机的接线。"并且，他们还在新闻发布会中作了简短讲话，说明电视爆炸的原因，感谢新闻工作者对"明科"的支持，感谢南京人民对明科电视机总厂的关心与厚爱。

（资料来源：

问题：1. 分析"电视机爆炸"危机特点和类型。

2. 在本次危机处理中，厂家是如何处理与新闻界关系的？

【案例 8-5】

司空见惯的危机

隋文帝开皇年间，隋军打算大举伐陈。当时隋国的贺将军擅长谋略，便布下了几个阵势，计划先从广陵引兵渡长江。贺将军首先安排人把军中的老马卖掉，再用这笔钱买入大量船只，密藏起来。接着，又购买五六十艘破船，停泊在河边，让陈朝的人误以为隋国并没有充裕的船备。

贺将军又下了一道命令，要看守江边的营队换防时，先聚集于广陵，还要遍地插满旗帜，大设营幕。陈朝的人看到了，误以为隋军即将大举入侵，于是立刻准备了大队人马前往御敌。后来陈朝密探隋营归来，说明了这阵势只是隋军驻江边的军队换防，并非出兵。陈朝将领听了，便卸下防备之心。几次之后，陈朝对隋国营队轮换防御时，大军阵势的变动已经习以为常，也就不再特别设军防备。

除此之外，贺将军又安排士兵们，经常沿着江边打猎，故意制造人马喧腾的假象，让陈军以为隋国不是在练兵,让他们疏于警戒。等到时机成熟后,贺将军真正统领隋国大军渡江时,陈军营队的士兵依然毫无警觉,饮酒作乐。就这样,隋军不用耗费一兵一卒,直逼陈营。

(资料来源:https://baijiahao.baidu.com/s?id=1696346548834913866&wfr=spider&for=pc)

问题:1. 与媒体沟通使用哪些沟通方法和技巧?

2. 与媒体沟通需要注意哪些问题?

【案例8-6】

某律师在食用当地一家颇有影响的食品企业所生产的食品时,发现产品存在严重的质量问题。于是,他开始与企业交涉。企业接待人员同意研究后给一个答复,就没有下文了。无奈,该律师将质量问题的食品拿到当地一家报社,将情况反映给记者。该报社记者到企业进行现场采访。记者们在企业拍摄到了许多违反国家食品生产规定的现场画面。企业领导发现后强行索要记者所拍的资料,并扣留报社记者。在当地公安人员的解救下,记者们在被困1小时后已安全返回。事后,该报以系列报道的形式将律师反映的有关该企业的问题,以及记者在企业中所拍摄的材料公之于众,最后企业经营陷入困境。

(资料来源:https://easylearn.baidu.com/edu-page/tiangong/questiondetail?)

问题:1. 请以企业公关人员身份,谈谈与媒体沟通的步骤?

2. 与媒体沟通的策略有哪些?

二、实务题

将学生分为10人一组,每个人都假设自己是某个组织的CEO。从下面话题中任选一个,进行5分钟的准备,先在小组中作3~5分钟的陈述,然后回答由其他9名学生提出的问题,这9名学生扮演记者或某个社会团队代表的角色。在每人都轮换一遍角色之后,小组成员一起就刚才每位学生的表现进行简短的总结,相互指出哪些方面做得对,哪些方面有待改进。

(1) 公司股份大幅下跌。

(2) 主要车间遭破坏,导致停产。

(3) 管理层成员集体辞职。

(4) 严重工伤事故。

(5) 有毒气体泄漏。

(6) 管理层丑闻。

(7) 产品伤人事件。

三、拓展阅读

良好的媒体沟通应当做好"三个加法"
——看张文宏教授接受人民网采访后的感悟

专题三　跨文化沟通

◈ 知识引例

一家美国公司在英国伯明翰购买一家纺织厂，希望把它作为进入欧洲市场的桥头堡，但在购买后不久，美国管理者意识到生产上的问题，纺织厂的员工的惰性很差，经常在工作时间跑到茶水间休息。

在英国，每个工人在茶水间休息的时间大约半小时，工人会先沏上自己喜欢的茶，然后慢慢品尝，管理者建议工会是否可以用美味的咖啡加快"品尝的时间"，把它改为10分钟，但工会的尝试失败了。

星期一的早晨，工人们开始骚动，因为他们发现公司对茶水间进行了改进，安装了一台饮茶机，只在出水口下放了纸杯，且容量很小。后来，纺织厂的工作人们联合抵制公司，直到其倒闭。

（资料来源：https://www.renrendoc.com/paper/217121661.html）

【案例解析】

双方产生冲突的根源在于中美文化的差异。英国人认为工作应劳逸结合，品茶有利于排解工作的压力，身心放松，才能够更好地投入工作。而美国经理没有认识到英国的这种文化，而是以美国文化来对待美国员工，冲突就难以避免了。我们都知道，文化背景相同的范围内，人们共处时很少产生交流上的障碍，但若以同样的方式去对待另一种文化背景下的人，往往会出现误解和冲突。在组织管理中了解不同国家地域的文化差异，创造良好的组织气氛，建立共同的价值观，从而架起沟通的桥梁，在日常的工作学习中如何来理解文化、如何进行跨文化交流，我们只有了解跨文化沟通的定义、跨文化沟通的特点、类型及原则，才能够认识到跨文化沟通的重要性，从而科学、合理地选择跨文化沟通方法，实现有效的跨文化沟通。

知识梳理

一、跨文化沟通的定义

跨文化沟通通常是指不同文化背景的人、群体或组织之间发生的沟通行为。跨文化沟通不仅是指跨国公司的文化沟通，还包括不同年龄、性别、民族、地域等的人们之间的沟通。在跨文化沟通中，由于信息的发送者和信息的接收者为不同文化的成员，在一种文化中的编码，要在另一种文化中接收，整个沟通过程都受文化的影响。

二、跨文化沟通的类型

跨文化沟通的类型有以下几种角度。

（一）从政治学的角度

跨文化沟通可分为国内跨文化沟通和国际跨文化沟通。

国内跨文化沟通是指沟通双方均属于同一个国家。

国际跨文化沟通是指沟通双方来自不同的国家和地区。

（二）从文化人类学的角度

跨文化沟通可分为种族间沟通、民族间沟通、跨国沟通和亚文化间沟通。

种族间沟通指沟通双方分属不同人种的沟通。通常，不同人种之间进行跨文化沟通时，其最大的困难就是种族偏见。这种偏见会导致成见和猜疑，最终阻碍沟通的有效进行。

民族间沟通是指沟通双方属于同一人种，但分属不同民族之间的沟通。通常这种沟通的形式发生在一个多民族的国家内。

跨国沟通是指发生在国家与国家之间的沟通，通常指外交和宣传领域的沟通，也常常是跨种族、跨民族的沟通。这种沟通受到国家政策、目标等条件的影响。

亚文化间沟通是指沟通双方虽在同一民族内部，但由于历史、地域、性别、年龄和社会发展水平不同而存在跨文化差异的沟通。

（三）从跨文化沟通的角度

跨文化沟通可分为跨文化人际沟通、跨文化组织沟通和国家间的跨文化沟通。

跨文化人际沟通是指不同文化背景的个人之间的沟通。沟通双方可以是不同种族、民族和国家的人，也可以是一个亚文化与另一个亚文化之间的人。

跨文化组织沟通是指不同文化背景的组织之间的沟通，也包括组织内部不同文化背景成员之间的沟通。跨国经营中的跨文化沟通问题大多发生在这一层面。

国家间的跨文化沟通是指不同国家之间利用各种方式进行的信息沟通。对于一般的人来说，他们不一定有和外国人直接进行沟通的机会，但是日常接触的外国音乐、电影、新闻、广播等多种形式也是跨文化沟通的重要形式。

三、影响跨文化沟通的因素

影响跨文化沟通的因素主要有语言差异、价值观的差异、认知偏见的差异、生活方式差异。

（一）语言差异

不同文化之间的差异对于沟通交流语言有明显的影响。语言文字是文化的重要载体，语言文字的文化因素直接制约着交流的正常进行。在跨文化沟通中，当信息发出者和信息接收者使用的语言不一致时，语意的转换就会出现误解，影响跨文化沟通的效果。

（二）价值观的差异

在跨文化沟通中，由于拥有不同文化背景的沟通双方价值迥然不同，相互之间的交流难度增大，有时往往会使看似简单的问题变得复杂。当沟通双方就某一问题的看法和想法涉及价值观时，兼容性越大，双方实现有效沟通的可能性也就越大。

（三）认知偏见的差异

认知偏见是建立在有限的或不正确的信息来源基础之上的，在跨文化沟通中不容易避免，从客观上说，认知偏见具有简化认识过程的作用，它忽略了大量活生生的语言和非语言，只抱着虚幻的、不一定是事实的想法，逃避茫然失措带来的焦虑、不安和紧张。

（四）生活方式差异

生活习惯和风俗的不同是文化差异最直接外在表现。我国古代有"三里不同风，十里不同俗"之说，即文化无所不在，不同文化中的人们在生活的方方面面体现出来。

案例评析

一群来自各国的商人在一条船上谈生意，船在航行中出现了故障，必须让一部分人先跳下去才能保证船的安全。船长深知这些商人的文化背景不同，必须采取不同的方式去说服他们。他对英国商人说："跳水是一项体育运动。"接着，他又对德国商人说："现在跳水，这是命令。"对意大利商人说："乘坐别的船遇险可以跳水，但是我的船不准许。"对美国商人说："跳吧，反正你们有保险的。"对于中国商人说："你家有老母亲，你不逃命对得起她老人家吗？"英国人崇尚体育运动，德国人惯于服从，意大利人多有逆反心理，美国人非常现实，中国以孝为先。虽然观点不同，想法各异，但全部按照船长的意图做了。

（资料来源：https：//www.wenmi.com/article/py6b3304gwa4.html）

【考核知识】

本案例针对影响跨文化沟通的因素考核，影响跨文化沟通的因素主要包括语言差异、价值观的差异、认知偏见的差异、生活方式差异。

【解题方法】

根据上述案例中的内容，作答题目时要围绕影响跨文化沟通的因素展开分析。在跨文化交流中，能够流利地表达和理解他人意图是非常关键的。良好的语言能力可以帮助人们更加准确地传达自己的意思，并且更好地理解对方的观点和想法。表达方式主要包括惯用语、谚语、俚语等语言和文化的成分，在这些方面中西方都存在着较大的差异。

四、有效跨文化沟通的策略

有效跨文化沟通的策略主要包括了解文化差异、认同文化差异和融合文化差异这几方面内容。

（一）了解文化差异

在跨文化沟通中，交流双方不仅需要明确各自文化的特点，更要通过各种途径了解对方国家政治、经济、文化、历史、社会性质、语言特点、生活方式、风俗习惯、地理位置等诸多方面的情况，然后加以比较，以明确在不同的文化中什么是可以做的，什么是禁忌的。只有这样，才能比较客观、深层次地了解文化差异，从而避免产生不必要的误解和冲突。

（二）认同文化差异

跨文化沟通中失误和冲突产生的根源主要是交流双方没有取得文化认同。文化认同是人类对于文化的共识与认可，是人类对自然认知的升华，是支配人类行为的思想准则和价值取向。在跨文化组织中文化认同是相互的，人们需要这种相互的文化认同，以便冲破文化交流中的重重障碍，促进信息、知识、技术共享，并加强合作。

（三）融合文化差异

融合文化差异是了解文化差异和认同文化差异的最终目的所在。从消除跨文化沟通障碍的效果方面来看，文化融合是所有对策中最有效的一种方法。在与来自不同文化背景的人交往的过程中，我们就会在意识上正视、珍视文化差异，在态度上尊重文化差异，在行为上正确表现自己，从而避免文化差异所造成的误会和不信任感，建立良好的跨文化工作关系，做到在新型的文化环境中游刃有余。

📖 案例评析

飞利浦照明公司某区人力资源部的一名美国籍副总裁正在与一位被公认具有发展潜力的中国员工交谈。他很想听听这位员工对自己今后五年的职业发展规划，以及期望在未来晋升至何种职位。中国员工开始谈论起公司未来的发展方向、公司的晋升体系，以及目前他本人在组织中的位置等，说了半天也没有正面回答副总裁提出的问题。副总裁有些疑惑不解，没等中国员工说完，已经不耐烦了。而同样的事情之前已经发生了很多次。

谈话结束后，副总裁忍不住向人力资源总监抱怨道："我不过是想知道这位员工对于自己未来五年职业发展的打算，想要在飞利浦做到什么样的职位而已，为什么就不能得到明确的回答呢？"

"副总裁怎么这样咄咄逼人呢？"此时，在谈话中感到压力的中国员工也向人力资源总监诉苦。

（资料来源：https：//www. docin. com/p-1988579588. html）

【考核知识】

题干主要考核文化差异对沟通产生原因及消除文化障碍策略。由于双方来自两个不同的国度，思维方式、生活习惯、文化背景、教育程度、文化差异等多方面都存在着显著的差异。正是由于这些文化差异的存在，双方在沟通、交流的过程中才会产生一系列障碍。

【解题方法】

根据上述案例中的内容，作答题目时要围绕着文化差异对沟通产生的影响及消除文化障碍策略。首先分析文化差异对沟通产生原因：一是语言障碍、没有理解透彻美国副总裁所说话语的原意。二是思维方式明显不同。三是中美思维方式的不同。其次分析消除文化障碍以实现有效的沟通策略：一是从思想上，增强文化差异意识，提高跨文化沟通能力。二是企业开展各种跨文化沟通的培训。三是企业要努力建设自己的具有很强的包容性和融合力的企业文化。四是建立起各种正式的或非正式，有形的或无形的跨文化沟通组织与渠道。

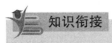

传统文化与跨文化交流：探索文化传承的多样性

　　传统文化是一个民族的瑰宝和文化根基，是历史的积淀和文化的遗产，因此具有很高的文化价值和历史意义。探索文化传承的多样性，促进传统文化与跨文化交流的融合与发展，成了一个值得探索的话题。其一，传统文化的多样性是跨文化交流的重要基础。在传统文化的交流中，我们需要呈现出更多元化的文化特点。海外学生需要看到中国传统文化的不同侧面，从不同的视角聚焦于不同传统文化元素。其二，传统文化的传承需要注重跨学科和跨界合作。在传统文化的保护、教育与传承中，任何学科都有可能发挥重要作用，建立长期且有益的跨界合作关系，创新合作模式，共同建设和保护好传统文化。其三，在传统文化与跨文化交流中，还需要注重文化自信的培养。除了了解和传承自己传统文化的价值和内涵外，还需要形成独具特色的见解、表述和回应方式，打造文化自信，从而成为传统文化的积极发言人和传递者。

　　（资料来源：https：//baijiahao.baidu.com/s？id＝1769583134009678563&wfr＝spider&for＝pc 有删动）

实战训练

一、案例题

【案例8-7】

接电话的文化差异

　　迈克和他的中国妻子在一起生活八年了。不久前，他们为了一件小事陷入冷战。为了消除误会，迈克决定和妻子开始一场谈话。

　　这时妻子的电话忽然响了起来，妻子毫不迟疑地拿起来接听，电话是她的一位女性朋友打来的，她的朋友需要她的帮助。

　　在妻子打电话的5分钟里，迈克谈话的意愿顿时消失了。他无法忍受妻子居然在这么重要的场合随意接听电话，于是一言不发地走了。

　　后来，迈克和妻子重归于好，再也没有提起这件事了。再后来，妻子有事去美国。上周的一天，在迈克和妻子的一次跨洋通话时，妻子突然提到那天晚上的电话，并向迈克道歉。原来，妻子在芝加哥的一次聚会上才知道，在聚会或与他们最亲近的人或朋友在一起时，美国人认为接听电话是一种不礼貌的行为。

　　就在那一刻，妻子突然意识到，当初的行为是无意冒犯了迈克，她不该随便接听电话。妻子解释："从小到大，没有人告诉她在聚会时随意接听电话是一种不礼貌的行为。"

　　妻子真诚的道歉令迈克恍然大悟，或者是由于两国的文化差异不同，但有一点是肯定的，妻子这么做是无意的。迈克不禁为自己当初对妻子的责怪而感到愧疚。

　　（资料来源：https：//news.sina.com.cn/c/2007-11-30/175614424331.shtml）

问题：1. 中美之间文化差异对人际沟通造成了哪些影响？

2. 在日常生活中，你如何克服文化环境对沟通产生的障碍？

【案例 8-8】

巴西一家公司到美国去采购成套设备。巴西代表因为上街购物耽误了时间。当他们到达谈判地点时，比预定时间晚了 45 分钟。美方代表对此极为不满，花了很长时间来指责巴西代表不遵守时间、没有信用，如果一直这样下去，以后很多工作很难合作，浪费时间就是浪费资源和金钱。对此巴西代表感到理亏，只好不停地向美方代表道歉。谈判开始以后美方代表似乎还对巴西代表来迟一事耿耿于怀，一时间，弄得巴西代表手足无措，处处被动，无心与美方代表讨价还价，对美方代表提出的许多要求也没有静下心来认真考虑，匆匆忙忙就签订了合同。当合同签订以后，巴西代表平静下来，头脑不再发热时，才发现自己吃了大亏，上了美方代表的当，但为时已晚。

（资料来源：https：//easylearn. baidu. com/edu－page/tiangong/bgkdetail？ id＝77f0132f0722192e4536f6f5&fr＝search）

问题：1. 造成跨文化沟通障碍的主要因素是什么？

2. 寻求如何化解跨文化沟通的有效途径？

二、实务题

红杉科技有限公司工程师在保加利亚访问时，某天到一家餐馆就餐。服务员指着三种汤问他要不要。这位工程师摇了三次头，结果服务员端上来三盆汤。

要求：请将学生分成若干组，每组 2 人，根据背景材料的内容确定扮演角色，其他学生观察，并指出演练过程中存在欠规范的地方，最后由指导教师点评。请思考，假如你是随行的翻译，该如何向工程师解释这种情况？

三、拓展阅读

跨文化沟通的 6 个关键要点，助你打破语言和文化障碍！

参 考 文 献

[1] 何建湘. 企业文化建设实务 ［M］. 2 版. 北京：中国人民大学出版社，2019．

[2] 吉姆·柯林斯，杰里·波勒斯. 基业长青 ［M］. 北京：中信出版社，2019.

[3] 菲利普·科特勒加里·阿姆斯特朗. 市场营销：原理与实践 ［M］. 17 版. 北京：中国人民大学出版社，2020.

[4] 曾卉. 互联网大数据营销 ［M］. 北京：清华大学出版社，2023.

[5] 陈德人. 网络营销与策划 ［M］. 北京：人民邮电出版社，2022.

[6] 阮喜珍. 生产与运作管理实务 ［M］. 大连：东北财经大学出版社，2023.

[7] 孙金霞，李光伟. 现代企业经营管理 ［M］. 北京：高等教育出版社，2021.

[8] 陈荣秋，马士华. 生产与运作管理 ［M］. 北京：高等教育出版社，2021.

[9] 杨华. 制造企业全面质量管理与质量零缺陷 ［M］. 北京：人民邮电出版社，2022.

[10] 孙宗虎. 全过程质量管理流程设计与工作标准 ［M］. 北京：人民邮电出版社，2020.

[11] 王琪. 有效沟通实务 ［M］. 北京：人民邮电出版社，2018.

[12] 李庆海，朱月双. 中小企业管理实务 ［M］. 北京：北京师范大学出版社，2017.

[13] 王永芳，吕书梅. 企业管理实务 ［M］. 2 版. 大连：大连出版社，2014.

[14] 李军昭. 企业管理实务（修订版）［M］. 北京：科学出版社，2022.

[15] 袁淑清，包忠明. 企业管理实务 ［M］. 北京：中国纺织出版社，2016.

[16] 刘建华. 现代企业管理实务（微课版）［M］. 北京：人民邮电出版社，2023.

[17] 贺清君，崔巍. 企业人力资源管理全程实务操作 ［M］. 北京：中国法制出版社，2023.

[18] 任康磊. 人力资源管理实操从入门到精通 ［M］. 2 版. 北京：人民邮电出版社，2020.

[19] 刘善仕，王雁飞. 人力资源管理 ［M］. 2 版. 北京：机械工业出版社，2021.

[20] 岳文赫. 人力资源管理实操从入门到精通：高级人力资源管理师助力 HR 晋升之路 ［M］. 南昌：江西人民出版社，2021.

[21] 马工程《管理学》编写组. 管理学 ［M］. 北京：高等教育出版社，2019.